黑白镜头里的世界史

1850～1979

美国不列颠百科全书公司——编著
盖蒂图片社——供图

HISTORY OF THE WORLD
IN PHOTOGRAPHS

金城出版社
GOLD WALL PRESS

图书在版编目（CIP）数据

黑白镜头里的世界史 / 美国不列颠百科全书公司编著；
姜岩等译. —北京：金城出版社，2017.6
书名原文：HISTORY OF THE WORLD IN PHOTOGRAPHS
ISBN 978-7-5155-1143-6

Ⅰ. ①黑… Ⅱ. ①美… ②姜… Ⅲ. ①世界史－史料 Ⅳ. ①K106

中国版本图书馆 CIP 数据核字（2017）第 050658 号

黑白镜头里的世界史

编　　者　美国不列颠百科全书公司
总 策 划　王吉胜
责任编辑　李铁武
文字编辑　李明辉
译　　者　姜　岩　李　寒　刘春华　刘　毅　罗　娜
　　　　　杨艳梅　张　思　赵剑琳
开　　本　710 毫米 ×1000 毫米　1/16
印　　张　40
字　　数　260 千字
版　　次　2017 年 11 月第 1 版　2018 年 2 月第 3 次印刷
印　　刷　三河市腾飞印务有限公司
书　　号　ISBN 978-7-5155-1143-6
定　　价　138.00 元

出版发行　**金城出版社**　北京市朝阳区利泽东二路 3 号　邮编：100102
发 行 部　(010)84254364
编 辑 部　(010)64391966
总 编 室　(010)64228516
网　　址　http：//www.jccb.com.cn
电子邮箱　jinchengchuban@163.com
法律顾问　陈鹰律师事务所　(010)64970501

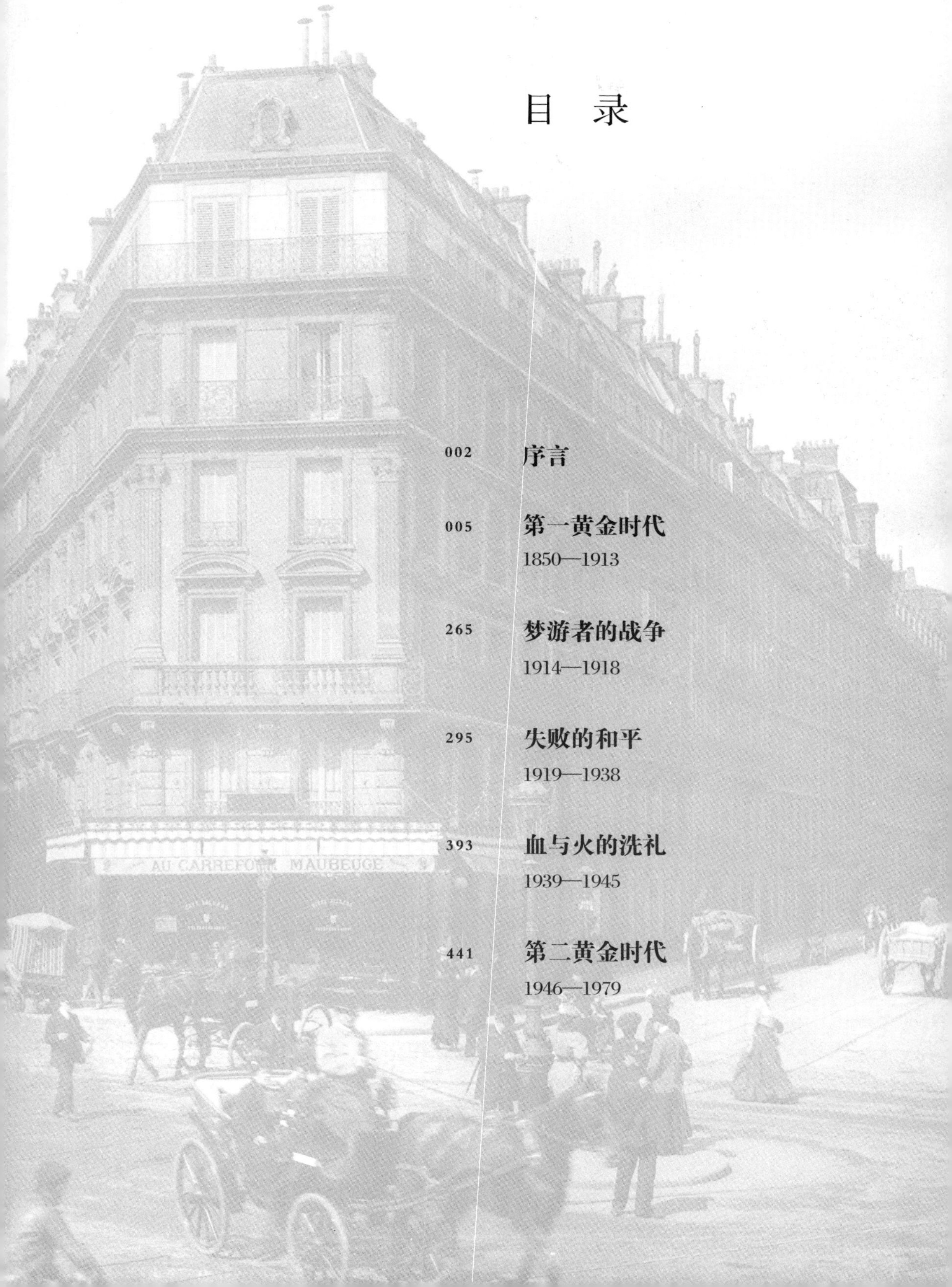

目　录

序言

1850 年到 2008 年，在整个世界史上，是波澜壮阔的 158 年。

当人类从 1850 年出发时，平均预测寿命只有 40 岁，80% 的人从事农业生产，但平均每 10 年仍会发生一次饥荒。在我们一生中，会不止一次经历挨饿的苦痛，并将承受子女夭折的惨剧，所以绝大多数人坚信，谁也无法逃过命运的安排，我们只能节约、忍耐、谦逊和本分。

在那时，文盲不是耻辱，即使是英国，也只有 20%—25% 的成年人识字。没有公共厕所，人们随地大小便，每个城市都被持久的臭味包围，粪便与垃圾就近排入河水中，而那又是饮用水的来源。因饮酒比饮水更安全，绝大多数成年男性每天都是醉醺醺的。很少人能找到有固定工资的工作，绝大多数家庭没有家具。

然而，到 2008 年时，发达地区男女的平均预测寿命已达 71.1 岁和 78.7 岁，饥荒与文盲成了传说。我们已无法想象没有电器、燃气和抽水马桶

的生活。在今天，水意味着绝对干净和便宜，只需拧开水龙头，它便自动流出来。在我们看来，每天只供水 2 小时的生活犹如地狱，活在 2008 年的人所拥有的生活便利，是 1850 年王公贵族都无法想象的。

从 1850 年到 2008 年，世界人口从 12.62 亿增长到 66 亿，世界生产总值从 8000 亿美元增长到 63.07 万亿美元，城市化率从 6.5% 增长到 50%。

但，这一切并非平滑、渐进而成，其中充满了争吵、仇恨、苦难与杀戮。每次灾难都以更好的未来为借口，可未来总在我们的设计与想象之外。

从没有哪个时代，能像这 158 年，人类经历了如此多的鲜血与悲伤；也从没有哪个时代，能像这 158 年，证明了人性的盲目与愚蠢。毫无疑问，这 158 年是人类与现代性相互调试、相互适应的 158 年。我们付出了巨大代价，而由此换来的教训，值得一代代传承下去。

第一黄金时代

1850

—

1913

1850

—

1913

1866 年发明大功率发电机；1879 年发明电灯；1885 年发明汽车；1901 年发明无线电；1903 年发明飞机；1909 年发明塑料……63 年间，全球工业指数增加了 10.1 倍，世界生产总值增加了 4.77 倍，英法工人收入增加了近 1 倍。

经济增长为普通人提供了空前的机会，人们不再敬畏命运，急于探索自我的边界，而传统社会结构仍在，它成为向上发展的桎梏，由此引发社会冲突。

第一黄金时代的幸运是，现代性仅覆盖了欧洲部分地区，而地球上的剩余空间足够广阔，等待填充。正是由于可以通过外部扩张来稀释现代化造成的社会压力，这世界看上去还算平静。但，南北战争、普法战争、美西战争、日俄战争等此起彼伏，带来两个深刻变化：一是滑膛枪 300 年称霸史被终结，步枪开始独领风骚，这为更大规模作战提供了技术条件；二是国家动员技术进一步提升，足以调动更多社会资源来为其服务。

由于屡屡接近全面战争却每次都及时刹车，欧洲人坚信：政治家也是有理性的，足以免于集体悲剧。

19 世纪末开始，“英国病”开始肆虐，体现为经济发展乏力、垄断加剧、年轻人丧失创业冲动、阵发性经济萧条等。因为生产长期大于消费，引发持续滞胀，自由市场的田园牧歌正在破产。凭借资本力量，富人可以随意没收穷人的劳动成果，这扼杀了一个社会的活力。

但，面对停滞，人们更愿从过去的经验中找答案，欧洲的主要强国均在为战争做准备，逐步形成了对立的两大阵营，战争的阴云笼罩着欧洲大陆。

太平天国运动

中国爆发的农民起义。

这场起义由洪秀全（1814—1864）领导，造成大约 2000 万人丧生。洪秀全科举考试失败，他自称为上帝的儿子，被派来改革中国。洪秀全的朋友冯云山在广西的贫穷农民中间创立了一个宗教团体——拜上帝会。1847 年，洪秀全加入拜上帝会，三年后领导其成员发动起义。1851 年 1 月 1 日，洪秀全正式宣布建立他的新王朝——太平天国，并自封“天王”。

他提出的财产平均的口号吸引了很多农民、工人和矿工。太平天国吸纳了许多士兵（上图），后来数量超过 1000 万人。他们一路北上，跨过长江，在 1853 年攻占南京。

后来由于内部斗争，数位领导人被暗杀，起义力量被削弱。一些幸存的将军为了保全性命带领各自的军队四散逃离，由此威胁到洪秀全的地位。

1860 年，太平天国攻打上海的行动被受过西式训练的由查尔斯·乔治·戈登率领的“常胜军”阻止。太平天国反对儒家的口号疏远了由清政府中的一位汉族官员曾国藩所领导的士人阶层。1862 年 7 月，曾国藩的军队包围南京，1864 年 7 月南京陷落。洪秀全自杀。太平天国在其他地方的抵抗持续到 1868 年。

1850 年

纳撒尼尔·霍桑完成了他充满道德训诫意味的杰作《红字》，证明了他在驾驭语言和象征性故事上的技巧。

1850 年

阿尔弗雷德·丁尼生发表了为悼念好友亚瑟·哈勒姆而创作的诗集《悼念集》。该作品糅合了来自自然风景的魔力召唤，以及让那些对宗教感到困惑的人恢复信心的力量，并最终帮助作者获得了“桂冠诗人”这一称号。

哈莉特·塔布曼引导她的家人通过“地下铁路计划”获得自由，超过 300 名奴隶在她的帮助下逃跑，她也以“奴隶的摩西”闻名于世。

1850 年

倡导女权和节欲的**艾米莉亚·詹克斯·布鲁默**，在一次争取妇女权益的运动中，发明了一种“合理衣着”，其中包括夹克、衬衫和灯笼裤。撑裙大约 1859 年出现后她就不再继续推广灯笼裤，因为她觉得撑裙也有同等的活动自由。

1850 年

多数选举制度议会在维多利亚、南澳大利亚和塔斯马尼亚建立，**澳大利亚**人口开始快速增长，从 1825—1851 年，移民数量从 5 万增长到 45 万。图为一个白种人拓荒者同他的妻子以及土著仆人们，这被认为是最早拍摄于澳大利亚的照片。

1850 年 6 月和 11 月

在由支持奴隶制的美国南方人召开的**纳什维尔大会**上，来自美国南方 9 个州的代表经过两次会议结成了联盟，对抗支持废除奴隶制度的北方各州。图中一群奴隶坐在佛罗里达俱乐部的台阶上，一个白人女孩站在远离他们的栏杆后露出半张脸。

1850 年

个性桀骜不驯的法国画家**古斯塔夫·库尔贝**，擅长描绘日常生活、千娇百媚的女子以及自然风光。由他在艺术领域掀起的现实主义运动延伸到了法国文学领域，对巴尔扎克、福楼拜 和龚古尔兄弟的作品均产生了影响。

1850 年

英国维多利亚时期最著名的小说家之一查尔斯·狄更斯发表了自传体小说**《大卫·科波菲尔》**。图中，狄更斯最伟大的一个喜剧形象——目光短浅的密考伯先生与大卫·科波菲尔走在街上，这个角色部分是以狄更斯的父亲为原型塑造的。

1850 年

原为奴隶的**索杰纳·特鲁斯**足迹遍及美国中西部，凭借个人魅力获得了卓越的声望。图为她为宣扬“废奴运动”筹集资金时卖掉的小型肖像照的副本，其下书写的箴言为：“我出售虚无来换取真实。”

1850 年 9 月

瑞典女高音歌唱家**珍妮·林德**征服了欧洲大陆上的听众，在马戏团老板 P. T. 巴纳姆的安排下开始了为期两年的全美巡回演出，她打算将美国巡演 25 万美元收入的大多数捐赠给慈善机构。

1851 年

伊曼纽尔·戈特利布·吕兹绘制了**《乔治·华盛顿穿越德拉瓦河》**。该作品的英雄主义风格多少借鉴了法国 1800 年左右的画作《拿破仑穿越阿尔卑斯山》的多种版本。华盛顿和拿破仑都被塑造成对抗自然和人类敌人的英雄形象。

1851 年

英国摄影师**弗雷德里克·斯科特·阿切尔**发明了湿版火棉胶摄影术，该技术在 1851 年至 19 世纪 70 年代感光乳剂胶片出现之前都是最主流的摄影技术 。

1851 年

法国物理学家莱昂·傅科在巴黎的先贤祠的圆顶下，用 67 米长的引线垂下 28 千克重的摆锤（**傅科摆**）首次为地球自转提供了有力的证明。

世界博览会

以工业制品为主要内容的世界博览会在伦敦海德公园举行。

1851 年，英国有着“世界工坊”的美誉，并且在各国工业领域有重要的影响力。1851 年伦敦世界博览会正是这一经济地位的象征。这次博览会无论在规模上还是重要性上都是空前的。展会在一幢由玻璃和钢铁建造的巨大建筑里举行，记者用一个浪漫的词语来描述这里——“水晶宫殿”。展会在政治和经济两方面都取得了成功。展品来自世界各地，其中包括印度以及像澳大利亚和新西兰这样刚刚成为大不列颠帝国一分子的殖民地。在最引人瞩目的展品中包括了一个巨大的石膏头像（右下图），象征着巴伐利亚。来自欧洲各个城市的大量参观者都汇集在了伦敦。

水晶宫殿（中图）的创意来自维多利亚女王的丈夫阿尔伯特亲王，最终使其成为现实的则是迪温夏公爵约瑟夫·帕克森。它的造型就好像是帕克森位于查兹沃斯庄园的花房的大比例复制品，在海德公园内占据了 18 英亩（7 公顷）的土地。它长 1848 英尺（563 米），最宽处达 408 英尺（124 米）。参展商达到了 1.4 万家（上图）。维多利亚女王于 1851 年 5 月 1 日为世界博览会揭幕，展会一直延续到了当年的 10 月 11 日，其间参观者人数达 600 万之众。在博览会闭幕后，水晶宫殿被拆除移建至伦敦南部，新址所在的郊区也因其而得名。

1851 年

在队长约翰 · C. 史蒂文斯的率领下，美国队在一场帆船比赛中击败了 14 艘英国赛艇。这是最初的**美洲杯帆船赛**。以这次比赛得名的奖杯被随后的比赛沿用，是目前仍举行的国际体育赛事中历史最悠久的奖杯。

1852 年

美国小说家哈丽叶特 · 比切 · 斯托夫人的小说**《汤姆叔叔的小屋》**出版，这部小说有力地推动了美国公众对奴隶制的反对。图为一张《汤姆叔叔的小屋》舞台版本的歌剧海报。

1852 年

亚历山大 · 小仲马为他的小说**《茶花女》**创作了一个舞台版本。威尔第的歌剧《茶花女》即以此为蓝本。

豪斯曼的巴黎林荫道

法国首都的变迁。

在 1853 年，新上任的巴黎长官乔治－尤金·豪斯曼着手开始一项庞大的公共建设工程，并为 20 世纪的城市规划开创了一个先例。豪斯曼将当时构成整个城市的混乱繁杂的小街道重新划分为宽阔、笔直、绿树成荫的街区，将火车枢纽相连接，使得人们第一次可以简单迅速地穿过整个城市。

这些创新之举部分带有经济学上的考虑，通过提高货物运输和服务的效率来促进工业；另一方面则是从美学出发，利用统一规划和开放空间创造更多照明；最后它还具有军事价值，消灭了反叛者可以用来架设街垒的窄小街道。

豪斯曼也架设了一套新的水供给与排水系统。他开放了公园并增加了街灯和人行道的数量，促使报摊和街头咖啡馆兴盛起来，让巴黎的街头变得生机勃勃。（图为巴黎第 10 区：莫伯日和圣保罗文森大街交汇的马基塔林荫大道。）

1852 年
俄罗斯小说家果戈理去世。他的小说《死魂灵》和短篇小说《外套》被认为是 19 世纪俄罗斯伟大的现实主义传统的奠基石。

1852 年
俄罗斯作家**伊万·屠格涅夫**发表了《猎人笔记》。这部被认为推动了俄罗斯农奴制的废除的短篇故事集为他赢得了不朽的声誉。其中大量的情节都源自这位拥有农奴的俄罗斯贵族的田园生活经验。

1852 年
亨利·吉法德在法国建造了第一艘获得成功的动力飞艇，它带有蒸汽机驱动的螺旋桨。这种可以由人驾驶的飞艇在法语中被称为“可操纵飞船”，因为它并不完全受制于风力。

1853 年
乔治－尤金·豪斯曼男爵成为巴黎塞纳河区的长官，在他的领导下（直到 1870 年），通过增加林荫大道、排水沟和纪念碑等种种计划来改变城市的风貌。图为豪斯曼在巴黎建造的林荫大道之一。他的规划在美化这城市的同时也令士兵和火炮的调动变得更容易。

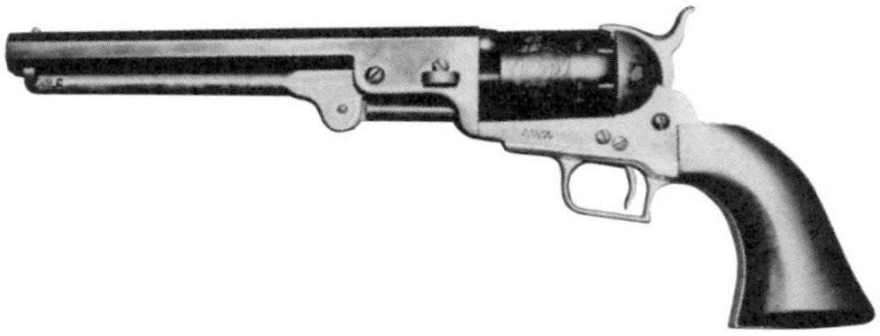

1853 年
美国企业家**萨缪尔·柯尔特**开设了一家兵工厂来生产他在 1836 年取得专利的左轮手枪。柯尔特左轮手枪在克里米亚战争中就被使用，到了美国内战时期，这种武器被广泛应用。

1853 年
奥地利数学家和物理学家克里斯汀·安德列亚斯·多普勒去世。他因"**多普勒效应**"而闻名。关于声波理论的研究，多普勒受到了快速运动的车辆声音变化带来的启发。

1853 年
意大利作曲家**朱塞佩·威尔第**创作了他的经典作品**《茶花女》**。他是 19 世纪歌剧的代表人物，没有其他作曲家能够像他那样，在相当长的时间内同那么多的听众建立起直接的沟通。

1853 年 7 月 8 日
马修·佩里率领美国海军的"黑船舰队"进入了戒备森严的浦贺港，强迫日本开放同西方的贸易和外交关系。

1853 年
极具影响力的艺术批评家**约翰·拉斯金**完成了第三卷也是最后一卷《威尼斯之石》，这是一部关于威尼斯建筑历史的著作。他认为艺术和建筑是对它们诞生之时的社会环境的直接表现。

1853 年
穿越阿尔卑斯山脉，连接维也纳和的里雅斯特的**塞梅林铁路**开放。图中一座双层高架桥帮助塞梅林铁路跨越高山河谷。

1853 年
登山运动在欧洲大陆和英国的绅士中开始盛行。与其他活动相比，这一运动中蕴涵的知性价值被大力颂扬，而很多先行者都是科学家和艺术家。图为穿越冰川的一组人员，即使面对这样的地形，其成员也不愿在衣着上做出妥协。

印度的第一条铁路

印度次大陆迎来蒸汽时代的黎明。

早在 1832 年人们就讨论过要修建印度的第一条铁路，但是出于对地形、野生动物以及可能发生的阴谋破坏的担心，这条连接马德拉斯和班加罗尔的铁路当时没有进行任何实际建设。

10 年后，当一份由英国工程师查尔斯·布莱克提出的新计划摆在了东印度公司面前时，总督哈丁格勋爵认为这条铁路可以满足政治和军事两方面的需要，而工程应该不惜一切代价抓紧开始。

到 1845 年，两家公司成立了。东印度铁路公司，营业地点为加尔各答；大印度半岛铁路，营业地点为孟买。印度的第一列火车于 1853 年 4 月 16 日从孟买到达塔纳，行驶距离为 34 千米。到了 19 世纪 60 年代，铁路已经在印度遍地开花。

克里米亚战争

发生在黑海北部沿岸的无果而终的东西方冲突。

1853 年 10 月的克里米亚战争是一场爆发于俄国和英国（上图，在罗杰·芬顿的照片中描绘了一些英国骑兵同法国军队共饮的场面）、土耳其帝国、法国以及撒丁－皮埃蒙特组成的联盟之间的战争。

这一冲突因由复杂，但是爆发的关键点在于俄国要求取得出兵保护土耳其帝国境内的东正教徒的权利。在 1854 年 9 月，联盟军队进入了俄国克里米亚地区并包围了塞瓦斯托波尔。9 月 20 日在阿尔马河、10 月 25 日在巴拉克拉瓦、11 月 5 日在因克曼发生了几次关键战役。最后，1855 年 9 月 11 日，在法国成功突袭俄国的战略防御要地马拉霍夫三天后，俄国人撤退到了塞瓦斯托波尔。在奥地利威胁要加入联盟时，俄国于 1856 年 2 月 1 日承认战败。在巴黎和会（1856 年 2 月 25 日至 3 月 30 日）上，和平最终得以确认。

交战双方的指挥和决策都乏善可陈。最臭名昭著的灾难则产生在英国人对驻扎在巴拉克拉瓦的轻骑兵旅的攻击中，疾病导致双方各有约 25 万人丧生。这场战争并没能明确东欧的力量关系，但是它向沙皇亚历山大二世警示了俄国对于现代化的渴求。

1854 年

美国机械师丹尼尔·哈立迪发明了**可抽水并作他用的风车**。由于这种风车使得廉价的铁制抽水机变成了现实，故而在美国以草原地形为主的各州得到了广泛使用。

1854 年

亨利·大卫·梭罗发表了《瓦尔登湖》。他关于人和自然的反思推动了自然保护运动的兴起，并促生了浪漫派哲学和新英格兰超验主义。

1854 年

英国人查尔斯·惠斯登爵士发明了**波雷费密码**，该密码随后在第二次布尔战争和第一次世界大战中被英国军队采用。惠斯登爵士（图左，同其友查尔斯·薛瓦利）也是六角手风琴、口琴和立体镜的发明者。

1854 年

英国护理先驱**弗洛伦斯·南丁格尔**在克里米亚战争期间抵达君士坦丁堡并主持军队医院中的护理工作，她在战争中的经验使得健康保健领域随后产生巨大飞跃。这位“提灯女士”，不仅是一名医护先锋，也是很有能力的管理者和令人敬仰的政治家，这帮助她推动了自己的改革。

理查德·伯顿

英国学院派探险家和东方学者。

理查德·伯顿在 1842 年被牛津大学开除后，以军官的身份前往印度。在那里他假扮成穆斯林，记录了商业集市和城中妓院的详细情况。接下来他前往阿拉伯，又一次伪装成了穆斯林，并成为第一个进入圣城禁地的非穆斯林欧洲人，他用《麦地那和麦加的朝圣之旅》（1855—1856）一书记录下了自己的冒险历程。在 1857—1858 年间，他率领一支探险队，同约翰·汉宁·斯皮克一起寻找尼罗河的源头。

伯顿稍后的旅行涉及了摩门教徒、西非住民、巴西高原、冰岛以及伊特鲁里亚和波洛尼亚等 43 个题材。他学习了 25 种语言和数量众多的方言，在他 30 卷译作中包括东方古老的做爱技巧手册，并且他在自己著名的译作《天方夜谭》中穿插了大量关于人种学的脚注和大胆的随笔，这也为他在维多利亚时期的社会树立了很多敌人。在他死后，他的妻子伊莎贝尔烧毁了他 40 年来的日记和旅行记，生怕它们被公之于世后会带来丑闻。

1854 年
英国水利工程师**威廉·阿姆斯特朗**设计了一种全新的火炮类武器，一种带有膛线炮管的后膛装填炮。这种武器很快被英国陆军和海军配备。

1854 年 6 月 30 日
法国和英国在黑海北部海滩登陆，进入俄国克里米亚地区，开始了对**塞瓦斯托波尔**的俄国要塞长达一年的围困。图为被陆地环绕的巴拉克拉瓦海湾，那里停满了增援克里米亚地区的英法军队的船只。

1854 年

特奥多尔·蒙森发表了他的的巨著《罗马史》的前三卷。《罗马史》是特奥多尔·蒙森仅有的著作，他利用各种非常规渠道如硬币和拉丁石刻得来的知识，翔实而权威地描绘那段历史。特奥多尔·蒙森在1902 年获得了诺贝尔文学奖。

1854 年 10 月 25 日

第七世卡迪根伯爵詹姆斯·托马斯·布鲁德内尔率领英国**轻骑兵突击队**在克里米亚战争的巴拉克拉瓦战役中与俄国人激战，这一事件因丁尼生的诗句而被后世传颂。

拍摄战争

发生在克里米亚地区的冲突是第一次被胶片记录下来的战争，出自摄影报道的先驱者罗杰·芬顿之手。

罗杰·芬顿所拍摄的克里米亚战争的照片是第一次关于战争概貌的图片记录。芬顿（1819—1869）学习的是绘画和法律。在1851年的巴黎之行中，他可能拜访了摄影师古斯塔夫·格雷，受到了鼓舞，返回英国后开始从事摄影。在1855年冬天，他凭借皇家摄影学会创始人（1853）和首席荣誉书记这样的政府关系获得了克里米亚战争官方摄影师的任命。他被赋予了使命，采集视觉证据以对抗来自伦敦《泰晤士报》的战地记者拉塞尔的讽刺性报道，后者大肆抨击军方处事的不谨慎和不妥当，并揭露了士兵们不卫生的生活状况。芬顿和他的助手马库斯乘坐“赫克拉”号抵达俄国，并在一辆四轮马车里安置了他们的暗房（左图）。尽管面对难以获得使湿硝棉胶板显影的净水、高温以及敌方的炮火等困难，在4个月的停留期内，芬顿仍制作出了360幅照片。作为政府的代言人，不管怎样，芬顿只描绘了冲突中那些“可接受”的景象。当时也有其他摄影师在克里米亚地区，其中包括意大利出生的英国人费利斯·比托（1830—1904），他拍下了这张法国军队庆祝攻克马拉霍夫堡垒的照片（右图）。甚至连轻骑兵旅那次堪称灾难的冲锋——丁尼生在诗歌中对其进行过令人感动的描述——也被表现得光辉灿烂。尽管战争中真实的行动和痛苦只有很少被记录下来，这些影像作为对现代战争的一份写实纪录，依然是一个历史性的标志。

在芬顿回到英国后，他的战争照片成功地在伦敦和巴黎展出，其中最著名的照片还通过木刻印版技术刊登在了《伦敦画报》上。

1855 年
作曲家**弗朗茨·李斯特**在魏玛演奏了他的第一号钢琴奏鸣曲，另一名作曲家**艾克托尔·柏辽兹**（左起第二人）担任了乐队指挥。图中李斯特（坐在钢琴前）与朋友在一起。

1855 年
英国诗人**罗伯特·布朗宁**最为人称道的诗作《男人和女人》，该作品中包括两段最著名的戏剧独白，是他对《利比》和《布罗格兰主教的辩解》的再创作。

1855 年
安东尼·特罗洛普出版小说《养老院院长》。这位多产的作家擅长描绘维多利亚时期的神职人员、各阶层政客、社会工作者、狩猎者和女性的家庭生活。他那朴实的风格下隐藏着敏锐的洞察力。

1855 年
最具影响力的美国诗人及现代主义的“教父”**沃尔特·惠特曼**发表了《草叶集》。这本诗集经过了多次修订和再版，并多次被判定为伤风败俗。

1855 年 2 月
俄国沙皇亚历山大二世登基，他在登基不久后掀起了一系列农奴制改革，包括 1861 年的《解放农奴宣言》。图为沙皇亚历山大二世同家人在一起。

1856 年
英国君主的私人领地**巴尔莫拉城堡**在苏格兰阿伯丁郡的迪河右岸建成。这是一座具有英格兰壮美风格的现代大理石城堡，城堡内大部分家具都铺有苏格兰格子呢绒。维多利亚女王曾在这里发表了描述她生活的《离开高地日记》。

1856 年
德国出生的乐器制作者亨利・恩格尔哈特・施坦威在纽约的乐器店里制作了第一架**施坦威**三角钢琴。施坦威后来成为最优秀的钢琴品牌之一。

1856 年
英国诗人**伊丽莎白・贝瑞特・布朗宁**发表了无韵叙事长诗《奥罗拉・利》，其中传递出的是一个女人无法孤独地从艺术中得到满足的信息。图为布朗宁夫人和儿子潘在一起。

钢铁生产

一种更为经济、可大量生产钢材的工艺的开发改变了世界工业的进程。

钢材的大量生产在1855年成为现实要归功于亨利·贝塞麦，当时他获得了空气转炉炼钢法的英国专利（据说美国的威廉姆·凯利在1851年也使用过相似的方法，但是他直到1857年才获得专利）。贝塞麦使用了一种梨形容器（上图），内部铺满了致密细晶硅岩，一种包含矽土的耐火材料。空气从底部吹入容器穿过熔化的铁水。贝塞麦发现随后在硅和碳中发生的氧化反应会放出热量，而只要容器足够大，产生的热量就会高于损失的热量。只需要装入半吨铁水，注入15分钟的空气后就能产生1650℃（3000° F）的高温。

贝塞麦的方法只能处理磷和硫含量不高的粗铁（这些元素可以通过加入石灰之类的添加剂除去，但是产生的炉渣可能会降低贝塞麦方法生产的钢材的品质）。在英美两国都有充分的低磷铁矿石储藏，但是它们的价格要比富磷矿石贵得多。

1856年5月22日
犹太裔德国诗人**海因里希·海涅**逝世。他在1826年发表了《旅行记》，展现了自己颠覆性的煽情能力，继而在1827年发表了《歌集》。

1856年
维多利亚女王对她在伦敦的住所**白金汉宫**进行了一次扩建，楼南翼的舞厅是当时英国最大的独立房间。图为白金汉宫的舞厅。

1856年
从芝加哥到伊利诺伊的开罗的**伊利诺伊中心**铁路成为美国最长的铁路线。一位艺术家对19世纪90年代处于全盛期时的伊利诺伊中心铁路进行了描绘，其中以地球作为背景强调了铁路网络的重要性（如图）。

勒克瑙

这座印度城市因其 18 世纪和 19 世纪风格的建筑而闻名。

勒克瑙拥有大量多种风格的建筑，大多数建于 18 世纪晚期和 19 世纪前半叶。其中最好的标志性建筑当属总督府，于 1800 年建成，1857 年叛乱期间英国士兵曾据此防御。穆斯林大陵寝（1784）采用单层叠生构造，什叶派穆斯林会在伊斯兰教历的一月在此聚集。1784 年完工的土耳其门仿照的是伊斯坦布尔的土耳其宫廷。凯塞尔班宫殿（如图）雄伟的大门则于 1850 年在印度行政长官纳瓦布・瓦吉德・阿里・沙督造下完工。包裹着宫门的灰泥制成的鱼形装饰象征着统治勒克瑙的纳瓦布家族。

在印度反英暴动期间，英国在救出被围困的驻军后一度放弃了这个城市，但是在 1858 年他们逐出了叛乱者，又一次占领了勒克瑙。

1856 年 3 月 30 日

《巴黎条约》为克里米亚战争画下句号，土耳其取得独立，黑海成为中立地区，现今罗马尼亚的大部分地区从俄国退还给土耳其。在这场战争中，交战双方的指挥和决策都乏善可陈。疾病导致双方各有约 25 万人丧生。

1857 年

“亚罗号之战”作为 1858—1860 年间第二次鸦片战争的前奏于 1856 年爆发，英国、法国和美国试图从中国获得更有利的贸易条件，1857 年，英国侵占了广州。图为英国战船炮击广州的画面。

1857 年

法国诗人**查尔斯·波德莱尔**以“冒犯宗教道德”的罪名被送上了法庭，原因则在于他新近出版的诗集《恶之花》。这位病态的浪漫主义者，在其诗集中故意体现出来的病态和性爱倾向预示了魏尔伦、兰波等象征主义诗人的出现。

1857 年

法国现实主义作家**居斯塔夫·福楼拜**出版了他的不朽杰作《包法利夫人》。该书中角色爱玛·包法利揭示了资产阶级妇女的挫折和厌倦，福楼拜本人因对通奸妇人的同情性描述导致了一场关于小说不道德的诉讼。

印度兵变

遍及印度大部分地区的反抗英国统治的起义最终未能成功。

印度兵变始自服务于东印度公司的印度兵。爆发地点是密拉特，反抗迅速蔓延到了德里、阿格拉、坎普尔和勒克瑙。新引进的恩菲尔德步枪是兵变的导火索，为了填装子弹，印度兵必须咬掉涂有猪油和牛油混合润滑剂的子弹底部，这两种油对于穆斯林和印度教徒来说都是不可触犯的宗教禁忌。稍后到了 1857 年 4 月，密拉特的印度兵拒绝使用这种子弹，他们被判长期监禁并且立即被丢进了监狱。这一惩罚激怒了他们的同伴，他们在 5 月 10 日起义，枪杀了英国军官后向德里进军（右图，在城门外的英军火炮）。当地的印度守备队也加入了密拉特叛军的队伍，老迈的原莫卧儿皇帝巴哈杜尔·沙二世在名义上恢复了权力。

兵变随即蔓延到整个印度北部，不过一些印度社会阶层如锡克教徒（左图）依然对英国效忠。英国对起义的镇压分成了三个阶段。首先在夏天对德里、坎普尔和勒克瑙的印度士兵进行了毫不留情的攻击；接下来，1857 年冬至 1858 年间柯林·坎贝尔爵士在勒克瑙周围领导了一系列行动；最后的"扫荡"战役则由休·罗斯爵士领导，在 1858 年初进行。官方申明和平将在 1858 年 7 月 8 日降临。

兵变的最直接后果就是对印度的领导阶层进行了大清洗，东印度公司被取缔，印度处于英国的直接控制下。印度的行政管理和财务结构变得现代化，军队也发生了同样的变化。印度兵变也导致了政府由遵从命令向会议协商的变革。1853 年成立的立法会全部由欧洲人组成，但是 1861 年的议会就增加了印度人的提名权。

最终，兵变也对印度民众产生了影响。传统社会向入侵的外来势力发出了抗议，但最终失败，传统的君主和世袭的领导者要么是对兵变置身事外，要么是证明了自己对此无能为力。从这时起关于恢复过去的荣耀和反抗西方侵略者的强烈期盼受到了打击，传统的印度社会结构开始崩溃，在此过程中，对印度民族主义持有高度使命感的强大的中产阶级开始崛起。

1858 年
一项**婚礼传统**诞生：英国王室公主（维多利亚女王长女维姬）和普鲁士王子腓特烈的婚礼上演奏了门德尔松的《仲夏夜之梦》和瓦格纳的《罗恩格林》两部进行曲。图为这场婚礼的场面。

1858 年
安装在伦敦威斯敏斯特宫钟楼上的**大本钟**开始发出报时钟声。大本钟其实是英国议会大厦上编钟的主钟，图中是它在最后安装前进行测试的情景。

1857 年 3 月 4 日
民主党人**詹姆斯·布坎南**成为美国第 15 任总统。图为詹姆斯·布坎南总统（左四）和内阁成员。他是唯一一位不曾结婚的总统。在他的任期内，这个国家终于解决了奴隶制的难题。

“大东方号”下水

现代远洋轮船的雏形。

由英国机械师伊桑巴德·金德姆·布鲁内尔和约翰·斯科特·拉塞尔（右二和左一）为东方航海公司设计了这艘船以运送往返于英国和印度的货物和乘客，“大东方号”在下水时（1858）是当时世界上最大的船只。吃水32160吨，全长692英尺(211米)。它预计速度可达14.5节（时速27千米），并且具有可替换的驱动方式：两台轮翼机，一台单螺旋发动机，还可以通过6支桅杆靠风力驱动。

在下水之前，“大东方号”被转售给了大东方号公司，该公司用其开辟了一条到纽约的商务航线。但这艘船巨大的货载量从未到达过上限，1864年，在经年累月的亏损后，这艘船被卖给了大东方蒸汽船公司，直到1874年，它都被用作电缆船。在此期间它成功地铺设了第一条横渡大西洋的海底电报电缆。电缆铺设工作于1867年中断，在此期间“大东方号”从利物浦开到了纽约以吸引美国观众前往巴黎世界博览会。

1858 年
在探索湄公河支流的过程中，法国自然学家亨利·穆奥成为了第一个进入**吴哥窟**的西方人。图为巴戎寺中众多巨大面孔之一，这里位于吴哥窟的中心寺庙附近，约于公元 1200 年建成。

1858 年
英国探险家理查德·伯顿和约翰·斯贝克发现了**坦噶尼喀湖** 。图为约翰·斯贝克，他随后成为第一个见到维多利亚湖的欧洲人，并做出了这里是尼罗河源头的正确推测。理查德·伯顿因病无法与他同行，并对发现权持有异议。

1858 年
蒸汽机驱动的农用**拖拉机**首次投入使用。图中，福勒的蒸汽牵引犁正在工作，牵引机车需要保持固定，而犁连在绳缆上，在“拖拉机”和绞车的作用下来回运动。

红屋

这幢定制的英国乡村房屋是一场艺术运动的投影。

红屋（上图）建于英国肯特郡的贝克斯里赫斯，位于伦敦东南方的郊区乡村。这幢房屋的使用者是威廉·莫里斯（1834—1896），设计师、手艺工人、诗人兼早期的社会主义者。他在家具、服装、彩色玻璃、壁纸以及其他装饰艺术品上的设计体现出了他对于中世纪风格的偏好，并促生了工艺美术运动彻底变革了维多利亚风格。

莫里斯于1860—1865年间住在此地，这也是他最高产的时期之一。这间房屋的光线、空间和自然柔和的细节装饰设计也是这场艺术运动的证物。红屋对大西洋两岸的中产阶级建筑理念都起到了深远的影响。

1859 年
拿破仑三世和弗朗茨·约瑟夫一世在维拉弗兰卡会面，共同起草了初步的和平协议以结束与奥地利之间的**佛朗哥–皮埃蒙特战争**，这一协议使意大利在皮埃蒙特的领导下得到了统一。有趣的是，法奥皇帝在会晤期间，擅长权谋手腕的拿破仑三世并未将消息传递给他的皮埃蒙特盟友。

1859 年
查尔斯·达尔文的《**物种起源**》提出了自然选择的进化理论和人与低等动物存在联系的假说，在相信上帝创世论的人群里掀起了大量争论。

1859 年
威廉·格林（图右）去世。他是欧洲民间故事的德国保守者，在 1812 年，他同兄弟雅各布一起出版了《儿童和家庭童话集》，也就是《格林童话》。

1859年
曾当过火车司机的**埃德温·劳伦蒂尼·德雷克**钻出了美国第一口油井。该油井位于宾夕法尼亚州的塔斯维尔，挖掘深度为21米多。图中的德雷克正戴着一项高项礼帽。

1859年
英国哲学家和社会批评家**约翰·斯图尔特·密尔**发表了他关于暴政的经典批判著作《论自由》。图中的他和他的继女海伦·泰勒在一起，这幅引人注目的画面提醒我们米尔也是捍卫女性权利的先锋。

布隆丹，绳索漫步者

这位惊人的特技表演者用他蔑视死亡的脚步吸引了全世界的目光。

布隆丹是一名法国绳索行走杂技演员，他在一根 1100 英尺（335 米）长、距水面 160 英尺（49 米）的绳索上跨越尼亚加拉大瀑布后一举成名。
子承父业的布隆丹原名让 – 弗朗科斯 · 格拉维莱特，1824 年出生。他 5 岁时被送到了里昂的杂技学校，在接受了 6 个月训练后成为了一名杂技演员。他的首次公开亮相被称为“小奇迹”。首次访问美国时，他作为美国马戏团经理巴纳姆的大马戏团成员在纽约进行表演。他曾多次跨越尼亚加拉大瀑布（上图），第一次在 1859 年，而且每次都会带来夸张的变化：蒙眼、全身套在口袋里、推着独轮车（右下图）、踩高跷、背人（右中图）或者在中途停下煎蛋。

这些壮举让布隆丹的声望与日俱增，他的收入也水涨船高，经常慷慨地宴请众人。在 1861 年，他出现在英国伦敦的水晶宫，在建筑十字形顶部距地面 170 英尺（52 米）的拉紧绳索上踩着高跷翻跟头。据说，他每次表演收入 100 英镑，在当时这是一笔令人吃惊的高额报酬。英国小说家查尔斯 · 狄更斯曾写道：“半个伦敦都聚集在此期望看到一场可怕的事故。”

布隆丹直到 70 岁还在进行空中漫步表演，最后一次演出于 1896 年在法国贝尔法斯特进行。一年后他在英国去世。

侵占大沽

英法联军对中国人试图抵制鸦片交易的回应。

1856年，中国开始阻止英法两国对中国的鸦片输入，英法等国由此发动了第二次鸦片战争。很快，中国人就被迫签署了《天津条约》（1858，天津），条约中允许外国公使在北京居住，并开放了一系列新口岸供西方人贸易和居住，并给予了在中国内地旅行的外国人自由传教的权利。随后，在上海的谈判中，鸦片输入被视为合法。然而中国人随后拒绝接受条约，在1860年8月21日，联军突袭并焚烧了中国东北部的海河港口大沽。10月13日侵占大沽之后，他们从这里长驱直入北京。（上图，在中国士兵放弃港口的一个要塞后，英国国旗被插在一门火炮上。）

1860 年
中国的**大沽**在第二次鸦片战争中沦陷。图为守卫直达北京运河的大沽炮台，1860 年被英法联军攻占，中国人尸横遍野，这是第一次战争死难者被摄入镜头。

1860 年
在德国南部发现了一只侏罗纪时期的鸟留下的羽毛化石。两年后，大小和喜鹊相仿的**始祖鸟**的完整化石被发掘出来（图为始祖鸟羽毛化石）。这一发现在关于进化理论的新一轮辩证中起到了重要作用。

1860 年
英法联军攻入北京，并烧毁了**圆明园**和**清漪园**（颐和园的前身）。图为重建后的颐和园。

1860 年
护理先锋弗洛伦斯·南丁格尔创办了南丁格尔学校，这是世界上第一所护士学校，位于伦敦的圣托马斯医院。
图中南丁格尔与众多护士在其表兄位于白金汉郡雷东的家中。

1860 年
1000 多艘汽船在**密西西比河**上运输货物和旅客，这一数量超过了 1840 年时的两倍。

路易斯·巴斯德

找到了治愈狂犬病方法的法国化学家。

路易斯·巴斯德职业生涯的早期致力于研究偏振光对于化学混合物的影响，1857年他成为巴黎高等师范学院的科研领头人。他对于酒精和牛奶发酵（变酸）的研究表明酵母可以在缺氧状态下繁殖（巴斯德效应）；他据此得出结论，发酵和食物腐败是由于微生物的活动，可以通过抑制或者去除微生物防止这一现象。

巴斯德的研究颠覆了自然发生说（生命起源于无生命的物质），并派生出了高温巴氏消毒法，使得醋、葡萄酒和啤酒避免了在生产和运输过程中的分解变质。由于他对蚕病的研究还挽救了法国的丝绸工业。1881年，他完善了隔离和削弱细菌的方式，接着按照爱德华·詹纳的实验研制出了可以治疗绵羊炭疽和鸡霍乱的疫苗。随后他又开始研究狂犬病，并在1885年通过接种弱化病毒的方式挽救了一名被疯狗咬伤的男孩。

1860 年

第一届**英国高尔夫公开赛**在苏格兰普雷斯维克球场举行。图中老汤姆·墨里斯在普雷斯维克高尔夫球场开球。他与他的儿子分别赢得了 1867 年和 1868 年的高尔夫公开赛，是唯一一对获得过冠军的父子。

1860 年

德国哲学家和作家**叔本华**去世。他的主要著作《意志和表象的世界》于 1818 年出版。他的大部分思想都是对伊曼努尔·康德的思想的回应和发展。

1860 年

威尔基·柯林斯出版了《白衣女人》，被认为是英国最早的悬疑小说。图为柯林斯根据这部小说改编的舞台剧的海报。

1860 年 5 月 11 日

加里波第率领 1000 名红衫游击队员在西西里岛的马沙拉登陆，以撒丁 – 皮埃蒙特国王伊曼纽尔的名义宣布自己为独裁者，将西西里岛从那不勒斯国王波旁手中解放出来。

蒙特卡洛

摩纳哥开放的娱乐场所将这个国家变成了一个富人的游乐场。

作为世界上第二小的国家（仅大于梵蒂冈），摩纳哥是一个位于法国蔚蓝海岸附近，尼斯东北的公国。1856年，摩纳哥国王查尔斯三世颁发了一份特许状，允许合资公司建设娱乐场所，该场所于1861年开幕。这个娱乐场所周围的地区就是蒙特卡洛，是为了纪念一位在意大利语中叫作“卡洛”的王储而命名的。摩纳哥很快就成为了欧洲最受欢迎的旅游胜地，也是一个对于世界上的富人而言奢华的游乐场，富人们成群结队地走进宫殿一般富丽堂皇的大厅，坐在赌博台前玩着各种各样的扑克牌和骰子游戏，例如二十一点牌戏和轮盘赌。

蒙特卡洛赌场的丰富性还在于它包含了蒙特卡洛歌剧院，有歌剧和芭蕾舞在此表演，同时这里也是蒙特卡洛芭蕾舞团的总部。摩纳哥每年都会举办一次国际F1方程式汽车锦标赛，赛段经过赌场外围。

1861 年
法国人皮埃尔·米尚和儿子欧内斯特发明了**脚踏车**，第一种通过踏板驱动的自行车。图为为适宜冰天雪地而改造的儿童三轮车，用两片冰刀代替了小后轮。当冰车在冰上滑行时，两只脚可以放在前方凸出的横杠上。

1861 年
维多利亚女王的爱侣**阿尔伯特**亲王死于伤寒症，享年 42 岁。女王在余生中都身着黑色以悼念丈夫。图中身着时髦裙子的维多利亚女王与亲王在一起。

1861 年
英国**兰开夏郡**的纺织厂因美国封锁了为其提供原棉的南部口岸而被迫关闭，大批工人失业。图为一台维多利亚时代经典的纺织机。

1861 年

托马斯·巴宾顿·麦考莱的《英国史》第五卷也是最后一卷在他去世几个月后出版，使他获得了辉格派历史观奠基人之一的地位。麦考莱原计划要写到 1830 年，但最后只写到 18 世纪初叶。

1861 年

英国的工艺美术运动开始产生影响。这场由**威廉·莫里斯**引领的运动寻求重现在中世纪设计和制品中蕴含的精神和技巧。图为威廉·莫里斯与家人居住的凯尔姆斯特庄园的内部装饰，其整洁简约的风格，按维多利亚时代中期的标准来看，是一次对工艺美术运动希望达到的目标的尝试。

横贯大陆的铁路线

一项旨在连接美国东部和西部的大工程。

当两部《太平洋铁路法》（1862，1864）的颁布为建设连接大西洋和太平洋海岸的铁路线梦想提供联合援助，并可以将之实现的时候，建设的准备工作其实已经开始进行了。

第一步是联邦太平洋铁路公司取得了从西部内布拉斯加州的奥马哈市建设铁路的路权，而中央太平洋铁路公司则得到了从东部加利福尼亚州的萨克拉门托市建设铁路的路权。第二步行动是加倍扩大了政府拨给铁路的沿线土地，并允许铁路部门发行债券以便筹集更多的资金。随后的国会调查显示，一些铁路所有者从铁路法的漏洞中获得了非法收益。

联邦太平洋公司的员工（上图）测量并铺设了1087英里（1749公里）的铁轨，铁轨跨越密苏里河，穿过内布阿拉斯加州、科罗拉多州、怀俄明州和犹他州，并在普瑞蒙特瑞峰与中央太平洋铁路公司的铁轨交汇。这条铁路是19世纪最伟大的工程之一。

1862 年
美国人理查德·J. 加特林发明了曲杆操作的多管式加特林机关枪，这是第一种实用的机关枪。图中加特林机关枪的圆柱形弹匣伸出枪管之上。

1862 年
英国气象学家詹姆斯·格莱舍和气球驾驶员詹姆斯·亨利·考克斯韦尔乘坐热气球探索了**高层大气**，最高到达距地面 11000 多米处。

1862 年
列夫·托尔斯泰以俄国对拿破仑的战争为背景创作了杰作《战争与和平》。图中身着制服的托尔斯泰站在伊万·屠格涅夫的身后。

美国内战

南部 11 州企图脱离联邦未果而引发的冲突。

美国南北双方在蓄奴、贸易、税收以及各州自治权利等问题上引发争论。在 19 世纪 40 年代和 50 年代，北方反对在西部蓄奴，从而导致南方各州开始担忧已有的奴隶制度岌岌可危，而奴隶制是当时南方经济发展的基础。到 19 世纪 50 年代，废奴主义者在北方的势力壮大，而 1860 年反对奴隶制的共和党人亚伯拉罕·林肯当选为总统，南方诸州正式脱离联邦以图维护他们视为权利的奴隶制度。在杰佛逊·戴维斯的领导下，他们自立为美利坚联盟国。

战争在南卡罗来纳的查尔星顿开始，1861 年 4 月 12 日联盟方的炮兵向萨姆特堡垒开火。双方很快增兵。1861 年 7 月，3 万联邦方军队（左图，右图则是他们在弗吉尼亚州约克郡的基地）开始朝联盟方设在弗吉尼亚州里士满的首都进发，但却在奔牛河之役中被联盟方阻拦，不得不撤退到华盛顿哥伦比亚特区。此次败北震动了联邦方，他们组织起了 50 多万名新兵。内战的第一个主要战役发生于 1862 年 2 月，联邦方的军队在尤利西斯·S. 格兰特的指挥下占领了联盟方的田纳西州西部要塞。联邦方接连在夏伊洛战役和新奥尔良战役中获得大捷。在东部，罗伯特·E. 李在七天战役中数次击败联邦方，并且在安提塔姆河的弗雷德里克斯堡战役（1862 年 12 月）中获胜。在联盟方获得钱瑟勒斯维尔战役大捷之后，李占领了北部，并在葛底斯拖住了联邦方的军队。1863 年 7 月，格兰特指挥的维克斯堡战役获胜成为了西部战争的转折点，在这场战役中联邦方夺取了对整个密西西比河流域的控制权。当联邦方在奇克莫加河又一次被击败后，格兰特的权力进一步扩大，1864 年 3 月，林肯授予他联邦军队最高指挥权。格兰特开始打起了消耗战，尽管联邦军队在荒原战役和斯波特瑟尔韦尼亚战役中伤亡惨重，但还是在弗吉尼亚州的彼得斯堡包围了李的军队。同年 9 月，威廉·T. 谢尔曼攻占了亚特兰大，并经由佐治亚州出兵，随后占领萨瓦纳。1865 年 4 月 3 日，格兰特占领里士满，并于 4 月 9 日在阿波马托克斯法院接受了李的投降。4 月 26 日，谢尔曼接受了约瑟夫·约翰斯顿的投降，整场战争结束。战争的死亡数字惊人——240 万士兵中有 62 万人死亡。

1862 年
拉斐尔前派诗人**克里斯蒂娜·罗塞蒂**发表了诗歌《妖魔市集与其他》。图为克里斯蒂娜·罗塞蒂与其兄长，拉斐尔前派诗人、画家但丁·加百利·罗塞蒂。

1862 年 3 月 9 日
联邦方军舰“莫尼特号”与联盟方的“弗吉尼亚号”的交战是有史以来第一次**装甲舰**之间的决斗，揭开了一个海战新时期的序幕。图为战后遍布伤痕的“莫尼特号”。

足球协会建立

足球协会的建立为足球运动带来了秩序，同时也带来了一个新的名字——“英式足球”，正是“协会”一词的英文缩写。

足球协会，英式足球的管理主体，成立于1863年，制定了更为系统化的足球运动规则，当时足球在全英流行，尤其是在如哈罗公学（上图是当时哈罗公学足球队）之类的私立学校中广受欢迎。

足球协会控制了足球运动的方方面面，包括业余爱好者和专业队员，并负责国家级的竞赛，包括将在温布利球场进行决赛的英格兰优胜杯挑战赛。

19世纪后期，足球协会帮助苏格兰、威尔士和爱尔兰联合起来共同监管在这些地方开展的足球比赛。后来国际足球联合协会也加入进来，共同制定国际赛事的规则。

21世纪初期，足球协会代表了3.7万个足球俱乐部和上百万名足球运动员。它的职责包括为教练员、运动员和裁判员制订教学材料，联系外国足球机构，批准英国联盟的规章制度，并在那些被指控破坏规则的事件中充当仲裁。足球协会的总部设在伦敦。

1862 年 9 月 17 日
美国内战中一场决定性战役**安提塔姆之战**中止了联盟方向马里兰州进军的步伐，这也是联盟方在美国内战中对华盛顿特区造成的最有威胁的进攻之一。图为在邓克尔教堂前等待下葬的尸体。

1863 年
英国作家**查尔斯·金斯利**出版了他的教育性儿童幻想作品《水孩子》，将他对卫生改革的关心以及对自然历史的兴趣和进化理论结合在一起。图为作家与其妻在英国汉普郡埃文斯里区的书房外。

1863 年
瑞士人道主义者亨利·杜南在目睹了 1859 年爆发的法奥战争中的索费林诺战役的恐怖景象后，于此年成立了国际伤员救助委员会（今**国际红十字会**），并促成了 1864 年第一批国家红十字会和《日内瓦公约》的诞生。

1863 年
普鲁士天文学家**弗里德里希·威廉·奥古斯特·阿格兰德**因波恩星表获得了英国皇家天文学会金质奖章。

1863 年
世界上第一个地铁系统**伦敦地铁**开通，这条线路从帕丁顿车站通入城市中心。在第一年运行中这条地铁运送了 950 万乘客。

1863 年
比利时企业家**欧内斯特**和**阿尔伯特·索维**在库耶（今沙勒罗瓦的一部分）开设了第一家工厂。图为 1911 年，欧内斯特·索维（前排左起第三人）在布鲁塞尔出席由他发起的物理学集会；其周围是一群杰出的科学家，包括马克斯·普朗克、欧内斯特·卢瑟福、阿尔伯特·爱因斯坦和居里夫人。

石勒苏益格–荷尔斯泰因战争

丹麦和普鲁士之间领土争端的关键。

关于谁应管理石勒苏益格与荷尔斯泰因两块德国人聚居区的问题——北部属于丹麦，南部属于普鲁士——看起来似乎在1848—1851年第一次石勒苏益格战争中通过丹麦获胜而解决了。然而，局势依旧紧张，并且在19世纪60年代领土争端问题再度浮出水面，这是由于普鲁士宣布计划建设连接北海与波罗的海的基尔运河，但如果这两个独立的公国不从丹麦人的管辖范围脱离出来并且加入“大德意志帝国”的话，这个工程就无法进行下去。

丹麦国王腓特烈七世死后并没有留下男性继承人，1863年11月，爆发了宪法危机，引发了对当时无人把握的权力宝座的争夺。同月，腓特烈的继承人克里斯蒂安九世提出了一部新的宪法，在荷尔斯泰因的大多数德国人开始向普鲁士首相奥托·冯·俾斯麦求援。

整个1864年1月，敌对双方的军队面对面跨越艾达河。战争于2月1日爆发，普鲁士与奥地利联军开进石勒苏益格。3月，奥地利军队进入丹麦，并攻占了维勒城。在这场单方面战争中最大的一次对抗是1864年7月3日的伦德比战役，其结果——击败了无论是人数还是装备都严重不足的丹麦军队——仅仅是确定了已成定局的普奥联军的胜利而已。（左图，普鲁士军人在他们的营帐前，旁边是被火炮摧毁的风车。）7月14日，普鲁士军队到达丹麦日德兰半岛最北部的斯卡恩，丹麦主要国土至此被全部侵占。克里斯蒂安九世宣布放弃一切有争议的领土后，8月1日普鲁士军队开始撤退。

10月30日，根据《维也纳条约》，丹麦正式将石勒苏益格割让给普鲁士，将荷尔斯泰因割让给奥地利。结果，丹麦的边境向北移动了150英里（240公里），超过20万丹麦居民（大约占丹麦人口的1/4）处于外国势力的管理之下。这场战争永远地结束了丹麦的领土扩张野心，并开启了德国扩张的时代，这一时代在第一次世界大战爆发时达到鼎盛。

1863 年
在拿破仑三世的命令下，面向被官方展览审查团拒之门外作品的**“落选沙龙”**在巴黎召开。历届参展者包括保罗·塞尚、卡米耶·毕沙罗、詹姆斯·惠斯勒和爱德华·马奈。当马奈的《草地上的午餐》在巴黎“落选沙龙”上展出时，立刻在巴黎人中间掀起轩然大波，并导致这个沙龙的关闭。

1863 年 9 月 27 日
采用哥特复兴风格的**圣尼古拉教堂**在汉堡开放。它的尖顶于 1874 年最后完工，直到卢昂大教堂的尖顶于 1876 年完工前，这所教堂都是当时世界上最高的建筑。

1863 年
胜家制造公司开始用**分期付款**方式出售缝纫机，允许购买者每月支付 5 美元购买一台价值 100 美元的缝纫机。图中一位优雅的英国女孩正操作一台踏板式缝纫机，背景中的竖琴似乎在暗示着这一产品的地位相当于竖琴在流行音乐中代表的地位。

怀尔德尼斯战役中的格兰特

联邦军队陆地战役的起点。

1864 年 3 月，亚伯拉罕·林肯总统任命尤利西斯·S. 格兰特为中将，指挥联邦军队。格兰特指挥波多马克军试图转移到北弗吉尼亚对抗同盟方的罗伯特·E. 李将军的军队。5 月，格兰特率领 11.5 万名士兵进入怀尔德尼斯，这是位于宾夕法尼亚州弗雷德里克斯西部 10 英里（16 公里）处的一片林地。

李将军随后也派出了他的军队，并希望林地能削弱联邦军队优质的火炮和出色的骑兵优势。5 月 5 日，双方进入对峙状态。经过两天艰苦反复的战斗之后，最终格兰特脱离了怀尔德尼斯战场，向东南转移到了斯波特瑟尔韦尼亚县法院的十字路口。同盟方已经提前到达了那里。激烈的战斗开始了（5 月 18—19 日），在著名的“嗜血天使”格兰特的坚持下士兵们甚至开始肉搏，虽然最终夺得了一点土地，但实际上还是被抵挡住了。在这一场战役中他失去了 18339 名士兵。而李将军在这两场战斗中的总损失约为 17250 人。照片中是 5 月 21 日，格兰特将军（左侧）靠坐在一条从附近的马斯阿卜纳克斯教堂中拉出的长凳上，越过乔治·G. 米德将军的肩膀查看地图。

1864 年
英国天文学家威廉·哈金斯利用光谱方法确定了一些星云以气态存在。他的著作是新学科**天体物理学**诞生的基础之一。

1864 年
法国巴比桑成员之一、擅长自然光线研究和表现光线效果的**卡米耶·柯罗**创作了《孟特芳丹的回忆》。柯罗开创了外光派绘画技法。

1864 年
萨缪尔·怀特·贝克同他的未婚妻弗洛伦斯·冯·萨斯一同到达了位于今天的刚果民主共和国和乌干达边界的阿尔伯特湖，并确定了这里是尼罗河的源头。

1864 年 11 月 15 日
联邦将军威廉・特库赛・谢尔曼开始了他的**谢尔曼大进军**，在佐治亚州造成了严重损害。图为佐治亚州亚特兰大：谢尔曼大进军后留下来的残垣断壁。

1864 年

约翰·亨利·纽曼，英国教会中牛津运动的领导者和日后的罗马教会枢机主教，出版了《自我辩护》，其中记载了他的宗教见解和演变过程。

1864 年

雅克·奥芬巴赫的轻歌剧**《美丽的海伦》**在巴黎首演，该剧所用现代风格讲述传统神话的形式也曾被他的《地狱中的奥菲欧》采用。

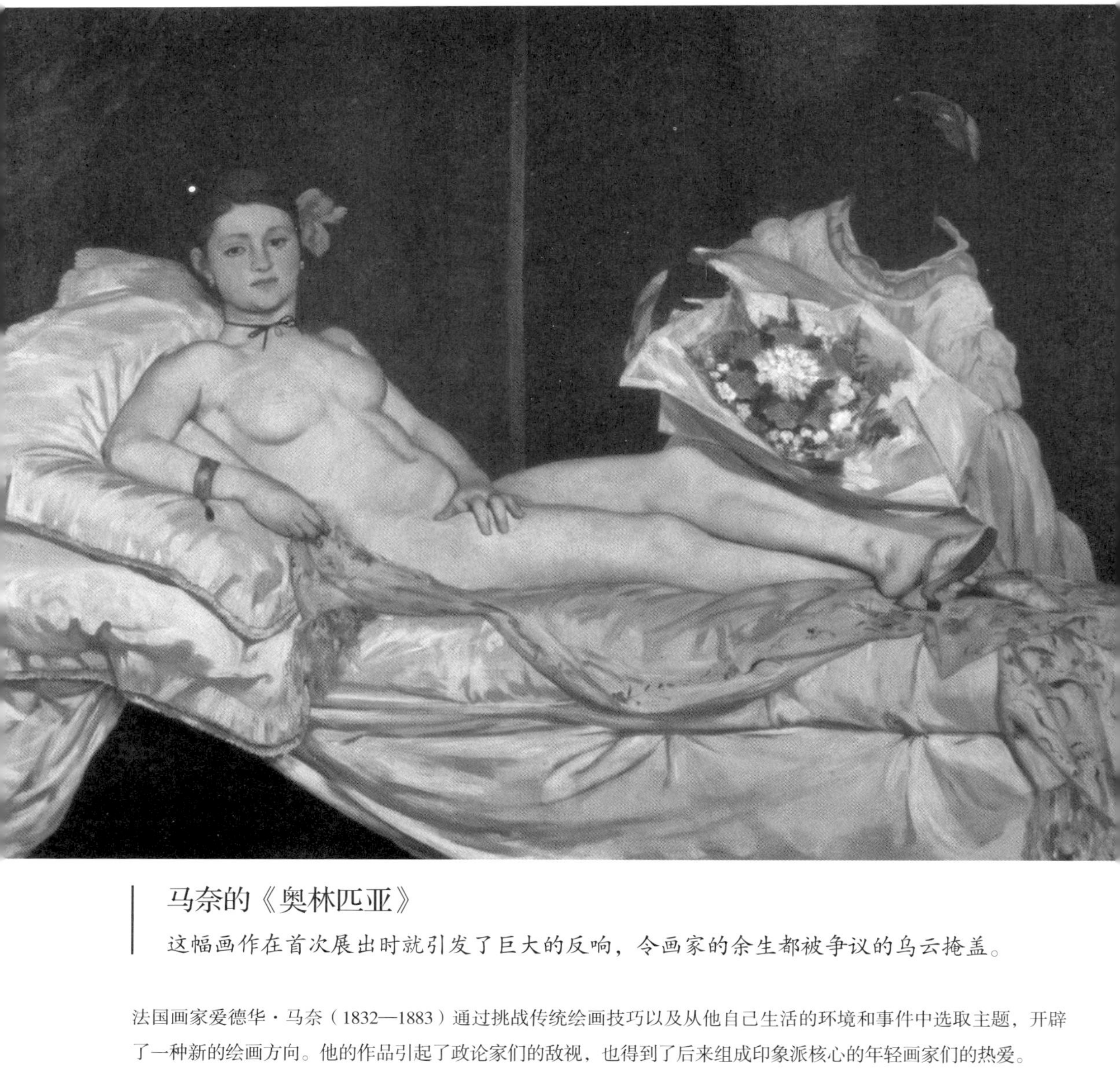

马奈的《奥林匹亚》

这幅画作在首次展出时就引发了巨大的反响，令画家的余生都被争议的乌云掩盖。

法国画家爱德华·马奈（1832—1883）通过挑战传统绘画技巧以及从他自己生活的环境和事件中选取主题，开辟了一种新的绘画方向。他的作品引起了政论家们的敌视，也得到了后来组成印象派核心的年轻画家们的热爱。

在1865年巴黎的沙龙上，他两年前完成的画作《奥林匹亚》（上图）引发了巨大的反响，这种反对的论调影响了他的未来。画作中的裸体女性斜倚在床上，目光直接看着来访者，这幅画作被评论为粗糙的，过于明亮的光线掩盖了画内的人物，并将裸女变成一种几乎毫无空间感的形象。然而，最具争议的并非裸体，而是画中各种象征性的细节——最明显的就是画中的小黑猫——说明了这幅画的主题是妓女。

这个时代的妓女主题画作被评论家和公众们认为是下流的。尽管马奈是有意破除艺术传统，他依旧被人们的反应打击了。他写信给朋友法国诗人查尔斯·波德莱尔说："他们把侮辱倾泻在我身上。有些人的看法绝对是错的。"对于马奈作品的批评和反对直到他生命的最后阶段才渐渐减弱，20世纪他才得到艺术历史学家和评论家的肯定。

1865 年

马修·布拉迪、**提蒙斯·奥·苏利文**和**亚历山大·加德纳**用摄影记录下了美国内战造成的恐怖和破坏。马修·布拉迪的马车可以变成简易暗室，战士们称之为“神秘马车”。

1865 年

曾为 1832 年《改革法案》的通过而奋斗的**约翰·罗素**勋爵第二次被任命为英国首相。维多利亚女王说，假如他能再多 1/3 的服从，就会成为一个更好的合作伙伴，因为他对除了 1688 年宪法和他自己之外的其他事情都不感兴趣。

1865 年

曾经的奴隶在牙买加发生骚乱，并杀死了首席地方法官和其他 18 名欧洲贵族。总督**爱德华·约翰·艾尔**宣布了军事管制，430 名男女被枪决或绞死，还有 600 人被施以鞭刑，超过 1000 个家庭被毁。在此之前，爱德华·约翰·艾尔以探索澳大利亚内陆而闻名。

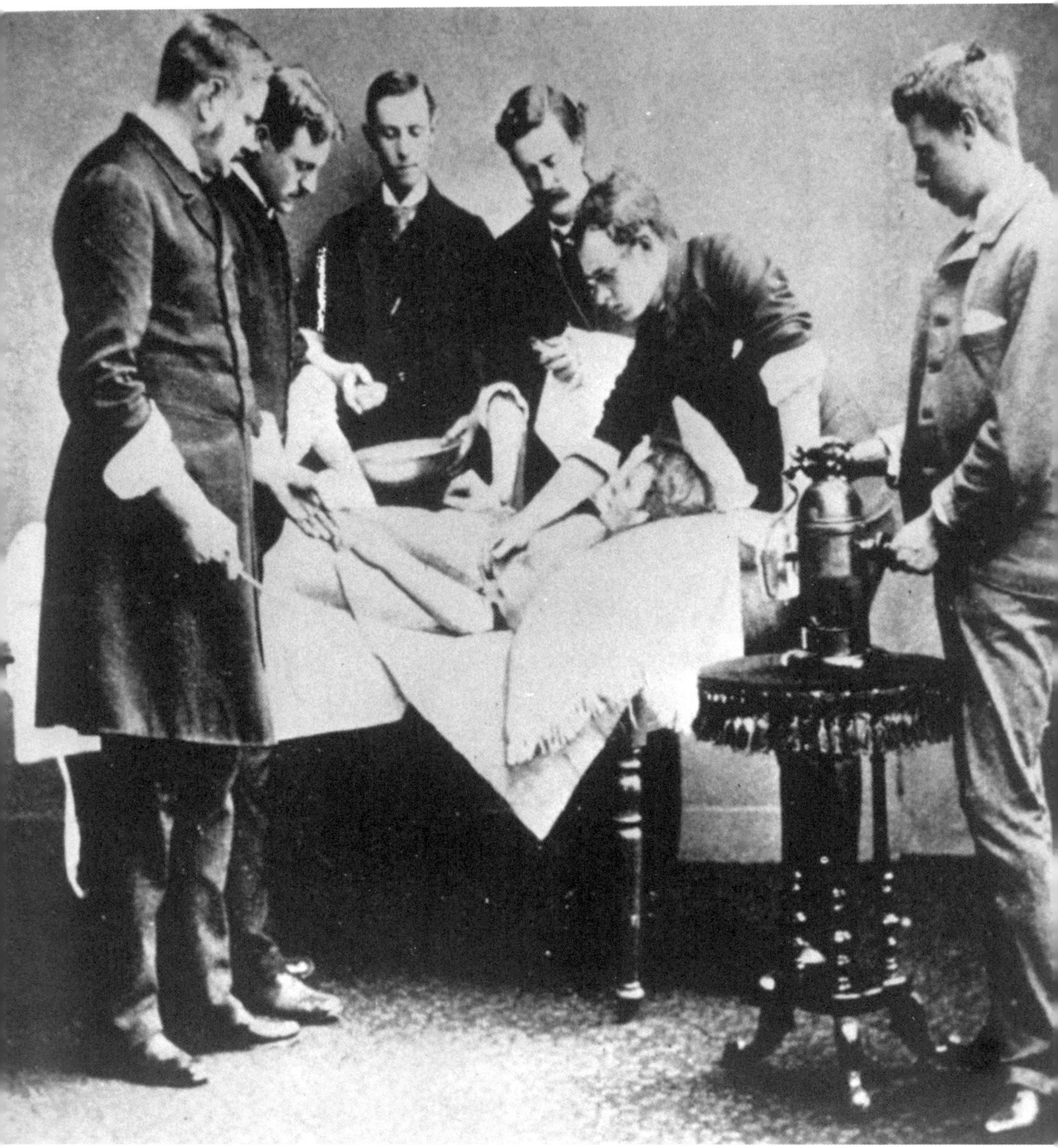

1865 年

苏格兰内科医生约瑟夫·李斯特开始研究一种**无菌外科手术**技术，其中包括消毒仪器的使用。他的发明大大降低了外科手术的死亡率。图为在一次手术期间喷洒石碳酸消毒剂。

登山——一种新兴运动

攀登阿尔卑斯山和更多的山脉。

登山作为一项运动始于一位年轻的日内瓦科学家霍拉斯·贝涅迪克特·德·索修尔。1760 年，他第一次来到霞慕尼，参观了勃朗峰（海拔 4810 米，欧洲最高峰）。他提供了奖金用于奖励第一个攀上勃朗峰顶的人，但一直到 1786 年，也就是 25 年之后，这笔奖金才被霞慕尼本地的一位医生米歇尔 – 加百利·帕卡德和他的向导雅克·巴尔玛赢得。一年之后，德·索修尔亲自登上了勃朗峰顶。1850 年之后，成群结队的英国登山者和瑞士、意大利或者法国的向导接连不断地征服了瑞士境内一座座高山。在这项运动发展过程中的标志性事件是 1865 年 7 月 14 日以英国插画家爱德华·温伯尔（左图）为首，人类第一次登上马特霍恩峰（4478 米）。但在下山途中一行 7 人中的 4 位遭遇了不幸。连接他们的救生绳断了，尽管没有证据，但有人称绳索是被割断的。温伯尔描述了这起事故，他之前失败的 9 次登顶尝试被收入他写的《阿尔卑斯的攀登》（1871）一书中。

到 1870 年，阿尔卑斯山脉所有的主峰都被征服了，登山家们开始寻找新的目标以及通往已经被征服的山峰的更具挑战性的路线。由于鲜少有阿尔卑斯山脉次峰尚未被征服，到 19 世纪末，登山家们把注意力转向南美洲的安第斯山脉、北美洲的落基山脉以及亚洲的高加索山脉，最后则是帕米尔高原上的喜马拉雅山和兴都库什山。阿空加瓜峰（6962 米）是安第斯山脉的最高峰，于 1897 年首次登顶；落基山脉的大提顿峰（4198 米）于 1898 年登顶成功。意大利的阿布拉兹公爵于 1897 年首次登顶阿拉斯加和加拿大边界的圣伊利亚斯山（5489 米），1906 年又成功征服了东非的鲁文佐里山（5109 米）的玛格丽塔峰。1913 年，一个美国人哈德森·斯塔克征服了北美洲最高峰，阿拉斯加的麦金利山（6193 米）。

1865 年

英国人**威廉·吉尔伯特·格雷斯**在一场初级板球赛中首次登场。他后来成为维多利亚时期最伟大的板球手。
图为大胡子威廉·吉尔伯特·格雷斯和他的板球队队员们。

1865 年

陀思妥耶夫斯基开始创作《罪与罚》，这是一个关于杀死了一个年老妇人的知识分子拉斯柯尔尼科夫的故事。陀思妥耶夫斯基在书中重点分析了心理上的病态，并探索了难以理解的破坏欲望。

1865 年

由威廉·布什创作的配诗连环画《**马克斯和莫里兹**》在德国出版。该书内容是具有高度独创性的黑色幽默故事。《七个捣蛋鬼的故事》是威廉·布什的又一作品。

1865 年 4 月 9 日

罗伯特·E. 李在弗吉尼亚州的**阿波马托克斯法院**（如图）向尤利西斯·S. 格兰特投降，美国内战宣告结束。战争消耗惊人，不过在 61.8 万名死者中只有 1/3 死于战场——其他人死于疾病。

飞剪式帆船

对于缩减在海洋上航行时间具有重大意义的精美帆船。

虽然起源于被称为“巴尔的摩飞剪船”的小型快速帆船，但真正意义上的飞剪帆船是最早在美国改进成功的，随后在英国造船厂制造。飞剪帆船最终的形态是狭长优雅的船身和突出的船头，纯流线型外壳，以及依靠三根高大的桅杆航行时格外巨大的风帆翼展。飞剪帆船大多由美国和英国造船厂制造，但其他少数几个国家也生产，比如法国和荷兰。

飞剪帆船以其优美的造型闻名，是 19 世纪帆船史上的杰作。飞剪船一般都比较狭窄，这限制了它们的承载能力，但在这里任何缺点都被它们在水上航行时的速度弥补了。飞剪船历史上的几项第一：1851 年下水的“飞云号”创造了从纽约到旧金山航行 89 天的纪录；“詹姆斯·贝恩斯号”创造了从波士顿到英国利物浦 12 天零 6 小时横渡大西洋的纪录；“闪电号”则创造了空前的单日航行纪录，在 24 小时航行了 436 海里；“海王号”（下图，在安特卫普港内）以在 12 天内航行了 3736 英里（6000 公里）而著名。“闪电号”和“詹姆斯·贝恩斯号”（都是在 1854 年或 1855 年下水）以及“飞云号”和“海王号”都是由加拿大造船专家唐纳·麦凯设计的，他的造船厂在马萨诸塞州东波士顿区。

帆船追求速度，部分是由于希望能把出产自中国的新茶尽快带回英国，部分则是与横穿北美洲到加利福尼亚金矿区的陆运线路竞争。在淘金热中最好的飞剪船沿着合恩角往来于纽约和旧金山之间。然而，飞剪船也在世界上的其他地区实现了设计的初衷，尤其是在英国与其远东殖民地之间的贸易线路上（上图，这种帆船停泊在伦敦的东印度港口）。荷兰人也利用飞剪船航行到爪哇；他们最著名的船只是 1859 年建造的“特拉纳克号”。

尽管飞剪船与茶叶贸易的关系最为密切，它们还被用于运输来自澳大利亚的高质量羊毛、乘客和香料——这些都是体积小而利润高的货物。飞剪船算得上是豪华游轮的前身。

1866 年

德国哲学家和动物学家恩斯特·海克尔创造了词汇**“生态学”**，用以描述研究生物及外部环境之间关系的学科。图中恩斯特·海克尔（图左）同朋友在意大利，周围环绕着自然历史学家收集的藏品。

1866 年 7 月 3 日

普鲁士在**克尼格雷茨战役**中击败奥地利，这要归功于及时赶到的援军和普军新装备的比奥地利军队上膛更快的步枪。图为奥地利和普鲁士骑兵在克尼格雷茨战役中冲锋的场面。

约翰·韦斯利·鲍威尔

这位美国地质学家、民族学者出版了第一部关于美洲印第安人语言分类的著作，也是美国民族学局的第一任主管。

美国内战结束之后，退伍的约翰·韦斯利·鲍威尔（1834—1902）加入了伊利诺伊卫斯理大学，担任地质学教授。1867年，他成为伊利诺伊师范学院（今伊利诺伊州立师范大学）的讲师，并开始了一系列在落基山脉、科罗拉多和绿河流域的旅行。上图显示了他正准备开始一次旅行。

1871—1879年间，鲍威尔指导了对西部公共领域的联合地质与地理调查，并且鼓励政府开展土地利用项目。

在这段时期，他出版了三本重要的著作。第一本著作中，他提出并规范了许多概念，其中一部分成为地理学词汇并成为了行业标准。然后他创制了美洲印第安语言的综合分类。上页下图是他正在和南犹他州的帕鲁提印第安人交谈。鲍威尔的第三部重要著作——关于美国干旱区域的土地报告——被称为土地保护文献的里程碑。

1879 年，当史密森尼学会美国民族学局正式建立时，鲍威尔成为了第一任负责人，并且一直担任此职位至 1902 年去世。在进一步对印第安民族和语言进行研究时，他出版了第一部美国和加拿大 58 种方言的完整而权威的分类与分布图（1891）。鲍威尔还在美国地质调查局担任主管（1881—1892），为了美国广阔的水资源分布图和灌溉计划而辛勤工作。

1867 年
在普鲁士领导下由 22 个北方德国小邦结成的**北德意志邦联**军事联盟转化为联邦国家，该邦联的旗帜和大部分宪法都被 1871 年后的德意志帝国沿用。图为戴着头盔的俾斯麦，北德意志邦联的创建者和转化者。

1867 年
德国经济学家**卡尔·马克思**出版了《资本论》第一卷，主张由工人控制生产资料。卡尔·马克思虽身为德国人，却被永远放逐在英国。

1867 年
纽约开始建设美国第一条**高架铁路**。图中第三大道“E1”蜿蜒穿过曼哈顿下城，映衬着背后停泊的帆船。

1867 年

巴黎世界博览会吸引了 5 万展商和接近 1000 万参观者。

1867 年

在英国，保守党人本杰明·迪斯雷利的**《第二次改革法案》**使大部分乡镇和城市里的工人拥有了投票权，让英国符合资格选民的数量增加了一倍。由于本杰明·迪斯雷利的行动，许多刚刚得到投票权的选民把选票投给了保守党，英国保守党在其领导下首次登上政治舞台。

1867 年

瑞典化学家与工程师**阿尔弗雷德·诺贝尔**获得炸药的专利。诺贝尔后来捐资设立了诺贝尔奖，是世界上最负盛名的奖励卓越成就的奖项之一。

国立普拉多博物馆

马德里最大的艺术宝库在西班牙女王退位后收归国有。

普拉多博物馆于 1785 年开始建造，当时西班牙国王查尔斯三世委任胡安·比亚努埃瓦在马德里郊区设计一座自然科学博物馆（普拉多在西班牙语中的意思是牧场）。这座新古典主义建筑的建设被拿破仑战争打断，但在西班牙国王费尔迪南德七世统治时期终于完成并作为皇家美术博物馆于 1819 年对公众开放。费尔迪南德把各种各样的皇家收藏品都放进了这个博物馆，包括腓力四世委托他的宫廷画家委拉斯凯兹从意大利为他购买的画作，以及后来腓力五世增添的许多法国巴洛克风格的作品，但是不包括收藏在埃斯科里亚尔宫的艺术品。

1868 年，几乎是在伊莎贝拉二世逃亡的同时，军事管制政府就接收了对博物馆本身和其中收藏品的管理权，如今这里改名为国立普拉多博物馆。1872 年博物馆得到了许多珍贵的油画，都是来自于过去西班牙教会和修道院的珍藏。20 世纪再度为博物馆增加了收藏品。

普拉多博物馆拥有世界上最全的埃尔·格列柯、委拉斯凯兹和戈雅的作品，还有很德·里贝拉和苏巴朗等人的名作。博物馆中还有博斯、老彼得·勃鲁盖尔、拉斐尔、丁托列托、委罗内塞、鲁本斯、伦勃朗、凡·戴克、普桑、克劳德和华多等人的画作。这里还收藏了不少希腊—罗马风格的雕塑作品。

1867 年 7 月 1 日

加拿大自治领成立，随后的庆祝活动成为了加拿大人每年的固定节日，在 1982 年被命名为加拿大日。图为加拿大自治领的各方代表聚集在伦敦设计可行的方案。

1867 年 6 月 8 日

弗朗茨·约瑟夫登基成为匈牙利国王。弗朗茨·约瑟夫的奥地利皇位转变成了奥匈二元君主帝国皇位，这是一种为了安抚匈牙利人而采取的折中方式。

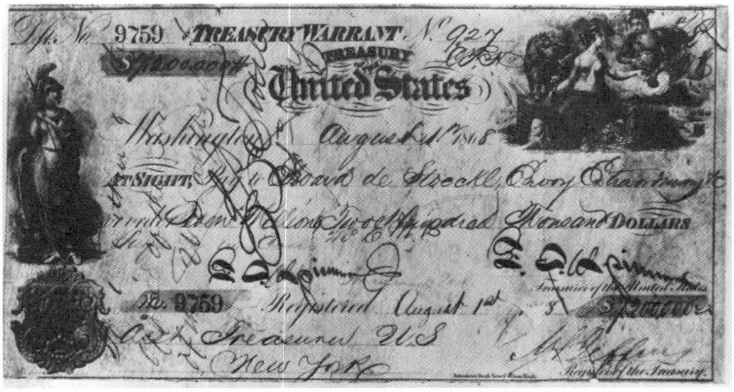

1867 年 10 月 18 日

在大量反对声中，美国国务卿威廉·苏厄德从俄国手中购买**阿拉斯加殖民地**的交易获得批准。图为美国买下阿拉斯加的 720 万美元支票。

苏伊士运河

位于地中海和红海之间的人造航道。

最初建造苏伊士运河的可行性研究是在法国占领埃及期间（1798–1801）由拿破仑的首席交通线路工程师 J.M. 勒·普莱开始的，但由于错误的计算，得出的结论是红海的水平面比地中海高出 33 英尺（10 米），因此必须要建设船闸。考虑到法国技术的不足和两片海域之间确实存在的高度差，这个错误也算情有可原，而且勒·普莱的结论后来接二连三地被许多运河工程师不假思索地接受了。对于建造运河的研究在 1834 年和 1846 年再度开始。1854 年斐迪南·德·勒塞普首先得到了来自埃及总督赛义德建设运河的特许，接着 1856 年又成立了苏伊士运河公司，协议在运河完工后拥有 99 年运河海运管理权。运河建设始于 1859 年，花费了 10 年时间而非预计的 6 年；气候上的困难、1865 年霍乱流行以及早期的劳工问题都减缓了工程进度。建设的初步计划是，从尼罗河三角洲沿着图梅拉河开凿一条小运河（伊斯梅利亚运河）和一条南支线（现在被叫作赫勒沃苏伊士运河；两段结合起来在过去被称作甜水运河）通往苏伊士，一条北段运河（阿巴西耶运河）通往塞得港。1863 年完工的阿巴西耶运河为其他的干旱地区提供了饮水。

一开始，是用锄头和篮筐进行手工挖掘，农民被当作劳工强行征召。后来，欧洲劳工操纵挖掘机和蒸汽挖土机继续进行工程，并且后来还证明了挖掘泥巴比挖掘干土廉价得多，于是人为地造成了浸水，使得挖掘机可以轻松地工作。不同于在有些区域可能会遭遇岩层，整条运河都只有沙子和冲积土。

1869 年 8 月，航道终于完工，并且在 11 月 17 日举行了正式的开通仪式（上图）。在第一批显赫的到访者中还有威尔士亲王（下图，坐，手持手杖）。王储爱德华七世率领英国政府代表团，他们对于运河在战略、政治和商业上的作用都非常感兴趣。

1868 年
以自己的童年回忆为蓝本，**路易斯·梅·奥尔科特**在《小妇人》中讲述了四姐妹从孩提起就显露出来的不同性格和命运，该书的续作《小绅士》于 1871 年问世。

1868 年
明治维新使政权从德川幕府手中交还给日本天皇，并标志着日本开始进入现代世界。图片中，穿着精致丝绸衣服和盔甲的武士，身边是夸张的头盔，身后放着弓箭，这些都随着传统日本的消失而走下历史的舞台。

1868 年
在阿科雷亚战役中败北后，西班牙女王**伊莎贝拉二世**流亡国外。在被放逐之前，她曾统治了西班牙 25 年。

1869 年

一艘英国三桅帆船**“卡蒂萨克号”**在苏格兰的邓巴顿下水，被用于英国和中国间的茶叶贸易，稍后又前往澳大利亚运输木材。该船在苏伊士运河开通当年下水，但苏伊士运河更适合蒸汽轮船航行，并因而改变了茶叶交易时常用的飞剪船的使用。

1869 年

国家歌剧院，亦称**维也纳国家歌剧院**在维也纳开放。它是世界最著名的歌剧院之一，尤其因上演理查德·瓦格纳、沃尔夫冈·阿玛多伊斯·莫扎特和理查德·施特劳斯的作品而闻名。国家歌剧院在 1945 年遭到严重损毁，失去了舞台和礼堂。

1869 年
威廉·李卜克内西和奥古斯特·倍倍尔建立了**社会民主工党**，该党后来与工人协会（ADAV）合并，形成了社会民主党（SPD）。图为威廉·李卜克内西和他最好的朋友、卡尔·马克思的女儿燕妮。

1869 年 9 月 24 日
当尤利西斯·S. 格兰特总统获悉杰伊·古尔德和詹姆斯·菲斯克试图抬高金价后，从联邦划拨了 400 万美元的黄金在市场上售卖，因此导致的金价直线下跌造成了**金融恐慌**。图为 1869 年恐慌时期的一个黑色星期五，纽约股票交易所大厅。

1869 年 5 月 10 日
在犹他州普罗蒙特里，一枚金道钉被敲入铁轨，标志着美国第一条**横贯大陆铁路**竣工，这条约 2900 公里长的铁路将中央太平洋铁路和联合太平洋铁路连接在了一起。图中人们在两列火车头上砸碎了香槟酒瓶，以庆祝这条线路全线贯通。

美国移民

数百万人来到美国以逃避来自本土的穷困和压迫。

从 1870 年开始，数百万移民来到美国。这种浪潮部分由于移民们在本土国家的贫穷生活，部分则由于美国内战后的经济发展。19 世纪七八十年代，移民大多来自德国、爱尔兰和英格兰，而且还有相当多的斯堪的纳维亚人——照片显示的是挪威人乘着“英雄号”渡轮到达美国的情形。

中国移民从 1849 年加利福尼亚淘金热时就开始进入美国，并且一直接连不断地涌入。有些中国移民在美国工作一段时期就会带着他们的积蓄返回家乡，但还有一部分则留在了美国，尽管他们收入很低或者经营着诸如餐馆、洗衣店等类似的小生意。

欧洲移民的涌入增加了对仆役工作的竞争，中国人则因此过得更为艰辛，甚至还发生了反华骚乱。1882 年美国国会通过了《排华法案》，实际上在将近一个世纪内终止了中国劳工的输入。

1870 年
意大利军队攻破了庇亚门城墙，进入了罗马。拒绝接受意大利对城市占领的教皇**庇护九世**退入梵蒂冈宫中并宣布自己被囚禁在此，直到 1929 年，他的继任者都避居此处。教皇庇护九世在罗马被法国军队控制了 20 年。随着对世俗影响的迅速减弱，教皇通过宣称扩大精神权威以及极度宣扬教皇制度的绝对正确性来进行弥补。

1870 年
瓦格纳《尼伯龙根的指环》的第二部歌剧《**女武神**》在慕尼黑国家剧院上演。瓦格纳同年迎娶了弗朗茨·李斯特的女儿科希玛·冯·比洛。图为关于瓦格纳、科希玛·冯·比洛夫和李斯特的风俗画。

约 1870 年
在野外绘制风景油画的**外光画法**随着克劳德·莫奈的作品引起了评论家的注意。图中，一位有抱负的法国外光派画家支起一块巨大的油画布，身边是设备齐全的帐篷。

1870 年

儒勒·凡尔纳出版了两本科幻小说《海底两万里》和《环月旅行》。他的作品直到现在还是经典。

1870 年 10 月 17 日

法国共和派政治家**莱昂·甘必大**乘坐热气球逃离巴黎。拿破仑三世被废黜之后，甘必大宣布法兰西第三共和国成立。图中这只热气球类似于他逃离巴黎时提前在蒙马特区准备的热气球，用于飞越德国军队在巴黎外围布下的包围圈时乘坐。

1870 年 6 月 9 日

被认为是维多利亚时期最伟大的小说家的英国作家**查尔斯·狄更斯**去世。图中，狄更斯正为他的女儿和好友读小说。也许正是由于经常需要为公众朗读他的小说带来的巨大压力导致他的辞世。

1871 年

法国作家**埃米尔·左拉**出版了 20 卷系列小说《卢贡－马卡尔家族》中的第一部小说。左拉被认为是自然主义艺术运动的奠基人。

1871 年
乔治·艾略特发表《**米德尔马契**》，这被认为是维多利亚时期最优秀的小说作品之一。

1871 年
德国考古学先驱**海因里希·施里曼**开始在他认为（实际确实是）的特洛伊遗址所在地安纳托利亚进行发掘。他的发现确立了现代的田野考古学。图中，海因里希·施里曼的妻子索菲娅佩戴着他所谓的“特洛伊的海伦的珠宝”。

1871 年 1 月 28 日
在经过 4 个月的围攻后，法国首都**巴黎**在普法战争中沦陷。普鲁士炮兵和步兵在巴黎香榭丽舍大道上游行，庆祝普法战争的胜利。

1871 年
在寻找尼罗河源头的途中，传教士探险家**戴维·利文斯通**遇到了正在寻找自己的探险记者亨利·莫顿·斯坦利。图中，斯坦利穿着遇到利文斯通时的衣服摆姿势拍照，他的男仆卡鲁拉站在他身旁。

1871 年 1 月 18 日
德意志帝国成立，作为普鲁士北德意志邦联三次王朝战争的结果，帝国的成立与其说是流行的民族主义的情感流露，不如说是外交的成功。图为威廉一世，普鲁士国王，德国的第一位皇帝（1871—1888）。

1871 年
巴黎靠近卢浮宫的法国皇室居所**杜乐丽宫，**在世界上首个社会主义政府法国巴黎公社执政期间，被作为一个君主制度的象征焚毁。

1871 年

在伦敦威斯敏斯特的音乐厅，**皇家阿尔伯特艺术和科学厅**正式开放。它内部有 5000 多个座位，但是在 1906 年的一次留声机音乐会中曾创纪录地容纳了 9000 名听众。如今，它以每年夏天举办并经由 BBC 电台进行转播的古典音乐会闻名世界。

1871 年

巴黎旺多姆广场上的巨柱在艺术家居斯塔夫・库尔贝的煽动下被**巴黎公社**社员捣毁。这根巨柱由拿破仑一世建造，上面雕刻的人像都穿着古罗马服装。巨柱的摧毁象征着巴黎公社社员们对于独裁政治的痛恨。

1871 年

詹姆斯·麦克尼尔·惠斯勒开始创作他最著名的画作：《灰与黑的改编曲 1 号：画家的母亲》。从完成于 1872 年的《画家的母亲》中能看出其受到了日本艺术的影响。

1871 年 8 月 30 日

阿道夫·梯也尔在领导国会反对拿破仑三世之后，又领导临时政府建立了法兰西第三共和国，并被选为共和国的首任总统（1871—1873）。

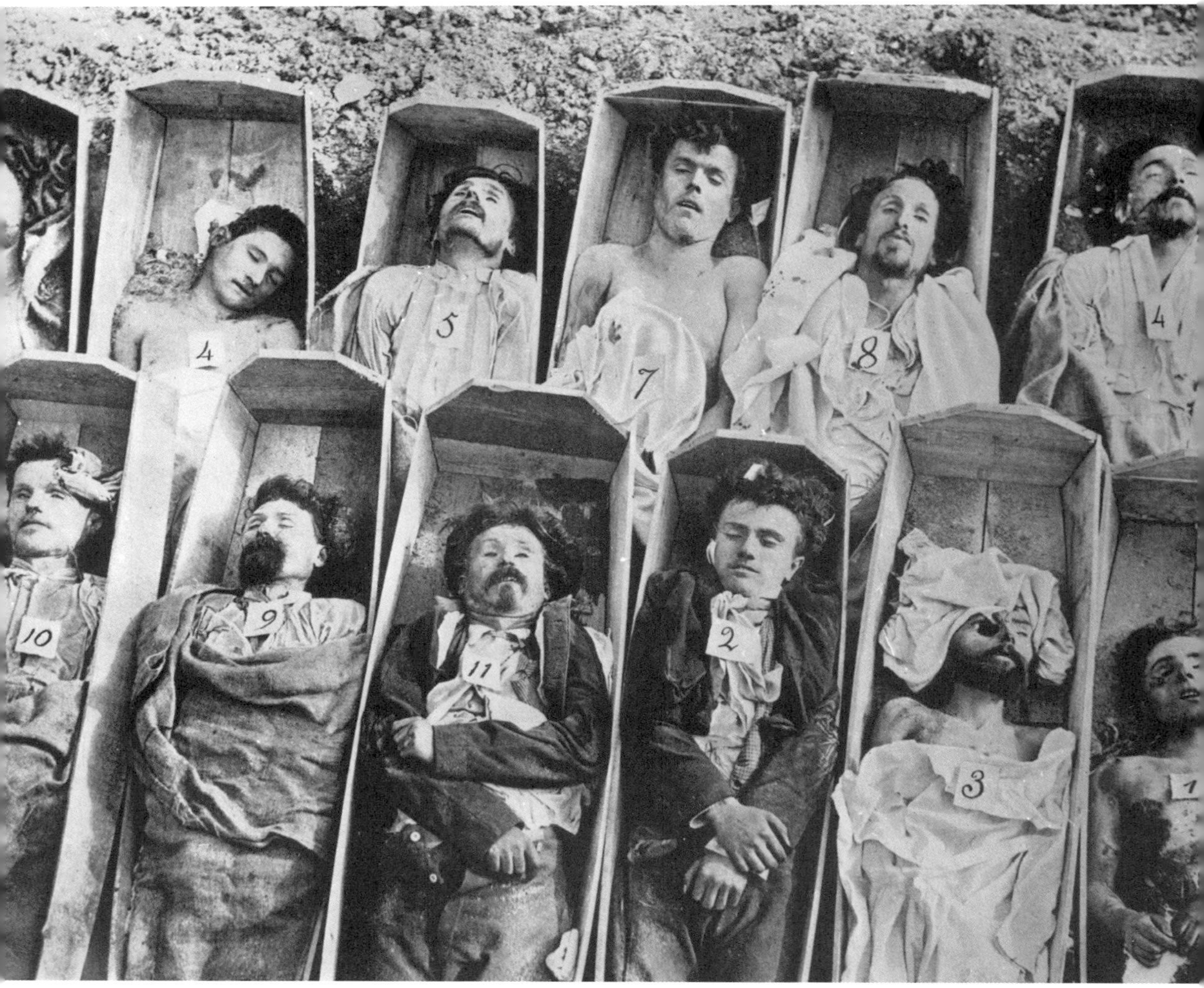

巴黎公社

普法战争中法国的败北引发了反对法国政府的叛乱，并导致法兰西第二帝国的灭亡。

巴黎的共和党人担心国民代表大会会恢复君主政体。3 月 26 日，法国全民公投为革命党人带来了胜利，巴黎公社政府成立。新政府包括三方面力量：希望巴黎公社控制整个革命的雅各宾党人；支持全国建立联合公社的社会主义者，即蒲鲁东主义者；支持暴力行动的布朗基主义者。

政府武装迅速镇压了里昂、圣埃蒂安、马赛和图卢兹的公社政权之后，巴黎公社不得不面对凡尔赛政府的反扑孤军奋战。5 月 21 日，政府军队进入了不设防的巴黎街区。在“五月流血周”期间，正规军队镇压了依靠烧毁建筑物并在巴黎街道上建筑的防卫工事中反击的公社社员。约有 2 万名起义者被屠杀（上图），750 名政府军人死亡。

1872 年
美国第一个国家公园**黄石公园**成立，它的开放反映出关于自然保护的思想更加被人所重视。图为黄石公园的第一位管理员哈利·扬特。

1872 年
第一届英格兰**足总杯**决赛在肯辛顿椭圆球场举行。足总杯是世界上最悠久的足球赛事，该场比赛流浪者队以 1∶0 击败了皇家工兵队（如图）。

1872 年

英国的**“挑战者号”**开始对海洋温度、生物、海流和海船深度及轮廓进行将近 4 年的采集记录。它对深海生物进行的观察是对深海生物最早的系统化科学记录。图为英国“挑战者号”上的全部科考人员，最右侧的人还带着他的鹦鹉。

1872 年

奥地利北极探险家卡尔·韦普雷希特在船只被困极地的冰雪中漂流超过一年后发现了**法兰士约瑟夫地群岛**。韦普雷希特后来成为一名国际极地研究的倡导者。他在探索北极之旅中曾对其随员说：“我们永不后退。”

旧金山缆车

大多数地方都有过缆车，但很快就被有轨电车取代；而在旧金山，它们仍旧是这个城市的符号之一。

缆车是安德鲁·海利迪发明的，并于1873年引入旧金山，并在萨克拉门托和克雷街投入使用。这种缆车靠一条循环缆索牵动，缆索被安置在铁轨之间的地面上的狭长沟槽中，并依靠发电所中的蒸汽传动轴运动。这种系统非常适合在陡峭的山路上运作，因此在旧金山和西雅图被广泛应用。而且这种缆车比起早期的有轨电车来说更为平稳，但它们只能以固定速度行进；一辆出了故障或者被卡住的缆车往往会影响整条线路的运行。从1900年开始，大部分缆车都被有轨电车取代了，但西雅图市的缆车一直运行到20世纪30年代。21世纪初，只有旧金山还保存着世界上唯一的缆车线路。目前的缆车网络，是旧金山城市铁路的一部分，包括两条从旧金山联合广场附近的闹市区到渔人码头的线路和一条加利福尼亚大街沿线的线路。每一条电缆直径都是1英寸（2.5厘米），由一台510马力（380千瓦）的电动机驱动，以每小时9.5英里（15.3公里）的固定时速行进。

早期的有轨电车或者用马拉，或者使用昂贵而且效率低下的蓄电池组驱动。1834年，佛蒙特州布兰登市的一名铁匠托马斯·达文波特制造了一台用电池提供动力的小型电动机，并且使用它对一辆小汽车进行了短途驾驶。1860年，美国人G.F.楚恩在伦敦建设了三条电车线路，在伯肯黑德建设了一条电车线路。在英国被叫作有轨电车的类似系统于1862年在索尔福德、1865年在利物浦都进行了建设。发动机的发明使得电力传输系统能够通过架设在头顶的电线应用到路面电车线路上，这种有轨电车随后在英国、欧洲和美国飞快地扩展开来。

1873 年
匈牙利官方定都**布达佩斯**，该城由多瑙河畔的布达、老布达和佩斯三个城镇合并而成。图为从布达的城堡山上俯瞰 1849 年建成用于连接布达和佩斯的链子桥，它是这座城市的地标建筑。

1873 年
苏格兰物理学家**詹姆斯·克拉克·麦克斯韦**出版了他的《电磁学通论》，在书中他阐述了自己的电磁学理论。麦克斯韦的研究为无线电报和无线通讯铺平了道路。

1873 年
巴布亚新几内亚的首都**莫尔兹比港**由英国上尉约翰·莫尔兹比建立。英国国旗在莫尔兹比港的一个庆典中首次升起。

维也纳国际博览会

为了宣传奥地利的伟大而举办的国际商品交易会。

19 世纪中期的数次战败以及一些领土的失去减缓了奥地利的发展速度。1870 年，哈布斯堡皇族中的弗朗茨·约瑟夫核准举办一场大规模的博览会，从而提醒其他国家奥地利的经济潜力以及作为连通东西交易的大仓库的理想地理位置。

随后在维也纳郊区北部普拉特公园中建造了一座不可思议的建筑。已经完成的展会会场中心堪称工业的殿堂（上图，通往艺术展馆的入口），展示了来自世界各地的工业产品。超过 20 个国家参加了此次博览会，不包含美国，因为美国递交参展许可的日期太晚，来不及准备展览。在普法战争战败后一贫如洗的法国，也仅仅是派遣代表出场。

维也纳国际博览会虽然震惊世界，但却未能达到皇室原本的目的。由于股票市场的暴跌和霍乱的突然蔓延，许多建筑在博览会开幕时仍然在建设中。展会并未驱散人们心中对于奥地利一泓死水的印象。

1873 年

在美国军队和美洲印第安人土著间展开的**莫多克战争**接近尾声。图中的土著印第安侦察员唐纳德·麦凯（左起第三人），抓获了反叛的莫多克族领袖杰克船长，后来他因此成为美国《狂野西部》巡演中的明星。

1873 年 2 月

随着西班牙国王阿马德奥退位，西班牙国会宣布**西班牙共和国**成立。图为西班牙国王阿马德奥，他执政不足三年。

1873 年 6 月

桑给巴尔苏丹在英国政府的压力下结束了在**桑给巴尔**的公开奴隶交易。图为被迫结束桑给巴尔境内公开的奴隶交易几年后的桑给巴尔苏丹和他的朝臣。

1873 年

美国实业家和慈善家**亨利 · 克雷 · 弗里克**在 1873 年恐慌中买下了大批煤矿，并用其支撑匹兹堡的钢铁工业。到 1879 年，年仅 30 岁的弗兰克就成了百万富翁。图中，匹兹堡炼钢厂正在使用巨大锻锤。

1873 年

蒂莫西 · 奥沙利文里程碑式的摄影作品《谢伊峡谷》问世，这张记录美国西南部宏伟巨石的照片具有全新的题材和创作形式。注意图片左下方的三个小帐篷。

美国南达科他州的黄金

金矿的发现令自认为运气好的人蜂拥至北美洲西北部探宝。

尽管联邦政府的条约中承认了印第安人的所有权，但19世纪70年代初期在黑山发现金矿的消息依旧吸引了大批非印第安人到达科他保留地寻宝。1877年，印第安人在国会的强迫下接受了缩减版图的要求，并将黑山交给联邦政府管理。拉皮德城作为通往该地区的要塞浮现在人们面前。直到20世纪初铁路修建到河西地区之前，航运和马车依旧是将矿工们与东部联系起来的主要方式。

在南达科他罗克威尔附近的一个地方，淘金者们在1876—1878年间从水中筛出了价值35万美元的金子。这还不算特别令人震惊的事情。随着消息的不断传播，掀起了一股淘金热，大批移民涌入河东地区，从1878—1887年，这里的人口从原先的8万人增加到32.5万人。这种快速的发展导致南达科他分离出去成为一个平等独立的州。无论是北部还是国会对这种状况都是喜闻乐见的。1883年和1885年南部地区召开了制宪会议；随后达科他州终于成立了。1889年，从同一个地区分离出来的南达科他作为第46个独立的州得到了国会的批准，然后南北两个达科他州同时加入了联邦。然而，这种两个地区同时加入美国联邦的方式导致了印第安人和移民之间持续不断的摩擦。

1874 年
一名记者报道了一个由莫奈、雷诺阿、毕沙罗和其他人作品组成的展览，并根据莫奈 1872 年的一幅画作《印象·日出》（如图）将他们统称为**印象派**，这一群体采用了此称呼作为他们的名称。

1874 年
因维也纳华尔兹和轻歌剧闻名的作曲家**小施特劳斯**完成了《蝙蝠》，该剧成为威尼斯轻歌剧历史上的经典剧目。图为 1894 年创作的《蝙蝠》歌剧表演中的两位领衔主唱。

1874 年
在经过谈判并收到无条件休战的提议后，**斐济**成为英国殖民地。图中，在英国将斐济变成殖民地之后，本杰明·迪斯雷利将一对斐济夫妇带到了英国。

1874 年
作曲家穆捷斯特·彼得洛维奇·穆索尔斯基完成了一部包含 10 首钢琴曲的庆祝组曲，名为**《展览会之画》**，稍后被改编为管弦乐。穆索尔斯基最伟大的成就是歌剧《鲍里斯·戈都诺夫》（1869）。

1874 年
作曲家**卡米尔·圣－桑**的作品《骷髅之舞》首演。

1874 年

乔治・埃德蒙・斯特里特开始设计**伦敦的皇家司法院**，其位于斯特兰德大街，是英国最后一座重要的哥特式复兴建筑，精湛的维多利亚时期哥特式风格使得这幢巨型建筑同街景融为一体。

1874 年

英国的 H. J. 劳森设计了第一种**链条驱动自行车**。图中，爱德华七世的女儿路易丝公主和她的丈夫法夫公爵正推着老款链条驱动自行车。

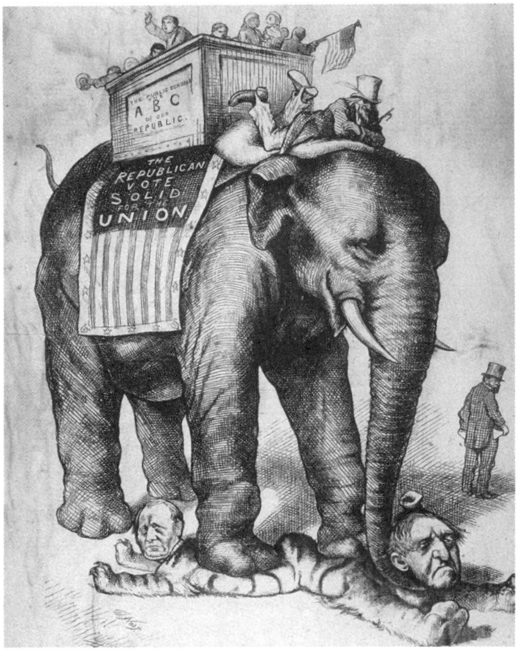

1874 年
美国共和党的象征**大象**出现在《哈珀周刊》刊载的连环画中。大象此前曾经多次与共和党相联系出现在托马斯·纳斯特的画作中。图中，象征共和党的大象背上驮着山姆大叔，脚踏着代表民主党的老虎。

1875 年
英国人马修·韦布成为第一个游泳横渡**英吉利海峡**的人。他从多佛游到加来，共用 21 个小时。

1874 年 7 月 29 日
沃尔特·克洛普顿·温菲尔德少校获得了**移动式网球场**的专利。他最初称这种运动为“sphairistrike”（希腊语，意为场地球类运动），但很快就改名为草地网球。图为站在球网两侧的早期女网球手。长长的裙子是对她们自由活动的一个严重束缚。

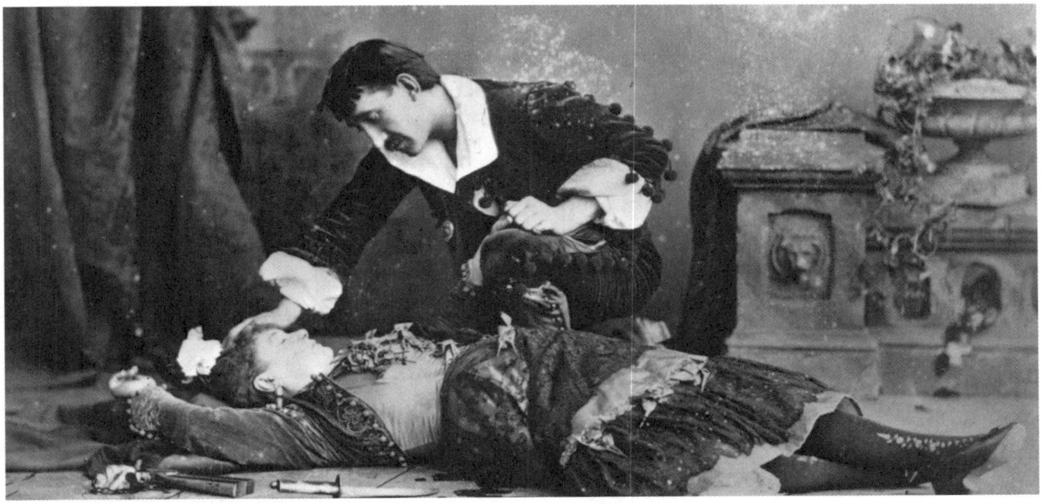

1875 年

乔治・比才以普罗斯佩・梅里美的作品为基础创作的伟大歌剧《**卡门**》在巴黎首演。在歌剧的末尾，卡门被她的情人唐・何塞刺死，因为她拒绝了他的求爱。这部作品中的现实主义风格引发各种非议，但是也开创了歌剧历史的新篇章。

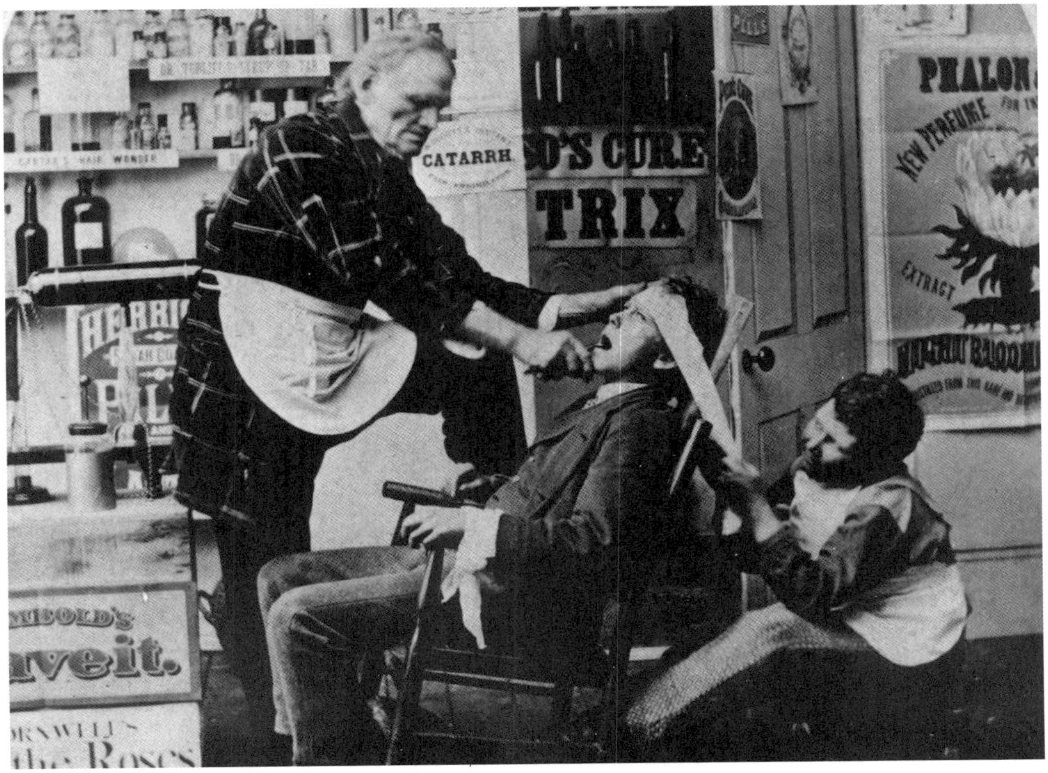

1875 年

美国牙科医生乔治・F. 格林获得了第一种可以锯、锉和打磨牙齿的**电动牙钻**的专利。图中，患者的头部被毛巾紧紧固定住，可怕的牙医正将一颗牙齿拔出来。

1875 年

纽约成为美国第一个立法保护儿童的州，并为其他州树立了范本，其他各州都开始制定法律将**虐待儿童**定为犯罪行为。图为三个无家可归的孩子在纽约桑树街上的栖身之处。

1875 年

海因里希·施里曼开始发掘希腊的**迈锡尼古城**。他以《荷马史诗》作为可靠的历史指引，从而确定了古城的位置。在发掘中找到了一件惊人的金色死亡面具随葬品，经他鉴定是阿伽门农的所有物。图为迈锡尼古城的狮子门。

约 1875 年

英国军人内维尔・弗朗西斯・菲茨杰拉德・张伯伦爵士发明了台球的变种**斯诺克**。图为斯诺克诞生初期在维也纳举行的一场斯诺克比赛。三角框架是为了在比赛开始前将红球安置在球案边。

1875 年 1 月 5 日

查尔斯・加尼叶设计的**巴黎歌剧院**开放。这座被认为拥有第二帝国风格的建筑杰作于 1861 年开始施工。巴黎歌剧院华美的正面，使人联想起法兰西第二帝国，但建筑完工于法兰西第三共和国时期。

1875 年 2 月 25 日
中国同治皇帝驾崩，慈禧太后指定 4 岁的侄子登基，年号光绪。慈禧皇太后和慈安皇太后摄政，不久之后则由慈禧单独垂帘听政。

1875 年 2 月
随着南部平原的印第安人向俄克拉荷马州希尔堡的美国驻军投降，**红河战争**进入尾声。在经过美国军队的无情追击后，筋疲力尽落入陷阱的印第安人已经无力继续战斗。图为向希尔堡的驻军投降的卡曼奇族酋长帕克和他的 8 个妻子之一。

武士起义

日本武士恢复封建制度的尝试。

明治天皇使日本西化的努力，遭受到了保守势力，尤其是那些过去的武士集团成员的抵制（上图），武士阶级在1871 年被宣布废除。1877 年 1 月 29 日，宗族长老，也是明治主要批评者的西乡隆盛的门徒袭击了鹿儿岛的军械库和海军船坞。这一行动转变为一次大规模起义，在 2 月 15 日，叛军向东京进发。政府军在熊本附近阻击了他们的进攻，接下来的 6 个月战火持续不断。进入 5 月，西乡方转为守势， 在整个夏天里他遭受了一系列损失惨重的失败，到 9 月形势依然无望。他带着几百人返回了鹿儿岛作最后一搏。1877 年 9 月 24 日，政府军发动了最后攻击，西乡受到了致命伤，按照他的预先安排，他忠实的副官斩下了他的头以结束他的生命，而 2 月时跟随他的 4 万人在投降时只剩下约 200 人。参战双方都约有 1.2 万人死亡，2 万人受伤。

1876 年

马克·吐温出版了《汤姆·索亚历险记》，这成为美国儿童文学的经典著作，也是对 19 世纪小城镇生活的追忆。他在同年开始了《哈克贝利·费恩历险记》的创作。马克·吐温在创作时从自己在密西西比河畔的汉尼拔度过的青年时光中汲取了灵感。

1876 年

美国发明家亚历山大·格拉汉姆·贝尔获得**电话**专利。图中是一部使用中的贝尔电话。

1876 年

皮埃尔－奥古斯特·雷诺阿在《煎饼磨坊的舞会》中向观众展示了他的印象派技巧，剧中描述了城市生活的愉悦，带给人们一个从普法战争和巴黎公社中复苏的令人愉悦的巴黎。

1876 年
庆祝《独立宣言》发表 100 周年的**费城百年纪念展览会**举行。图为在费城展出的自由女神像的空心手臂和火炬，这座雕像直到 1886 年才完工。

1876 年
费利克斯·达恩出版了他的历史小说《罗马之战》。

1876 年
美国职业棒球俱乐部联盟成立，它的竞争对手美国联盟成立于 1900 年。图为哈里·怀特。他一手创办了辛辛那提长袜队，并为该队打球，这是第一支由全职业球员组成的棒球队。

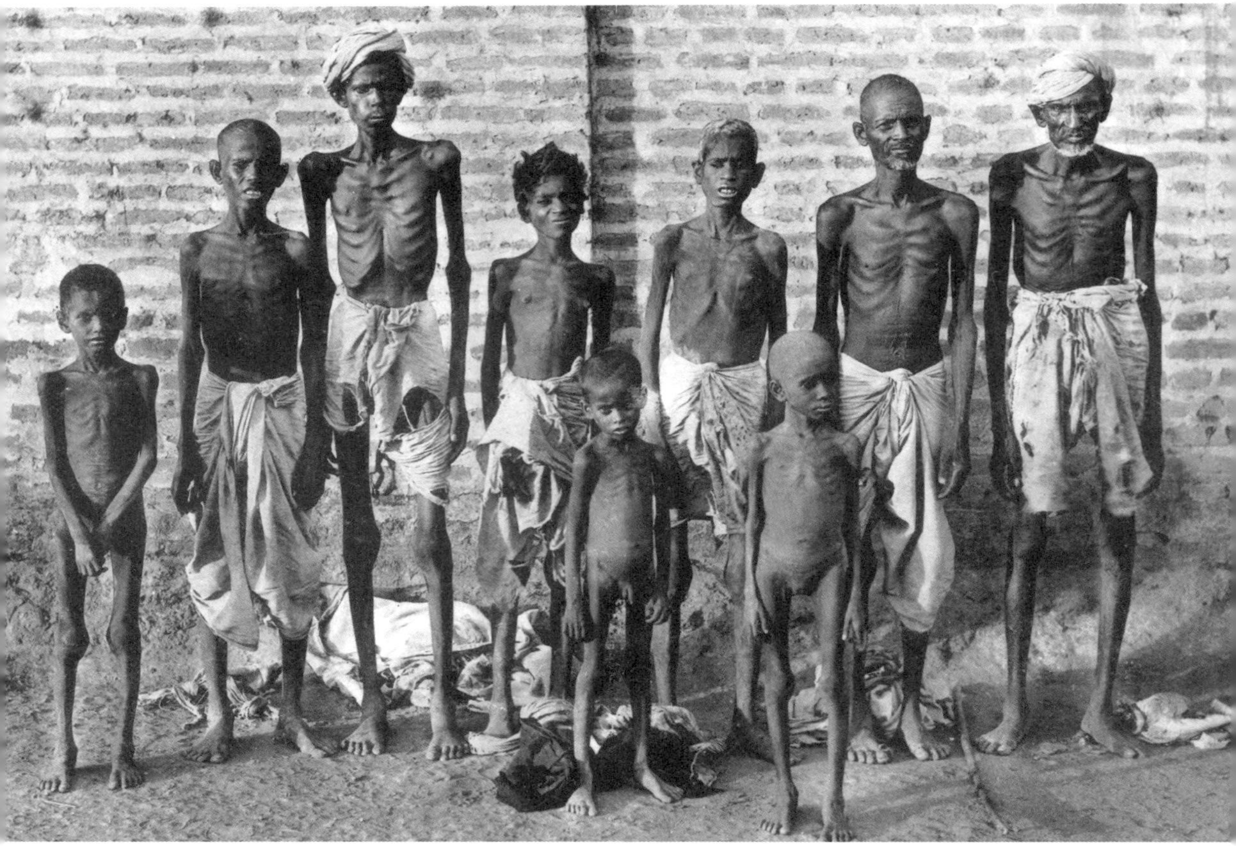

印度饥荒

干旱同政治阴谋致使数百万人死亡。

从 1875 年 10 月至 1877 年 10 月，接连四个雨季都没能带来充足的雨水。长期持续的干旱影响了整个印度南部，特别是在谷物生产方面。尽管当时印度大米和小麦的储备尚有盈余，但是民众并未能从中受益，因为总督利顿爵士错误地认为“假如私营企业感到压力就会有更多的食物运抵受灾荒袭击的地区……好过让这些企业因政府的竞争而瘫痪”。他希望把尽可能多的粮食运往英国，因为那里同样受到了 1876 年粮食歉收的影响。而随着粮食被运出印度，这里的农民更加贫困无助，饥荒在整个德干高原蔓延。上图所示即是当时的一些灾民。

商人利用印度的新铁路系统把谷物运往那些可以承受高价格的区域，而不是运往那些最迫切需要减少饿死人数的区域。这一政策也得到了英国法规的支持。1877 年的《反慈善捐助法案》禁止“可能会潜在地扰乱市场谷物价格平稳的私人救济捐助”。在这场危机到达高峰时，驻扎在印度的英国军队想要即刻上收从干旱初期累计的税款。而一些饥荒中的灾民找到的唯一补救办法就是在焦干的土地上工作以获得维持最低生活的口粮，但是他们太虚弱，而土地又过于干旱，因此这一举动毫无意义。

据英国政府统计，有 550 万人死于饥荒，而一些历史学家则认为实际上总人数可能超过 700 万。

1877 年
从 1865 年开始修建的米兰著名购物街**维托伊曼纽拱廊**完工。图为建设中的维托伊曼纽拱廊。

1877 年
第一届**国际板球锦标赛**在澳大利亚墨尔本举行，参赛方是英国队（如图）和澳大利亚队，澳大利亚最终获胜。
英国则赢得了同样举办于此的第二届的胜利，把总比分扳成 1:1 平。

1877 年

最后一批受拉斐尔前派影响的重要画家之一**爱德华·伯恩－琼斯**爵士通过一次画展成名，展出的画作中包括《梅林的诱惑》和《维纳斯的镜子》（上图）。爱德华·伯恩－琼斯爵士通常被认为是第二代拉斐尔前派画家，但是也可以被看成早期的象征主义者。

1877 年

新闻记者出身的探险家**亨利·莫顿·斯坦利**沿刚果河顺流而下，绘制了它的流向图、它 350 多公里长的急流和利文斯顿大瀑布。

1877 年

英国作家安娜·赛维尔创作的儿童文学经典**《黑骏马》**出版，她的创作目的之一是“引发人们对马的善意、怜悯和理解”。图为《黑骏马》早期版本中的一张插图。

克娄巴特拉之针

从埃及运出的古代巨石碑被分别竖立在英国和美国，以巩固两国间的关系。

埃及政府在 19 世纪将一对方尖碑分开，其中之一送给了英国，另一块则稍后运至美国。现在一块石碑屹立在英国伦敦泰晤士河坝上（上图，它正在新址上被立起），另一块则立于美国纽约的中央公园。尽管被人称为克娄巴特拉之针，但它们实际的作用是在公元前 1500 年的图特摩斯三世时期立于赫利奥波利斯城用于纪念他和法老拉美西斯二世（公元前 1304 —前 1237）。用该地区典型的红色花岗岩雕刻成的石碑高 21.2 米，拥有一个 2.36 米 ×2.33 米的矩形底座，重 180 吨。这对石碑开采和竖立的过程堪称一个技术奇迹，也是古埃及几乎可以无限调动人力的明证。

英国在 1819 年将取得的石碑来纪念尼尔森在 1798 年尼罗河战争中取得的胜利。但它直到 1877 年才从埃及的亚历山大通过海运运抵伦敦。在航行过程中，雪茄造型的运输船差点因风暴倾覆在比斯开湾，好在船只获救并经过维修后完成了这段行程。

美国的方尖石碑则是在 1869 年由埃及伊斯梅尔帕夏赠送给美国，他热切地希望美国利用苏伊士运河进行贸易。石碑在 1880 年运抵纽约。英国人的石碑能够抵达伦敦要归功于大慈善家艾拉斯姆斯 · 威尔逊爵士，美国人的石碑能够运抵中央公园则要感谢大亨威廉 · 亨利 · 范德比尔特提供的财政捐助。

1877 年
第一届**温布尔登网球锦标赛**在英国网球及槌球俱乐部的一块槌球场地上举行。时至今日这项比赛依然在天然草场上进行。图为在温布尔登举行的一场早期网球赛。

1877 年
托马斯·爱迪生获得了**留声机**的专利。这种可以录制音乐演奏的设备改变了音乐工业。

1877 年 1 月 4 日
美国船运和铁路大亨**科尼利尔斯·范德比尔特**去世，他留下的私人财产超过了 1 亿美元，他也被人形容为“残忍、粗鲁、没教养和缺乏教育”。

1877 年
俄亥俄州一家谷类加工公司的主人亨利·帕森·克罗威尔注册了**桂格燕麦片**的商标。在早期的桂格燕麦片广告（如图）中，一名桂格会信徒手持一盒燕麦片和一张品质证书。

1877 年 4 月 24 日
在塞尔维亚－土耳其战争结束后，**俄国**和**奥斯曼帝国**之间爆发战争，最终导致塞尔维亚和黑山独立。图为伊斯梅尔帕夏，奥斯曼军队的指挥官，在俄国人的进攻中守住了保加利亚的普列文城。

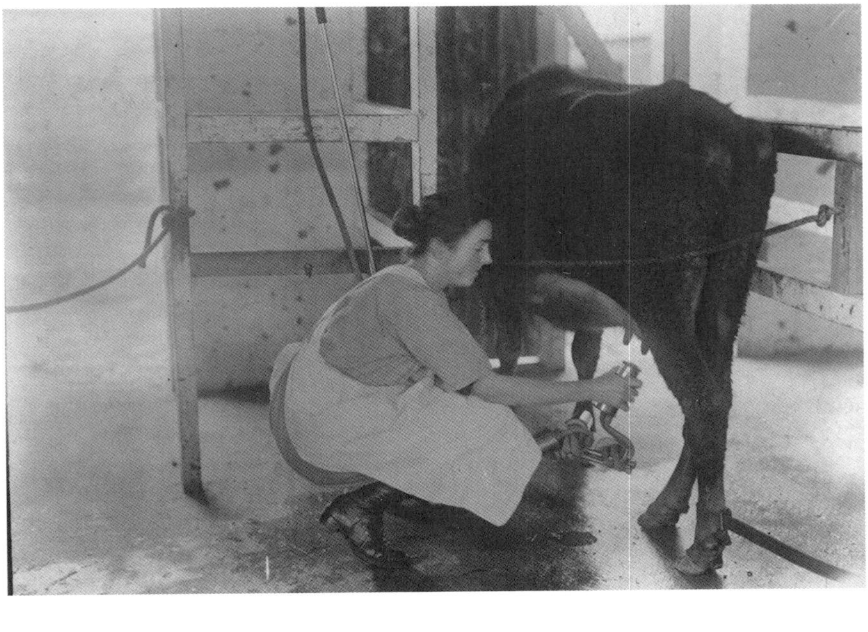

1878 年
阿尔伯特·杜伦特引进了由 L. O. 考尔文发明的商用**挤奶机**，首批在纽约投入生产。图中一名挤奶女工正在为奶牛接上挤奶机。

1878 年
美国画家和手工艺者**路易斯·康福特·蒂芙尼**建立了一家工厂来生产他著名的乳白玻璃。

1878 年
玛莎·珍妮·卡纳瑞，更为人所熟知的名字是**“灾难中的珍妮”**，曾在南达科他州戴德伍德发生天花疫情时看护病人。图中身着带流苏的鹿皮拓荒服、手持左轮手枪和步枪的珍妮，看起来正符合她的工作：侦察员、驿马快信骑手、金矿勘探者和牲畜放牧者。

1878 年
英国最著名的演员之一**亨利·艾尔文**爵士成为伦敦兰心大剧院的经理。他曾在维多利亚时期的音乐剧《钟声》中扮演马塞厄斯（如图），他凭这一角色在 19 世纪 70 年代建立了自己的名望。

1878 年

保罗·塞尚退出印象画派，这标志着后印象派的诞生。这一运动在 19 世纪 80 年代繁盛一时。图为保罗·塞尚的自画像，绘制时间在 1885 —1886 年间。他追求的是超出自然外貌在光线下所留下的转瞬即逝的印象之外的内在结构。

1878 年 2 月 20 日

教皇利奥十三世即位。他将用更平和的立场看待公民政府，小心翼翼地使教会不与科学进步相对立，并且清醒地看待当时的社会和宗教需求。

1878 年

德国出生的教师马克西米利安·贝立兹在罗德岛普罗维登斯创办了第一所**贝立兹语言学校**。他发现学生在“完全沉浸”式外语环境中学习语言的效果最好。图为纽约麦迪逊广场的贝立兹语言学校。

祖鲁战争

在南非东部发生的这场持续 6 个月的战争以英国战胜祖鲁而告终。

1877 年，英国吞并了布尔人的德兰士瓦共和国，这一事件推动了南非白人殖民地的联合进程，也摧毁了产生一个自治的独立南非王国的企图。英国接管了此前布尔人宣布所拥有的祖鲁兰西部部分地区，并且在 1878 年初，德兰士瓦行政官西奥菲勒斯·谢普斯通爵士和好望角高级专员巴托·弗里尔爵士指控祖鲁人和他们的国王塞奇瓦约（右下图）不愿在祖鲁兰附近的英国殖民地工作。他们同时也指称祖鲁对纳塔尔殖民地摆出了军事威胁的姿态。塞奇瓦约被描述成对手下的武士有控制力的暴君。在英国人的意图逐渐明显时，塞奇瓦约还在努力避免产生任何挑拨性的暗示，撤回了他在边境的军队。

1878 年 12 月，弗里尔给塞奇瓦约下达令其无法容忍的最后通牒：除其他内容外，祖鲁必须在 30 天内解除他们的“军事系统”。如预想的那样，这个通牒被拒绝了，随后在 1879 年 1 月，英国人在纳塔尔的非洲人（左下图）协助下攻击了祖鲁兰。尽管祖鲁兰地区季节性的大雨和茂盛的草阻碍了他们的视野，侵入者还是在没有防备（例如，侦察员和卫兵）的情况下长驱直入。

感到时机来临的祖鲁军队在 1879 年 1 月 22 日和 23 日发动了反击。英国人没能在伊桑德尔瓦纳守住自己的营地，导致 1700 名士兵在毫无察觉的情形下被 2 万多名祖鲁人消灭。尽管祖鲁也有三四千人的损失，他们未受打击的后卫仍向罗克渡口附近的英军营地进发，那里的英军已经预先得到了伊桑德尔瓦纳幸存者的警告，并加强了戒备，只付出了 120 人极小的损失就挡住了祖鲁人的攻击。在随后的坎布拉战役中（1879 年 3 月 28 日和 29 日）英国人取得了决定性的胜利，祖鲁则损失了 2000 多名战士。

随后，英国的援军到达，塞奇瓦约则选择了逃跑。在 4 月，为寻求冒险而不请自来的法国王子，拿破仑三世的儿子使英国军队遭受了一次挫折。他加入了一支英国探险队，由于低估了敌军，在 5 月的一次奇袭中身亡。虽然他的死令英国人处于窘地，然而他们还是在不断取得胜利。

英军稍后推进到了祖鲁兰的首都乌伦迪，在 7 月攻占了此处并将其付之一炬，随后塞奇瓦约在 8 月被俘，他被流放到开普敦。祖鲁兰在 1887 年被并入纳塔尔。

1879 年
西门子公司在德国试验了第一辆**电动火车**，并在柏林商品交易会上进行展示。

1879 年 12 月 21 日
挪威新现实主义戏剧的领袖**亨利克·易卜生**的杰作《玩偶之家》，在丹麦哥本哈根的皇家剧院首演。

1879 年
酒馆主人詹姆斯·里蒂发明了**收银机**，它还有一个绰号叫作“清廉的收银员”。图为一台早期收银机。

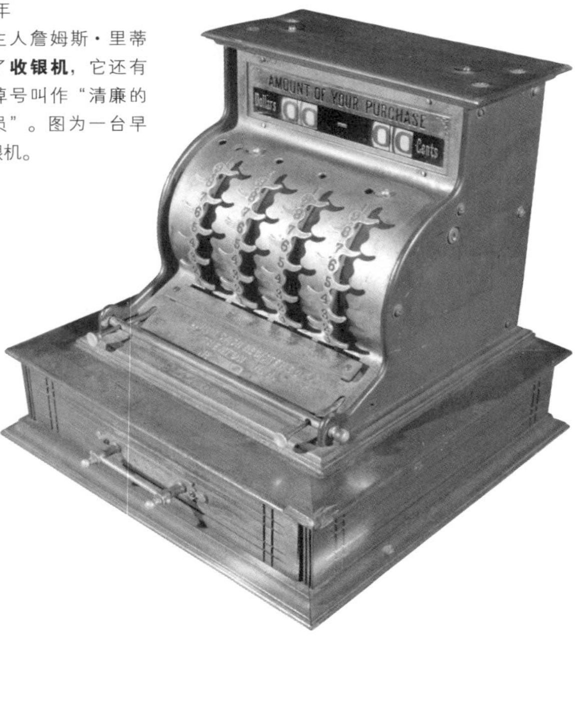

1879 年 10 月
迈克尔・达维特成立了**爱尔兰土地联盟**以促成英国规则下的爱尔兰土地制度的改革。图中，一名爱尔兰土地主的妻子手持左轮手枪，这是为了在遇到爱尔兰土地联盟的暴力袭击时保护自己。

1879 年 12 月 28 日
位于苏格兰邓迪市附近跨越北海港湾的**泰河大桥**在暴风雨中崩塌，造成 75 人死亡。图中，泰河上的铁路桥崩毁后，人们正在搜寻遇难者。

第二次阿富汗战争

英国在阿富汗为打击俄国而进行的危险干涉。

英国首相本杰明·迪斯雷利和他的印度事务大臣罗伯特·索尔兹伯里授意印度政府对阿富汗政府执行一种干涉主义路线，从而打击俄国方面令人担忧的入侵行为。英国驻印度总督利顿勋爵迫切渴望执行首相的命令，因此在到达加尔各答不久后，就通知阿富汗大公希尔·阿里，他将派遣一支代表团前往喀布尔。当大公拒绝了利顿勋爵的使团进入阿富汗的要求之后，这位总督宣称，阿富汗只不过是“夹在两只金属罐之间的小陶罐而已”。然而，直到1878年俄国将军斯托莱伊托夫被获准进入喀布尔，而利顿勋爵的外交使节内维尔·张伯伦爵士却被阿富汗军队拒绝入境时，他才采取了行动。

利顿总督决心粉碎紧邻他的“小陶罐”，并于1878年11月21日发动了第二次阿富汗战争，英军入侵阿富汗。希尔·阿里逃离阿富汗并在1879年死于流亡途中。英军侵占了喀布尔（上图）后于1879年5月26日与前任大公之子雅库布汗签署了《甘达马克条约》。雅库布汗允诺，作为对英国“保护”的交换，允许英国派驻一位总督进入他的政府负责阿富汗的外交，但这位英国驻阿富汗总督路易斯·加瓦内利爵士到达阿富汗两个月之后，于1879年9月3日被暗杀，导致不久之后的又一场战争。英国军队在将军弗雷德里克·罗伯茨爵士的指挥下长途跋涉，重返喀布尔。在包括1880年7月一支英国分遣队在阿富汗迈万德地区败北之后的许多场战役之后，罗伯茨于9月在坎大哈发动了一场决定性的战斗。英国重新获得了阿富汗外交的控制权，但派驻总督一事则被取消了。

1880 年

法国雕塑家**奥古斯特 · 罗丹**完成了他最著名的作品——《思想者》。罗丹的《思想者》原本只是他的鸿篇巨制《地狱之门》中的一部分，时至 1900 年仍未完工。

1880 年 8 月 14 日

从 1248 年开始建设的北欧最大的哥特式教堂——德国**科隆大教堂**完工，这也是这座城市的地标性建筑。科隆大教堂最著名的圣物是曾经朝拜过初生基督的东方三王（或东方三博士）卡斯珀、梅尔基奥和巴尔塔撒的遗骸。

1880 年 6 月 15 日

柏林安海勒火车站开放，这是当时欧洲大陆最大的火车站。

1880 年 11 月 6 日

法国内科医生**阿方斯·拉韦朗**发现了人体内导致疟疾的寄生虫。他因自己的发现在 1907 年荣获诺贝尔生理学或医学奖。

1880 年 11 月 11 日

澳大利亚罪犯**奈德·凯利**因一系列抢劫与杀人案被判有罪后在墨尔本的一所监狱被执行绞刑。图中的奈德·凯利戴着他著名的防弹头盔。

1880 年 9 月

爱尔兰佃农在歉收之后要求降低佃租，并拒绝与英国税收官**查尔斯·博伊科特**对话。他的名字成为了集体抵制的同义词。多年之前，在被爱尔兰佃农们以实际行动抵制之前，摄影棚里的博伊科特上尉（如图）摆出了一种喜剧般的姿态。

1880 年 10 月 1 日

约翰·菲力浦·苏萨成为美国海军陆战队乐队的指挥。这支军乐团按照最高标准建立，苏萨也因其作品获得了“进行曲之王”的昵称。

1881 年

维尔纳·冯·西门子公司生产的第一辆**有轨电车**开上柏林附近的施特菲尔德的街头。

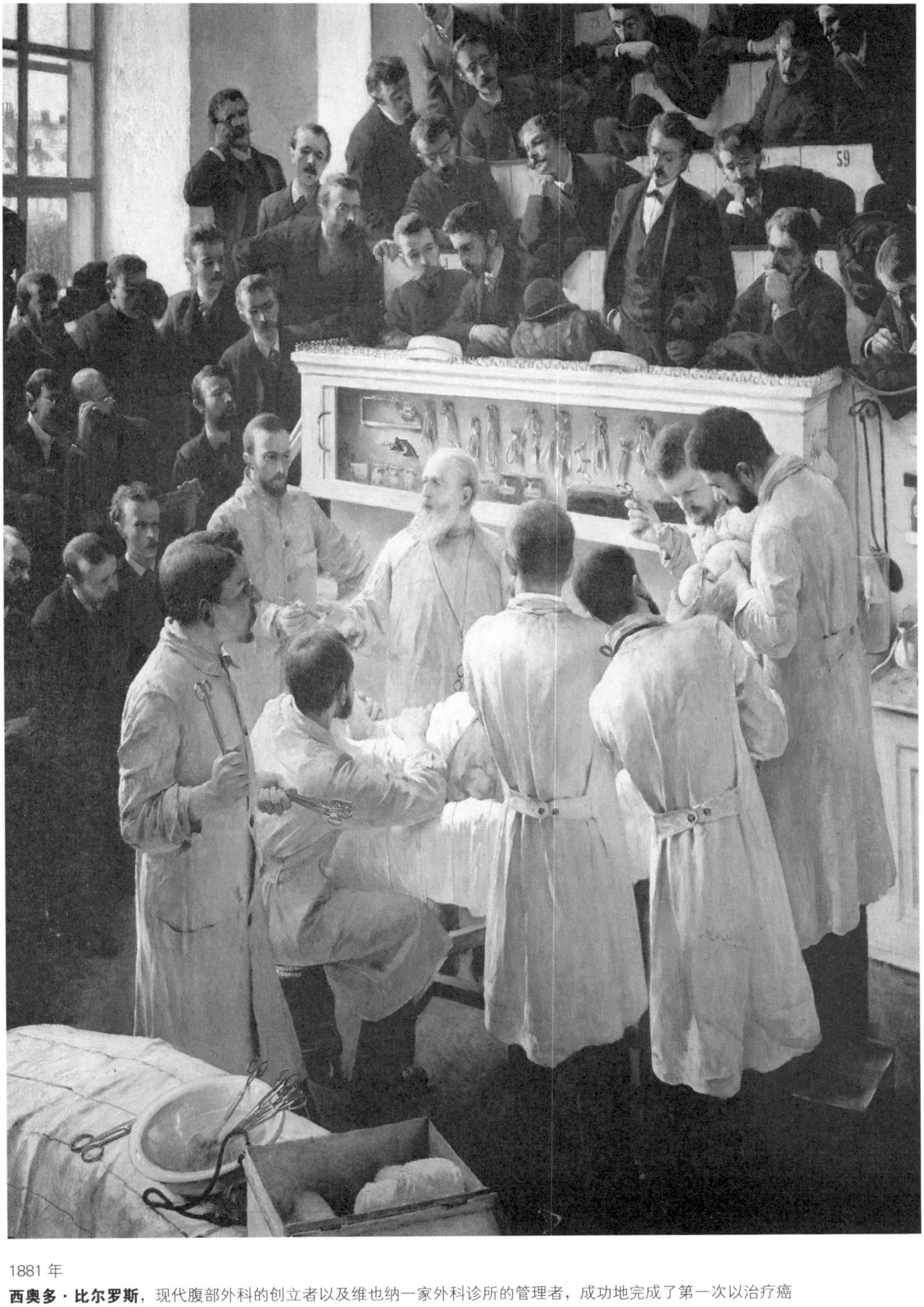

1881 年

西奥多·比尔罗斯，现代腹部外科的创立者以及维也纳一家外科诊所的管理者，成功地完成了第一次以治疗癌症为目的的胃切割手术。 图为 A. F. 泽利希曼绘制的西奥多·比尔罗斯在维也纳一家综合医院做手术同时进行讲课的画作。

1881 年

拥有 5.6 千米长木板布道的**康尼岛**游乐园成为纽约颇受欢迎的游览场所，其中还包括杂技表演场、博物馆和音乐厅。早期的康尼岛还有骑骆驼与摩天轮。

1881 年

诗人、小说家兼印第安人保护者的海伦・亨特・杰克逊出版了《百年耻辱》，对美国政府对待**美洲印第安人**的政策进行了深刻的谴责。

1881 年

罗伯特・路易斯・史蒂文森创作了快节奏的冒险故事《金银岛》。随后，他又创作了《儿童诗园》《绑架》以及恐怖小说的经典《化身博士》，他是苏格兰最伟大的文学创作者之一。

1881 年 3 月 13 日
俄国民族主义的有力支持者俄国皇帝**亚历山大三世**，在他的父亲亚历山大二世被暗杀后继任王位。在执政初期，他就表明无意削弱其独裁势力或是引入自由民主的措施。图为蓄有胡须的亚历山大三世和其家人。

1881 年 5 月
由于谣传对沙皇的暗杀是犹太人所为，第一次针对基辅犹太人的俄国**反犹大屠杀**爆发。图中的犹太人聚集在基辅兵工厂以求在大屠杀中获得保护。

1882 年
莫奈绘制了《女神游乐场的酒吧》，这是他在 1883 年去世前最后一幅杰作。画中带着淡淡忧愁的酒吧女侍面前放着一碟蜜橘以及啤酒、玫瑰、香槟和薄荷甜酒。

1882 年
英国和澳大利亚之间的**“灰烬杯”**板球赛首次举行。几位墨尔本的女士把装有板球和柱门灰烬的小坛子交给英国板球队的队长，它成为在澳大利亚和英国之间举行的国际板球锦标赛的奖杯。

1882 年
以疾病微生物理论而知名的德国内科医生罗伯特·科赫分离出了导致**肺结核**的结核菌。在 1883 年他又分离出了霍乱杆菌。图为一幅将科赫描绘成正在与肺结核做斗争的骑士的漫画。

1882 年
芝加哥新涌现的 10 层或 12 层以上大楼获得了**摩天大楼**的称呼，这一词语过去曾用来形容高头大马、高帽子和棒球场上的高飞球。图为芝加哥的共济会大厦，直到 20 世纪 20 年代，它都是这座城市中最高的建筑。

加里波第

1882 年 6 月 2 日，意大利复兴运动中伟大的爱国者和战士朱塞佩·加里波第逝世。

青年时代的加里波第在皮埃蒙特 – 撒丁王国的海军服役时，受到了伟大的意大利民族主义倡导者朱塞佩·马志尼的影响。随后加里波第参与了在皮埃蒙特发动的共和革命起义，失败后逃亡法国。流放南美洲期间（1836–1848），加里波第在解放巴西和乌拉圭的过程中学会了游击战的策略。1848 年，他带着名为“红衫军”的部队回到意大利，在米兰加入了反抗奥地利的意大利独立战争。在教皇庇护九世逃离罗马（1848）之后，加里波第率军抵抗法国企图恢复罗马教宗制度而进行的反扑。穿越意大利中部的大胆撤退令他一举成名。

此后他一直流亡到 1854 年，1859 年他领兵再次进行反抗奥地利的战争。1860 年，在无政府主义支持下，加里波第组织了一支约千人的部队进攻西西里岛。同年 5 月，他攻克了巴勒莫；8 月他跨越墨西拿海峡登陆意大利。在一场闪电战之后，他继续前进穿越卡拉布里亚，在 9 月 7 日进入意大利最大的城市那不勒斯，并在此宣布自己成为“两西西里岛（那不勒斯王国领土的名称，包含西西里岛和意大利南部大部分地区）指挥者”。加里波第指挥着一支 3 万人的部队，随后在那不勒斯北部的沃尔图诺河附近展开了他生命中最大的一场战斗。在取得胜利之后，他在西西里岛和那不勒斯发起了全民投票，将整个意大利南部交给撒丁国王维克托·伊曼纽尔二世。11 月 7 日，伊曼纽尔二世将加里波第安排在自己身边，共同乘王室马车胜利进入那不勒斯，但加里波第坚决拒绝了一切加之于他的奖赏。他只提出了一个要求——允许他作为国王派遣的总督继续管理那不勒斯，直到状况恢复正常为止。然而这个要求被拒绝了，因为在保守主义者看来，加里波第是一个危险的激进分子——一个怀有激进的社会改革理念的反宗教主义者。众所周知，他同时还希望能够从教皇手中夺回罗马，并将之作为意大利的首都。对于维克托·伊曼纽尔二世来说，这是一个过于危险的计划，尽管国王后来秘密支持加里波第发动了两次夺取教皇国的战争，但都失败了。

照片（如图，加里波第身着他最为著名的两套行头）中的女士是加里波第的第三任妻子弗兰切丝卡·阿尔莫西诺。在生命的最后阶段，他称自己为社会主义者，但无论是卡尔·马克思抑或无政府主义者米哈伊尔·巴枯宁都不认可这一说法。他后来也有点倾向于反战主义，因为他自己的经历告诉他，战争很少能公正或有效地实现其原本的目标。加里波第同时也被认为是劳工权益和女性解放的拥护者，不仅如此，他还是一个虔诚的自由思想家、走在时代前列的种族平等与废除死刑的支持者。

1882 年 4 月 10 日
大象金宝作为巴纳姆和贝雷马戏团的一员在北美首次亮相，演出地点是纽约麦迪逊广场花园。

1882 年 5 月 20 日
圣哥达隧道铁路开放。这条铁路连接了瑞士卢塞恩和意大利米兰，这是第一条具有高运力的穿过阿尔卑斯山的铁路隧道。图中，在打通最后一块巨石后，意大利和瑞士的工人聚首在圣哥达隧道。

F. POLO
L'ECLIPSE
JOURNAL HEBDOMADAIRE
JULES FERRY, PAR GILL

1882 年 8 月
茹费里成为法国教育大臣，他开始推行小学免费义务制教育的长期政策。图为大胡子茹费里赶走一名碍事的传教士的讽刺漫画。

布鲁克林大桥通车

这座吊桥横跨了纽约市的东河。

这座连接起纽约布鲁克林区和曼哈顿岛的大桥是首次用钢材建造的悬索桥，并且在大桥的建设过程中在气压沉箱中放置炸药也属首例。

约翰·奥古斯塔斯·罗布林的杰作布鲁克林大桥在建造初期（1869—1883）面临着巨大的困难。罗布林在大桥开始建设时死于一场意外事故，他的儿子华盛顿·罗布林忍受着在建设纽约港时（1872）患上的潜水减压病的折磨继任了总工程师的职务。被困在位于哥伦比亚高地街区的住所中，他还坚持直接指挥，用双筒望远镜观察现场，并通过他的妻子将指令传达给施工点。在建设大桥的过程中至少有 20 位工人丧命，还有更多的工人忍受着潜水减压病的痛苦。

布鲁克林大桥长达 1595 英尺（486 米）的主桥直到苏格兰的福斯双线铁路桥于 1890 年竣工之前都是世界上最长的大桥。桥面由四组钢索支持，负担着汽车和行人的交通。其显著的特点就是位于汽车道上方的宽广的人行道。
大桥的通车日（1883 年 5 月 24 日）被定为纪念日，而大桥本身则被视为一个时代科技进步的里程碑。这座大桥还为著名诗人沃尔特·惠特曼、哈特·克兰和玛丽安·穆尔带来了灵感；一些摄影师、画家，包括约瑟夫·斯泰拉、约翰·马林、贝伦尼斯·阿博特也都从中汲取了灵感。

1883 年
美国工程师和发明家海勒姆·马克沁在英国居住期间发明了第一挺全自动**机枪**，这种机枪利用前一轮射击产生的后坐力为下一轮射击装填子弹带上的子弹。第一次世界大战获得“机枪战争”的称号很大程度上都要拜马克沁机枪所赐。

1883 年
印度尼西亚的**喀拉喀托火山**灾难性地爆发。火山喷出的碎片和火山灰被抛向空中，覆盖了约 78 万平方公里的土地，火山爆发引起的海啸导致 3.6 万多人死亡。

1883 年
装饰奢华的旅客列车“**东方快车**”开始运营，首次运行路线为巴黎至君士坦丁堡。车内配有东方地毯、天鹅绒窗帘、桃木镶板和西班牙皮革包裹的深扶手椅，并提供精美的菜肴。图为“东方快车”上的吸烟室和图书馆。

1883 年
意裔法籍探险家和殖民地行政官**皮埃尔·萨沃尼昂·德·布拉柴**在刚果河北岸发现了布拉柴维尔，这座城市成为法属赤道非洲和后来的刚果共和国的首都。图中的德·布拉柴有迷人的性格和体格。

1884 年

新印象派诞生，这一群体专注于用精确和科学的方式进行绘画，同印象派的随意风格形成了鲜明对比。乔治·修拉的《安涅尔浴场》（如图）是新印象派的第一幅重要作品，这幅作品开始显示了修拉关于构图的精确概念和他的点彩画法（又称点描法）技巧。

1884 年 3 月 27 日

采用铜缆传输的**长途电话**开始在美国纽约和波士顿之间使用。在当年末，城市之间出现了少量商业长途电话服务。图为早年间打电话的情景。

1884 年

在**温布尔登**举行了首届女子网球单打比赛，穆德·沃特森（如图）夺得了第一个冠军。

1884 年 5 月 13 日
美国工业家和发明家**塞勒斯·霍尔·麦考密克**在芝加哥去世。人们普遍认为麦考密克对机械收割机的发展（1831 年起）功不可没。图为美国中西部的一台麦考密克收割机。

1884 年 5 月 19 日
林林兄弟在威斯康星州巴拉布创办了一个小马戏团。到 20 世纪初期，他们将其变成了林林兄弟马戏团。同巴纳姆 & 贝雷马戏团一同成为美国马戏团中的佼佼者。图为林林兄弟马戏团巡演的海报，左上方是兄弟五人的插图。

1884 年 8 月 9 日
世界上第一艘真正的飞艇“法兰西号”开始了处女航。法国军官查尔斯·雷纳和亚瑟·克雷布斯制造了这艘可以无视风力往任意方向行驶的飞艇。图为画着飞艇的李比希肉汁广告明信片。

1884 年

英国摄影师**埃德沃德·迈布里奇**在《跳跃形象》和其他摄影作品系列中拍摄了一连串的人和动物的动作，这种摄影方式作为一种视觉化提纲经常被艺术家和科学家所使用。直到这种连续拍摄产生之后，画家们才开始把全力奔跑的马匹绘成前腿向后伸出而后腿向前伸出的样子。这种连续的拍摄同样也证明了，在某一瞬间，马匹的四条腿会同时离地。

1884 年

刘易斯·E. 华特曼获得**钢笔**专利。现代钢笔大约在 19 世纪末期成型，大批发明家都在努力将其进一步完善。图为华特曼钢笔广告。

1884 年

由**儒勒·马斯奈**创作的《曼侬》在巴黎首演。在这部以富有感情的音乐和充满技巧的人物塑造而著称的戏剧中，采用了主题音乐并利用中心事件来刻画和渲染角色和情感。玛丽·罗斯（如图）曾饰演马斯奈歌剧中命运悲惨的女主角曼侬·莱斯科。

1885 年
德国物理学家海因里希·鲁道夫·赫兹开始生成并传输**人造电磁波**，这一工作开创了对无线电波广播的研究。

1885 年
莫泊桑出版了他的第二部小说**《漂亮朋友》**并大获成功（4 个月内重印 37 次）。他同契诃夫并称“现代短篇小说之父”。

1885 年
英国科学家弗朗西斯·高尔顿确定了人类**指纹**独一无二的特性，并创造了第一套指纹分类体系。高尔顿在他的表兄弟查尔斯·达尔文的影响下对于遗传学产生了兴趣，成为了优生学研究领域的先驱，而不久后他的研究成果却被种族主义者利用以达到他们的目的。

1885 年
德国设计师卡尔·奔驰制造了第一辆实用的采用**内燃机驱动的汽车**。这一时期，世界范围内的发明家都在从各种角度尝试改进汽车设计。

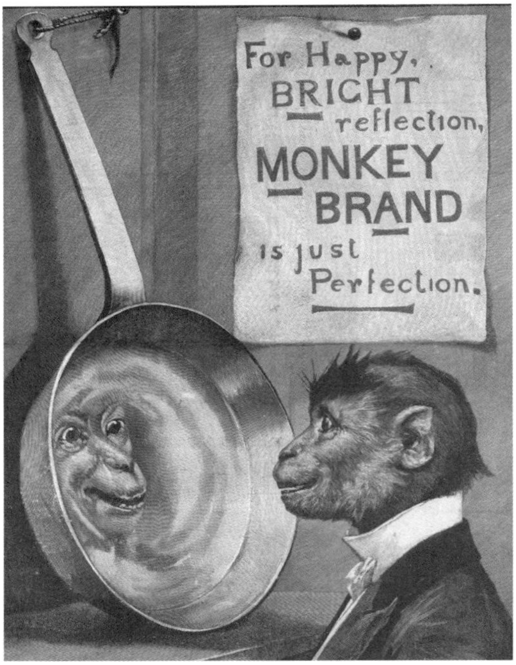

1885 年

英国的利弗兄弟开始出售由动物和植物油脂制成的带包装的**条形肥皂**。图为利弗兄弟为一款肥皂做的极具冲击力的画报广告样本。

1885 年

马克·吐温出版《哈克贝利·费恩历险记》，用同名主人公的口吻讲述一个年轻人如何从道德和个人的意义上竭力抗争建立在奴隶制基础上的社会。图为该书第一版的封面。

1885 年 5 月 22 日

法国诗人、小说家和剧作家**维克多·雨果**在巴黎逝世。维克多·雨果获得了国葬待遇，他对于法国共和党人而言是一个极其重要的人物。

1885 年 1 月 26 日

英国将军**查尔斯·戈登**和其他喀土穆的守卫者被苏丹人起义军所杀。戈登与宿敌马赫迪一样以救世主自居，在很大程度上要为他自己的死负责，因为他忽视了撤离苏丹的明确指示。他因为镇压了 19 世纪 60 年代的清朝太平天国运动而有着“中国戈登”的绰号。

1885年
德国机械工程师戈特利布·戴姆勒和威廉·迈巴赫把汽油发动机装在了自行车上，制造出了世界上第一辆摩托车。

1885年
被称为“病理学之父”的德国医生鲁道夫·魏尔肖开始了对颅骨测量的研究，并在此基础上推翻了很多关于“雅利安人种”的流行说法和理论，并令他对“北欧神秘论”的谴责变得更有力。

火车

铁路线向四面八方扩展开来，很快就穿越了北美洲的全部地区。

1869 年，大西洋和太平洋海岸之间的第一条铁路线完工是具有划时代意义的事件，令欧洲大陆铁路线四处疯狂扩张的情景相形见绌。

其中发展最快的系统是圣达菲铁路公司，画面上是他们的一列火车正在穿越迪亚布洛峡谷铁路桥（左图）。1859 年，艾奇逊－托皮卡铁路公司在堪萨斯州获得特许经营权，并在稍后对美国西南部的大开发产生了巨大的影响。该公司于 1863 年更名为艾奇逊－托皮卡－圣达菲铁路公司。该公司创始人塞勒斯・K. 霍利迪，是托皮卡市的一名律师和投资商，他设法在 19 世纪从密苏里州独立城到新墨西哥州圣达菲市的商贸路线“圣达菲小道”沿线建造了一条铁路。这条铁路通往科罗拉多州的主线在 1872 年竣工，铁路网络在 19 世纪 80 年代和 90 年代初期进一步扩张到了约 9000 英里（14480 公里）。

在加拿大，第二条横贯大陆的铁路线——从蒙特利尔到加拿大英属哥伦比亚省的穆迪港（位于温哥华市郊区）的加拿大太平洋铁路——于 1885 年竣工。照片中（右图）是在英属哥伦比亚省的克莱拉奇最后一颗道钉被钉下的情形。该铁路公司随后吞并了其他一些铁路公司，其中包括美国的几家公司，还经营着国内的水路航线上的一些轮船和汽船，以及一个海洋运输船队。

自由女神像

共和与自由的象征。

位于上纽约湾自由神岛的巨大雕像（如图，正在建设中）是为了纪念美法两国人民友谊而建造的。包括基座在内高达 305 英尺（93 米）的雕像表现为一女子右手高举火炬、左手紧抱标有《独立宣言》发表日期（1776 年 7 月 4 日）铭板的形象。火炬从火焰的顶部到手柄的底部总长 29 英尺（8.8 米），可以经由雕像手臂中 42 英尺（12.8 米）高的维护电梯进入。一架电梯可以将观光者送至雕像基座上的瞭望台，此外还可以走楼梯到达此处，然后沿着一道盘旋阶梯可以到达设置在雕像王冠上的瞭望台。

法国的历史学家爱德华·德·拉布莱最早提出了雕像的创意。法国人民捐赠了资金，建造工作于 1875 年在法国由雕塑家弗雷德里克·奥古斯特·巴托尔迪着手进行。雕像由铜片制成，手工敲打出形状并安装在四个巨大的钢铁支架上，支架的设计师是尤金—以马内利·维奥利特－勒－杜克和亚历山大－居斯塔夫·埃菲尔。1885 年雕像完工，高 151.1 英尺（46 米），重 225 吨，是被分解后用船运到纽约的。雕像的基座由美国建筑师理查德·莫里斯·亨特设计并于稍后完工。雕像安装在基座上之后，由美国总统格罗弗·克利夫兰于 1886 年 10 月 28 日揭幕落成。

1886 年
奥特马·默根特勒的第一种**莱诺铸排机**开始在《纽约论坛报》投入排版工作，它们不久就成为了机械排版的标准。莱诺铸排机结束了辛苦的手工逐字母排版方式，其巨大的键盘清晰可见。

1886 年 1 月 29 日
查尔斯·奔驰获得了**三轮汽车**的专利。图中是第一辆汽车。

1886 年

纽约和旧金山的**电车工人罢工**。他们最终把每天工作时间从 14 小时降到了 12 小时，拥有了 30 分钟的午休和介于 2 —2.5 美元的日工资。图为旧金山有轨电车及戴着鸭舌帽的电车司机和售票员。

1886 年 8 月 31 日

美国**南卡罗来纳州查尔斯顿**发生**地震**，导致 100 人死亡，数百幢建筑受损。这次地震的震级达到了里氏 7.6 级。图中火车因此次地震而出轨。

维多利亚女王金禧庆典

纪念英女王登基50周年。

1887年6月20日连续两天的盛大纪念日活动拉开帷幕。温莎堡旁边是维多利亚女王为其挚爱的丈夫阿尔伯特亲王于1861年去世时建造的陵墓。女王在温莎城堡广场上享用早餐。

随后，她搭乘装饰了特殊徽章的皇家列车经由布鲁内尔设计建造的大西方铁路干线到达伦敦。铁路两侧挤满了围观的群众。她在伦敦帕丁顿火车站乘坐汽车驶向白金汉宫，为晚上举行盛大的晚会做准备。50位外国国王和王子，与英国海外殖民地和自制领的首脑一道出席了这次宴会。孀居的女王在丹麦国王克里斯蒂安九世的陪伴下出席。在她餐桌的另外一侧坐着希腊国王乔治一世，在他很小的时候维多利亚女王就已经认识他了。晚宴之后，客人们来到有乐队演奏的舞厅。

庆典的第二天，维多利亚女王坐着由6匹奶白色马驾驶的四轮马车从威斯敏斯特教堂（右图）出发开始游行。她的马车后面还跟随着几个身穿盛装礼服的印度王子及印度骑兵。无数群众站在街道两旁，用马克·吐温的话形容，人群“一眼望去无边无际”。

游行完毕，女王返回白金汉宫，但她并未从公众的视线中消失很久。她再度出现在阳台上答谢上千名排列在林荫道和下面宪法山上的民众的欢呼。随后她返回皇室舞厅向她的家族成员分发具有纪念意义的胸针。晚上，她穿上绣着银色玫瑰花、蓟花和三叶草的华贵礼服准备出席另一场宴会。随后她还接见了排成长队的外交使节与印度王公。接着，她坐在轮椅上观赏王宫花园中的焰火表演。

从个人角度来说，金禧庆典对于维多利亚女王而言是一种重要的精神鼓舞，自从丧夫之后，这位女王学会应付繁杂的国事活动。她尤其满足于臣民对她表现出的热情。

1887 年

美国科罗拉多州丹佛承办了第一届**骑术表演竞技锦标赛**，同很多运动一样，骑术表演源自生产实践活动：骑术和套马都是牧场主的基本技能。20 世纪初期，在俄勒冈举办的一次骑术表演竞技锦标赛上，博尼·麦卡罗从野马背上摔下（如图）。

1887 年

加拿大太平洋铁路的主要干线完工，线路从蒙特利尔连接到英属哥伦比亚的穆迪港（位于温哥华的郊区）。图为该铁路上最早的配有斜挂式卧铺的三等卧铺车厢。

1887 年

阿尔弗雷德·克虏伯去世，他唯一的儿子弗雷德里克·阿尔弗雷德继承了庞大的克虏伯工业企业。图为德国埃森市鲁尔区的克虏伯铸造厂。

1887 年

苏格兰作家阿瑟·柯南·道尔出版了《血字的研究》，创造了**福尔摩斯**和华生医生这两个不朽的侦探形象。在悉尼·佩吉特最早刊登在《河滨》杂志上的插图里，福尔摩斯戴着他标志性的猎鹿帽在一列火车上为华生医生进行案情分析。

1887 年 2 月 8 日

恩斯特·莱茨位于德国维兹拉的工厂生产出了第一万只手工制作的双筒显微镜。图为约 1890 年莱兹工厂的一幕。

1888 年

文森特·梵·高从巴黎移居法国南部的阿尔勒，他在那里创作了大批令人吃惊的、“用更随意的色彩以更强烈地表达自我”并且笔触下充满活力的作品。《满天星斗下的罗纳河》是 1888 年 2 月梵·高从巴黎移居阿尔勒之后的作品。

1888 年

塞西尔·罗得斯在南非并购了**戴比尔斯**统一矿业公司，该公司成为世界上最大的钻石生产和销售企业。图中，未经加工的原钻在南非金伯利进行分类。

1888 年

生产相机和显微镜光学镜头的先驱、眼镜制造商**卡尔·蔡司**去世。他的事业随后形成了卡尔·蔡司基金会。

1888 年
理查德·伯顿出版了最后一卷《**天方夜谭**》。他的译作不仅赞美了强健和正直，也作为“对可耻习俗和罪行的令人震惊的记录”而具有相当的批判性。

1888 年
苏格兰兽医约翰· 博伊德·邓禄普制造出了**充气轮胎**。图为约翰·博伊德·邓禄普和第一款使用了充气轮胎的自行车。

1888 年
威廉二世国王的弟弟、**普鲁士王子海因里希**迎娶了他的堂妹，黑森和莱茵大公国的艾琳公主。

1888 年 6 月 15 日
因频繁的军事行动和优柔寡断的决策而闻名的**威廉二世**登上德国皇位 (1888–1918)。图为在检阅中的威廉二世的士兵。

1888 年
这一年被称为“德意志三皇之年”：1888 年 3 月 9 日，威廉一世（上）逝世，他病弱的儿子**腓特烈三世**（中左）继任；同年 6 月，腓特烈三世病逝，他的儿子威廉二世（中右）继任。1918 年，德意志帝国在第四代继任之前就结束了，弗雷德里希·威廉亲王（下）是可能的继任者。

1889 年
安德鲁·卡内基将数量巨大的控股企业合并成了**卡内基钢铁公司**，这家有限合伙公司从此控制了美国的钢铁工业。

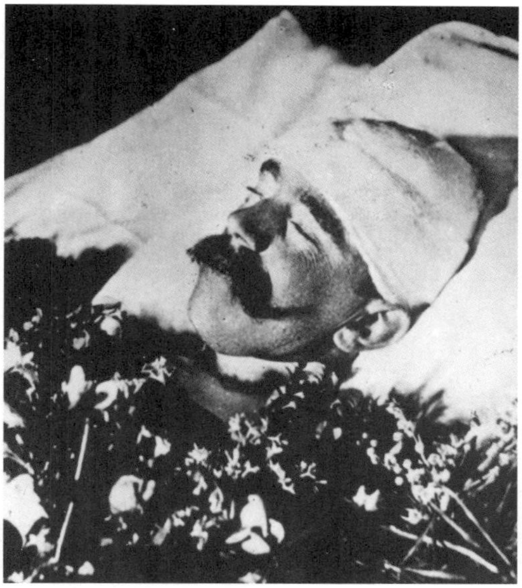

1889 年
奥匈帝国的法定继承人、**王储鲁道夫**和他的情人玛丽·冯·维兹拉一起自杀。

1889 年
美国记者**奈尔·布莱**开始环游世界，她准备打破儒勒·凡尔纳的幻想小说《80 天环游地球》的主角斐里亚·福克创造的纪录，最终她用 72 天 6 小时 11 分钟完成了自己的旅程。在她环游世界的前一年，就因为假装发疯从而揭露纽约一家女子精神病院恶劣的条件而出名了。

1889 年
奥地利先驱社会主义者**维克多·阿德勒**在奥地利社会民主党的成立中起到了主要作用。图中，维克多·阿德勒，戴着白帽子，身边围绕着社会主义的追随者。

红磨坊

这座位于巴黎的舞厅因为其康康舞的表演而闻名世界。

红磨坊（上图）位于皮加勒区克里什大街，是巴黎最著名的红灯区。首先作为一家歌舞厅，其中最具吸引力的就是每晚女舞者们的康康舞表演。这种舞蹈最早是在法国工人之间流行的，却被红磨坊的女舞者们改进成一种令人兴奋而有争议的表演，她们高高地掀起自己的裙子，抬高大腿，令台下的观众都能看到她们的衬裙。

红磨坊很快就变成了这个城市最吸引人的地方之一。但它的名声却来自于色情，并且还常常制造一些足以登上头版头条的绯闻。这家舞厅首先成为脱衣舞表演的主要场所的原因，居然是一位女舞者突然脱下上衣寻找一只爬到身上的跳蚤。

自然，这种表演令一些人义愤填膺，但更多人则表现出很大兴趣，许多外国人甚至特意到巴黎就是为了在红磨坊度过一个春宵。多年以来，表演的节目开始变得更有特色，娱乐的内容也更丰富，这里很快成为所有的杂耍艺人和乐队最想表演的场合。

亨利·德·图卢兹 － 罗特列克 (1864—1901) 设计的宣传海报更令红磨坊成为不朽的传奇。红磨坊的剧院甚至成为旅行者到访最多的地方，有些旅行者即便不去观看歌舞表演，也要特意来参观一下建筑的外观，这也是巴黎最有特色的地标之一。

1889 年

曼哈顿中城区的德马雷斯特大厦内安装了世界上第一部**电梯**。图为一部早期的奥的斯电梯。

1889 年

威廉·伦肖同兄弟欧内斯特一起将网球变成了一项吸引大量观众的体育运动。伦肖兄弟 7 次赢得温布尔登双打赛冠军，此外，威廉还赢得了 7 次单打冠军，欧内斯特赢得了 1 次单打冠军。图中，他们虽然把袖子高高挽起，却还系着领带。

1889 年 5 月 31 日

宾夕法尼亚州柯内马斯河上的南叉大坝因暴雨崩塌，高达 9 米多的水墙扑向**约翰斯敦**，冲垮了城市北半侧绝大多数建筑，造成 2209 人死亡，摧毁了 1600 个家庭。

1889 年 8 月 6 日

奢华的**萨沃伊饭店**在凯撒·里兹的管理下于伦敦开业。印象派画家克劳德·莫奈为了捕捉到泰晤士河面上不断变化的雾气和光影效果，会定期住进这家饭店的某个房间中作画。

1889 年

约翰· 福勒爵士和本杰明·贝克爵士完成了苏格兰**福斯桥**的建设。福斯桥上有从爱丁堡跨越广阔的福斯湾一直向北的铁路桥。大桥的钢结构悬臂具有巨大的承载力，以避免再度发生像泰河大桥一样垮塌的惨剧。

1889 年 5 月 1 日

传统中用来迎接春天归来、以围绕着五朔节花柱载歌载舞为标志的 **5 月节**第一次被规定为劳动者的节日，设立者为国际社会主义代表大会。在纽约、牛津围绕着五朔节花柱载歌载舞的人们（如图），证明了在美国和英国与国际劳动节相关的传统的复兴。

1889 年

连接晚期浪漫派和早期现代派音乐的桥梁、德国作曲家理查德·施特劳斯，亲自指挥魏玛歌剧交响乐团完成了自己的音乐诗**《唐·璜》**的首演。这是他的第一部重要作品。

1889 年
在巴黎博览会上出现了两件将工程变换为艺术的铸铁杰作：古斯塔夫·埃菲尔 100 米高的**埃菲尔铁塔**以及费迪南·都特和维克多·康塔明的**机械馆**。图为在建中的埃菲尔铁塔。

1889 年 4 月 22 日
在当日中午，根据美国联邦法令，白人拓荒者可以进入印第安人的土地，这导致一场圈地运动，成千上万的人涌入了后来的**俄克拉荷马地区**。那些早于官方法令之前进入的拓荒者被称为“捷足先登者”。图中，穿越平原的拓荒者的马车一眼望不到头。

1890 年
加利福尼亚州内华达山脉的**约塞米蒂**地区被选为国家公园，主要归功于自然学家约翰·缪尔的努力。该区域有布里达尔维尔瀑布和垂直大岩壁酋长岩等美景。图为威廉·亨利·杰克逊拍摄约塞米蒂冰川瀑布。

1890 年
赫尔曼·何乐礼为 1890 年美国的人口普查发明了一种打卡制表机。他的制表机公司在 1924 年同计算列表记录公司合并，组成了后来的 IBM。图为何乐礼的制表机和分类盒。

1890 年
艾米莉·狄金森创作的诗歌，由梅布尔·卢米斯·托德和 T. W. 希金森在她死后付印出版。这家公司直到 1955 年为止持续出版了狄金森的 1775 首诗歌。艾米莉·狄金森在 1886 年去世时只发表过 7 首诗歌。

1890 年
插图画家查尔斯·达纳·吉布森看到他画的**吉布森女孩**第一次出现在了《生活》杂志上。吉布森女孩形象以他的妻子为原形，在世纪之交时描绘出了美国理想化的妇女特质。

1890 年
荷兰国王威廉三世去世，他没有留下男性继承人，因此通过了一条特别法律以准许他的女儿**威廉明娜**继位为女王， 成为荷兰第一位女王。

1890 年
从 1377 年开始建设的**明斯特大教堂**，又称新教大教堂，终于完工，它拥有世界上最高的尖顶。

伤膝谷

北美印第安人最后被打败。

为了试图摆脱位于青松岭的定居地的恶劣环境，苏族人开始跳起了鬼魂舞，他们相信这种仪式能够让白人消失。联邦军队镇压了鬼魂舞运动，酋长“坐牛”（左图）被逮捕杀害（12 月 15 日）。几百名苏族人随后躲进了荒原地带，并在12 月 28 日夜里在伤膝谷溪流投降。第二天早上，当一些印第安人在整理步枪时，一发子弹射向了美国军队，并击中了一名军人。军人用机枪近距离射击进行报复，屠杀了这些几无还手之力的印第安人。侥幸逃生者受到追捕，一些在远离营地几英里处遭到杀害，其中 144 人被埋入一个大墓穴（下图）。美军死亡约 30 人。

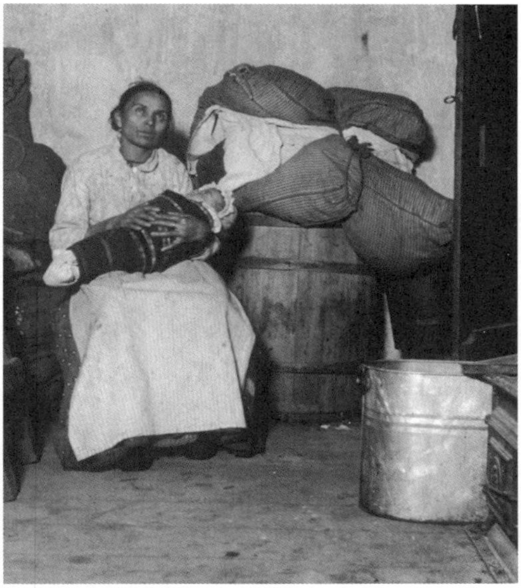

1890 年

美国新闻记者和社会改革家雅各布·里斯出版**《另一半人的生活》**，一部关于纽约贫民窟居民的真实有力的影像记录。图为雅各布·里斯拍摄的一张照片，一个意大利拾荒者抱着她的孩子。

约 1890 年

棉花害虫**棉籽象鼻虫**从墨西哥侵入美国，并对南方的棉花种植造成了巨大灾害。据估计每年因这些害虫导致 300 万—500 万包棉花的损失。图为佐治亚州萨凡纳市的采棉景象。

约 1890 年

美国发明家托马斯·A. 爱迪生同他的法国合伙人奥古斯特和路易斯·卢米埃尔推出了第一部**电影**。图为爱迪生的“黑色玛丽亚”，第一个电影工作室，位于他的实验室一侧。

约 1890 年
德国开始快速迈向**工业成熟期**并见证了机器制造业工人的成倍增长，同时在柏林和鲁尔，工厂数量出现了爆炸性增长。图中，德国工厂女工对来自波罗的海海滩的琥珀石进行分类，这些石头随后会被制成首饰。

1890 年 10 月 9 日
法国人**克雷芒 · 阿德尔**实现了人类历史上第一次自动力飞行，他驾驶着飞机“风神”飞行了 50 米，但是飞机在着陆时完全毁坏。该机有蝙蝠一般的机翼，靠一台小型蒸汽机转动螺旋桨。阿德尔后来制造了另一架飞机“阿维翁三号”（如图），直到它无法工作后才被法国战争办公室退还。

1891 年
查尔斯 · 克鲁弗茨在伦敦举行以自己名字命名的狗展。该展览每年举行一次，1948 年得到养狗人俱乐部赞助。展览地点从 1911 年起移至伯明翰。图为 20 世纪参加克鲁弗茨狗展的狗和它们的主人，图片左边的克罗斯姐妹因她们的京巴狗而知名。

1891 年
法国画家**保罗 · 高更**移居塔希提岛。他在那里用在法国发展成型的平缓、明亮的色彩风格描绘太平洋风光。

1891 年
法国画家**克劳德 · 莫奈**发表同一系列主题的作品，他在不同的光线和角度连续画同一个物体。这些作品常被成组展出，例如，《干草垛》系列（1891）和《卢昂大教堂》系列（1894）。

1891 年

亨利·德·图卢兹－罗特列克创作了他的第一张海报《红磨坊》（如图），这是 30 张描绘巴黎蒙马特区混杂着咖啡馆、餐馆、娱乐场所和艺术家的波希米亚式生活的作品之一。

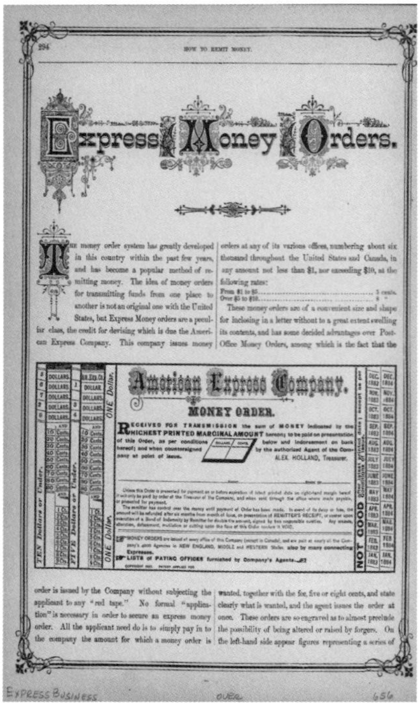

HOW TO REMIT MONEY.

Express Money Orders.

The money order system has greatly developed in this country within the past few years, and has become a popular method of remitting money. The idea of money orders for transmitting funds from one place to another is not an original one with the United States, but Express Money orders are a peculiar class, the credit for devising which is due the American Express Company. This company issues money orders at any of its various offices, numbering about six thousand throughout the United States and Canada, in any amount not less than $1, nor exceeding $10, at the following rates:

From $1 to $5 .... 5 cents.
Over $5 to $10 .... 8 "

These money orders are of a convenient size and shape for inclosing in a letter without to a great extent swelling its contents, and has some decided advantages over Post-Office Money Orders, among which is the fact that the

American Express Company.

MONEY ORDER.

RECEIVED FOR TRANSMISSION the sum of MONEY indicated by the HIGHEST PRINTED MARGINAL AMOUNT hereon; to be paid on presentation of this Order, as per conditions below and indorsement on back hereof; and when countersigned by the authorized Agent of the Company at point of issue.

ALEX. HOLLAND, Treasurer.

MONEY ORDERS are issued at every office of this Company (except in Canada), and are paid at nearly all the Company's own Agencies in NEW ENGLAND, MIDDLE and WESTERN States, also by many connecting Expresses.

LISTS of PAYING OFFICES furnished by Company's Agents.

NOT GOOD

order is issued by the Company without subjecting the applicant to any "red tape." No formal "application" is necessary in order to secure an express money order. All the applicant need do is to simply pay in to the company the amount for which a money order is wanted, together with the fee, five or eight cents, and state clearly what is wanted, and the agent issues the order at once. These orders are so engraved as to almost preclude the possibility of being altered or raised by forgers. On the left-hand side appear figures representing a series of

EXPRESS BUSINESS OVER 656

1891 年

美国运通公司开始发行旅行支票以避免旅行者因盗匪和遗失遭到损失。图为一张早期的美国运通汇票。

"TESS OF THE D'URBERVILLES"

By THOMAS HARDY,

AUTHOR OF "FAR FROM THE MADDING CROWD," "THE MAYOR OF CASTERBRIDGE," &c. &c.

ILLUSTRATED BY PROFESSOR HUBERT HERKOMER, R.A., AND HIS PUPILS, MESSRS. WEHRSCHMIDT, JOHNSON, AND SYDALL.

1891 年

托马斯·哈代发表**《苔丝》**，对受蒙蔽的女主角遭雇主儿子强暴的情节进行了富有同情心的描绘，深刻地提出了社会存在的性别问题。图为休伯特·赫科默为《苔丝》创作的插画之一。

1891 年

耶鲁大学橄榄球教练、"美式橄榄球之父"**沃尔特·坎普**写出了第一本关于这项运动的著作，阐明了美式橄榄球和英式橄榄球之间的区别，并介绍了规则的演变。

1891 年 5 月
位于纽约第七大道和 57 街交汇处的**卡内基音乐厅**开放，柴可夫斯基成为了开放首周的受邀指挥家。

约 1891 年
随着工业的发展和工人阶级的增长，**智利**的工厂、硝石矿和公共事业的工人开始罢工。图为智利的街景。

1891 年 9 月 28 日
美国作家**赫尔曼·梅尔维尔**在纽约悄无声息地去世。他是美国 19 世纪 40 年代末最著名的作家之一，但在去世时只有一份简短的讣告。他的很多作品，如未完成的《水手比利·巴德》都在他死后发表。

1892 年

美国人**玛丽·卡萨特**创作了《浴室》（如图）。这幅画受到了日本版画的影响，用一种单调、大胆的风格来描绘母子之间的亲密关系。

1892 年

非裔美国记者艾达·B. 威尔斯－巴内特开始了她的**反私刑**运动。当 3 名黑人被谋杀后，她刊登在报纸《孟菲斯自由之声》的社论导致她的报社被付之一炬，她本人也被逐出了孟菲斯市。

1892 年

法国汽车工程师勒内·潘哈德和埃米尔·莱瓦索尔开始销售他们的发明：第一种把内燃机**安装在底盘前方**而不是驾驶员座椅下的汽车（如图）。

1892 年
美国女权主义作家夏洛特·帕金斯·吉尔曼根据自己在第一次婚姻后精神崩溃的经历，创作了后来饱受抨击的关于产后困惑和无助的短篇故事**《黄壁纸》**。

1892 年 2 月 22 日
奥斯卡·王尔德的第一部戏剧《少奶奶的扇子》在伦敦首演。剧中的温德米尔小姐由女演员莉莉·汉伯里（图为 1895 年身着吉卜赛服装的她）出演。

1892 年
英国歌曲作家哈里·达克雷推广了儿歌**《双人自行车》**。图为亚瑟·柯南·道尔爵士和第一任妻子坐在特制的双人自行车上。

1892 年
德国皇储弗里德里希·威廉在 10 岁时加入了卫兵团。图为年轻的威廉皇储同卫兵团的长官讲话。

1892 年
艾奥瓦州铁匠约翰·弗勒利希制造了第一辆使用汽油发动机的农用车。这种被大量生产的**汽油拖拉机**揭开了化石燃料农业时代的序幕，畜力在农业生产中的重要性逐渐衰落。

1892 年
可口可乐公司成立。到 20 世纪末期，它出产的甜味碳酸饮料，成为世界上最畅销的饮料并且在美国成为了一种文化现象。图为一张为促销可口可乐而设计的书签，其上印有美国歌剧演员利莉安·诺迪卡的形象。

1892 年
在第一场采用填棉手套和**业余拳击规则**的拳赛上，吉姆·科比特击败了前冠军约翰·L. 沙利文成为重量级拳王。图为该场比赛的海报。

1893 年
华盛顿·盖尔·费里斯制造了世界上第一座**摩天轮**，地点在芝加哥哥伦比亚世界博览会的中间地带。这座摩天轮直径 76 米多，有 36 个分别可容纳 40 人的车厢。

爱德华·蒙克

这位挪威艺术家展示了他最著名的画作。

蒙克在父母和一双兄妹去世、一个妹妹发疯的痛苦童年期，几乎没有接受过正式的艺术训练。不过，在挪威奥斯陆的一个艺术家圈子的鼓励下，以及印象派和后印象派的影响下，蒙克在 1892 年形成了自己高度独创的风格，此时他已接近 30 岁。

他在艺术成熟期后的第一幅作品——也被很多人认为是最优秀的作品——便是这幅《呐喊》(又称《号叫》)。这幅画的灵感源自一次幻觉体验，他听到了“来自自然的尖叫”，它似乎是在描述一只受伤而惊恐的生物，同时让人想起尸体、精液或者胎儿，画中主题的轮廓随着令人眩晕的旋涡线蔓延到血红的天空中。在这幅画中，蒙克以极度夸张的笔法，把人类极端的孤独和苦闷，以及那种在无垠宇宙面前的恐惧之情，表现得淋漓尽致。

这幅画得到高度重视并非是因为它描绘了一个人的苦闷，而是因为它表现了整个人类的困境。蒙克在诗歌和戏剧方面的创作在当时也引起了人们的高度兴趣，并且经常被拿来和亨利克·易卜生和奥古斯特·斯特林堡的剧作相提并论，后二者的肖像画也都是蒙克所作。

1893 年
英国旅行家和自然学家**玛丽·金斯利**无视世俗眼光对西非展开了探索，途中她为大英博物馆搜集了甲虫和淡水鱼标本。当描述自己落入了非洲丛林中带有锋利尖刺的捕兽陷阱时，她写道“感谢裙子够厚”，1900 年，她在南非看护布尔战俘时死于热病。

1893 年
挪威探险家和海洋学家**弗里乔夫·南森**乘坐一艘特别设计的船“弗雷姆号”探索极地的冰盖。在 1895 年返回挪威前，他离船乘坐雪橇以探索此前从未有人到过的更北的区域。当时雪橇刚刚从诞生地瑞士引进挪威。

1893 年
比利时人亨利·凡·德·威尔德和维克多·霍尔塔开创了以优雅的有机形态为基础的**新艺术派**风格。图为维也纳马略尔大厦中的楼梯和电梯门——这是生气勃勃的新艺术派金属作品的范例。

1893 年 10 月 18 日
法国作曲家**查理 – 弗朗索瓦·古诺**去世。他因《浮士德》和《圣母颂》为人所熟知。

1893 年

连接科林斯湾和雅典湾的**科林斯运河**开放。这条 6 公里长的深水运河最早的建筑设想来自公元 1 世纪的罗马皇帝尼禄。图中可见科林斯运河近 80 米高的运河河堤。

1894 年

德国国际象棋大师埃马纽尔·拉斯克击败了斯坦尼茨夺得**国际象棋世界冠军**称号，他将这一头衔保持到了 1921 年。

1893 年 11 月 6 日

俄国 19 世纪最伟大的作曲家**柴可夫斯基**在指挥了第六交响曲《悲怆》的首演后不久，在俄国圣彼得堡因霍乱疫情去世，《悲怆》是他最著名的作品之一。

1894 年

查尔斯·奥古斯特·费制作了第一台现代**老虎机**。他还生产了第一种三卷筒式带自动找零的老虎机，以及一种带有马蹄铁和铃铛并在卷筒上涂有扑克牌花样的型号。图为 1948 年版本的《狂野西部》：在还是雏形的拉斯维加斯，附近牧场的牛仔们在老虎机前碰运气。

1894 年

英国平面艺术家**奥博利·比亚兹莱**为奥斯卡·王尔德的剧本《莎乐美》绘制了具有怪异的世纪末美感的插画。奥博利·比亚兹莱在照片中因他的颓废美感而引人注目，这种风格将富含力量和美感的线条同俗丽的性感结合在了一起。

1894 年

英国讽刺画家和小说家乔治·迪·玛瑞尔出版了**《绅士帽》**，创造了恶毒的催眠术师斯文佳利这一角色，这个名字后来专门指代恶意使他人执行自己命令的人。软边礼帽也因他的小说中女主角头戴的帽子而得名。

1894 年
波兰出生的商人迈克尔·马克斯和他的财务支持者托马斯·斯宾塞创办了潘尼市集，随后在 1922 年发展为**马莎百货公司**，英国最大的零售企业。图为一个早期的马莎“市集”，或称为商店，地点在伦敦的霍洛威。

1894 年
保罗·瓦洛特设计的**德国国会大厦**在柏林开放，它是这个欧洲年轻帝国华美建筑的范例。

塔桥开放

独特的结构成为了伦敦池入口的标志。

在伦敦中心跨越泰晤士河的伦敦塔桥采用了双叶开合桥扇设计。这个醒目的地标是伦敦塔的一个别具魅力的补充，后者出现在照片中背景的右侧。

很多年以来，英国首都都需要至少一座桥梁来缓解南北向的交通，但是所有呈交的方案都未获通过，因为它们对通过桥下前往市中心的伦敦池港区的船只造成了限制。

最后，两名设计师——霍利斯·琼斯和约翰·沃尔夫·巴里——提出了一种完美的方案：一座桥面可以升降、让最大的船只通过的吊桥。在经过了 8 年的建造后，位于伦敦桥东方，英国首都市内的第一座桥梁于 1894 年完工。桥面宽 76 米，两侧的双塔距泰晤士河面 61 米高。在双塔之间牵起了两条大受旅游者欢迎的外包玻璃的人行通道。通道最初的设计目的是让行人在主桥面升起时依然可以通行，但是它们却成了小偷和妓女的聚集地，因此在 1909—1982 年期间一度关闭。在 1976 年以前，塔桥都是通过蒸汽驱动的液压泵进行控制，在引入电动机后，蒸汽系统依然被保留下来（经很好的检修）作为一种观光表演。由于伦敦池已经不再作为港区使用，桥面现在很少升起。

1894 年
火车第一次穿越了南美洲的**安第斯山脉**。

1894年12月22日在反犹浪潮下，法国军官**阿尔弗雷德·德莱弗斯**在并无确切证据的情况下以叛国罪被判终身监禁，掀起了一场长达12年的致使法国分裂的争论。

1895 年
美国人威廉·G. 摩根为那些认为篮球运动过于激烈的人发明了**排球**，摩根最初称这种运动为“小网子”。图为打排球的女性。

1895 年
奥古斯特·罗丹完成了青铜纪念雕塑群《**加莱义民**》。在 1347 年英国国王爱德华三世入侵法国时，这些义民自愿成为人质。图为安放在威斯敏斯特国会大厦维多利亚塔的《加莱义民》的复制品。

1895 年
英国剧作家**奥斯卡·王尔德**的著名喜剧《不可儿戏》在伦敦首演。图中，王尔德摆好姿势和备受他迷恋的道格拉斯勋爵合影。在王尔德的剧本上演一至两周后，道格拉斯的父亲昆斯贝理侯爵控告王尔德犯有鸡奸罪，导致他被捕入狱。

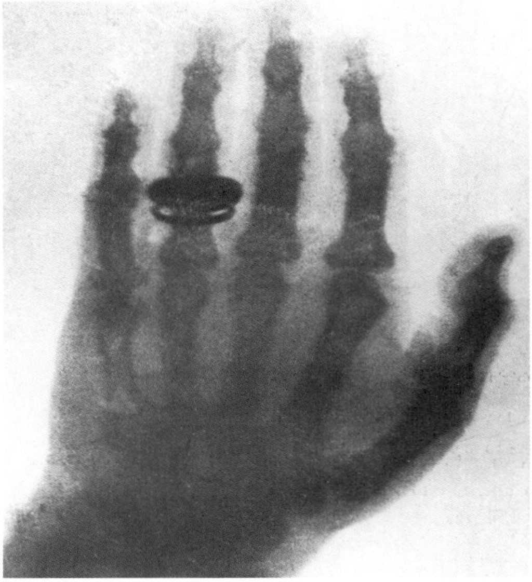

1895 年
德国物理学家威廉・康拉德・R. 伦琴发现了 **X 射线**，这一发现很快在物理学、医学诊断和工程学领域掀起了革命。图为伦琴妻子的手部 X 光照片，手指上戴有一枚戒指。

1895 年
印度出生的英国作家鲁德亚德・吉卜林完成了他的多卷本《**丛林故事**》，他后来成为第一个获得诺贝尔文学奖（1907）的英国作家。

1895 年 12 月 28 日
卢米埃尔兄弟在巴黎向付费的观众播放影片，宣告了**电影**的诞生，其播出的包括一部单镜头影片《火车进站》。电影里，随着火车进站并在银幕越变越大，一些早期的观众害怕它会冲进屋子里。

1895 年
学院派建筑师理查德·莫里斯·亨特为科尼利尔斯·范德比尔特完成了位于**罗德岛纽波特**的**“破碎者豪宅”**。这座具有大厦尺寸的“夏季别墅”是美国镀金时代的辉煌遗产。

1896 年
在皮埃尔·德·顾拜旦男爵的不懈努力下，第一届现代**奥运会**在雅典举行，来自13个国家的280名男运动员参赛。图为第一届奥运会上在起跑器诞生以前的100码（91.44米）短跑比赛的起点。

1896 年
英国作家托马斯·哈代最优秀也最黑暗的作品**《无名的裘德》**出版，这成为他小说家生涯的终结。这部小说对于性的直白描写令很多维多利亚晚期的人感到震惊，甚至有了“淫秽的裘德”之名，很多书店老板将这本书包上棕色纸皮后出售。

1896 年
特奥多尔·冯塔纳出版了他的杰作**《埃菲·布利斯特》**。这是德国历史上最著名的小说之一。

1896 年
意大利工程师**伽利尔摩·马可尼**为他的无线电系统申报专利。他曾在索尔兹巴里平原上演示自己的设备，信号跨越了布里斯托海峡。

1896 年
奥托・李林塔尔乘坐自己制造的滑翔机时不幸失事，他通过对鸟类翅膀的研究成功地制造出了飞行器。

1896 年
作曲家罗伯特・舒曼的遗孀、钢琴家**克拉拉・舒曼**去世，她为推广舒曼的作品付出了自己毕生的精力。

1896 年 4 月
托马斯・爱迪生的电影放映机在美国纽约科斯特－拜耳音乐厅首次公开亮相。它在很多年内引领了美国电影放映的形式。图为描绘使用爱迪生放映机放映电影的广告。

1896 年

兰开夏郡蒸汽机公司成立，该公司在 1907 年更名为**利兰汽车**，最终则成为英国利兰汽车公司，主要生产 Mini Cooper（迷你库珀）和 M.G（名爵）汽车。图为一辆利兰汽车公司早期生产的皇家邮车。

1896 年

西奥多·赫茨尔发表了《犹太国》。尽管赫茨尔在以色列建国前早已去世，但是他作为一名不知疲倦的组织者、宣传者和外交家推动了犹太复国主义成为世界性的政治运动。图为西奥多·赫茨尔同孩子在维也纳的家中。

1896 年 3 月 1 日

埃塞俄比亚皇帝**孟尼利克二世**的军队在阿杜瓦赢得了反抗意大利军队的决定性胜利。图中，孟尼利克二世同妻子泰图站在礼仪伞下。

1896 年 5 月 2 日

皇帝弗朗茨·约瑟夫宣布**布达佩斯地铁**通车，这是庆祝匈牙利建国 1000 年的庆典内容之一。地铁由德国的西门子－霍斯克公司在两年内建设完成。图为吉塞拉广场上的布达佩斯地铁入口处。

1896 年 4 月

德国讽刺性的周刊画报**《傻大哥》**由阿尔伯特·兰根创办。图为《傻大哥》中嘲弄决斗风俗的连环画。

1896 年 5 月 6 日
美国天体物理学家和航空先驱塞缪尔·皮尔庞特·兰利制造了一架采用**蒸汽驱动模型的飞行器**，在波多马克河上方飞行了约 900 米。图中，兰利戴着天体物理学家的帽子，站在测量太阳光谱热量分布的辐射测量计前。

1896 年 8 月 17 日
乔治·华盛顿·卡马克在加拿大育空地区**克朗代克**河的一条支流富矿溪发现了黄金，继而在克朗代克山谷掀起了一股淘金潮。即使通往克朗代克金矿的路寒冷荒凉，人们依然努力前行（如图）。

钻石庆典

英国维多利亚时代迎来了第60个年头。

维多利亚女王的钻石庆典——在殖民大臣约瑟夫·张伯伦的鼓动下被宣布为英国的节日——留下了很多有纪念意义的事件。不过，这一庆典并没有像庆祝50周年的金禧庆典那样奢华，因为这位君主同10年前相比身体变得虚弱很多。

庆典的高潮发生在1897年6月22日，距维多利亚女王在叔叔威廉四世去世后继承王位的日子60年零2天的时候。皇家的庆典队伍在伦敦城内缓慢地从白金汉宫向圣保罗大教堂移动。左上的照片展示的是女王乘坐的马车正通过斯特兰德大街的法院门前，骑着马（最左边）的是女王的儿子，威尔士王子，未来的国王爱德华七世。

抵达圣保罗大教堂后，由于女王腿脚不便无法走上西侧大门，在教堂外举行了一个简短的致谢仪式。11名殖民地总督出席，一同出席的还有众多经过挑选的殖民地驻军代表（右图）。离开教堂后，皇家马车载着女王从市长官邸（伦敦市长的官方住所）前驶过，通过伦敦桥，然后穿过伦敦南部市区，在返回威斯敏斯特桥之前还经过了国会大厦和白金汉宫。

女王在日记中写道："我相信没有人曾经享有过像我一样的在通过这6英里（约10公里）长街时收到的这样热烈的欢迎……欢呼声是如此震耳欲聋，每个人脸上都充满真诚的欢乐，我深深地感动和满足。"

1897 年
查尔斯·阿尔杰农·帕森斯开发出了蒸汽轮机，使**“透平尼亚号”**实现了每小时 34 海里的航速。这也是船舶首次应用蒸汽轮机作为动力。

1897 年
爱尔兰裔作家布莱姆·斯托克出版了小说**《德库拉》**，来自特兰西瓦尼亚的不死恶棍德库拉伯爵成了吸血鬼的代表形象，而这个故事也拥有数不清的舞台和电影改编版本。贝拉·卢戈西（如图）曾在 1931 年的电影中扮演了德库拉伯爵。

1897 年
建筑师亨德里克·佩特吕斯·贝拉赫开始设计**阿姆斯特丹股票交易所**，这是 20 世纪早期最具影响力的建筑之一。

1897 年
摩拉维亚人马赛厄斯·扎达斯基出版了**第一本滑雪手册**《高山滑雪指南》。这本手册详细叙述并宣传了高山滑雪运动。图为 19 世纪 90 年代在瑞士的滑雪先驱。

维也纳分离派

在这场19世纪晚期的艺术运动中，年轻的奥地利艺术家们宣布脱离已定型的德国式传统而独立。

这一威尼斯艺术学派自1897年奥地利艺术家宣布与艺术家之家所坚持的学院派传统分道扬镳后开始有了明显的发展。在古斯塔夫·克林姆特的带领下，大批有创意的设计师受到了分离派运动的影响，其中包括奥托·瓦格纳、阿道夫·路斯和约瑟夫·霍夫曼，后者还协助创办了一个工艺与设计的合作企业，名为“维也纳工坊”，生产家具和设计制品。

稍后以一次展览会“艺术展览场”为中心又形成了一个团体，其中涌现出了一批最杰出的现代奥地利画家，包括奥斯卡·柯克施卡、阿尔弗雷德·库宾和埃贡·席勒。

这一运动的核心是对创新的表现形式的渴求。这一点在约瑟夫·玛丽亚·奥尔布里希于1898年设计并开放的展览馆（上图）上得到了体现。这幢以“分离建筑”而闻名的房屋入口上方有一句铭文“为时代的艺术，为艺术的自由”。

在他们的展览海报、陈设以及分离派杂志《圣春》的插画中，学派成员尝试了未知的美术形式。科罗曼·莫塞尔为第13届分离派展览（1902）设计的海报将三种图形、字体和几何装饰组成了一个模块化的整体。这一作品用垂直、水平和环形的线条构成了红、蓝、白三色的平面图形。

分离派用一种古典的方式对德国的新艺术派进行了修正——奥托·瓦格纳设计的马略尔卡大楼的正墙（下图）就是一个范例，上面采用了有时被称为鞭形或鳗鱼形风格的线条花纹装饰。

尽管克林姆特在1905年与其他成员关于未来的发展方向发生争执并脱离了这一运动，但这一在19世纪90年代展开的纯形式试验在20世纪的第一个10年得到了延续和发展。

1897 年
管理英国槌球锦标赛的**槌球协会**成立。图中一群打槌球的孩子，他们对规则的尊重程度很可能无法让槌球协会满意。

1898 年
法国物理学家**皮埃尔和玛丽・居里夫妇**发现了钋和镭。他们与亨利・贝克勒尔分享了 1903 年诺贝尔物理学奖。图为蜜月中的皮埃尔和玛丽・居里夫妇。

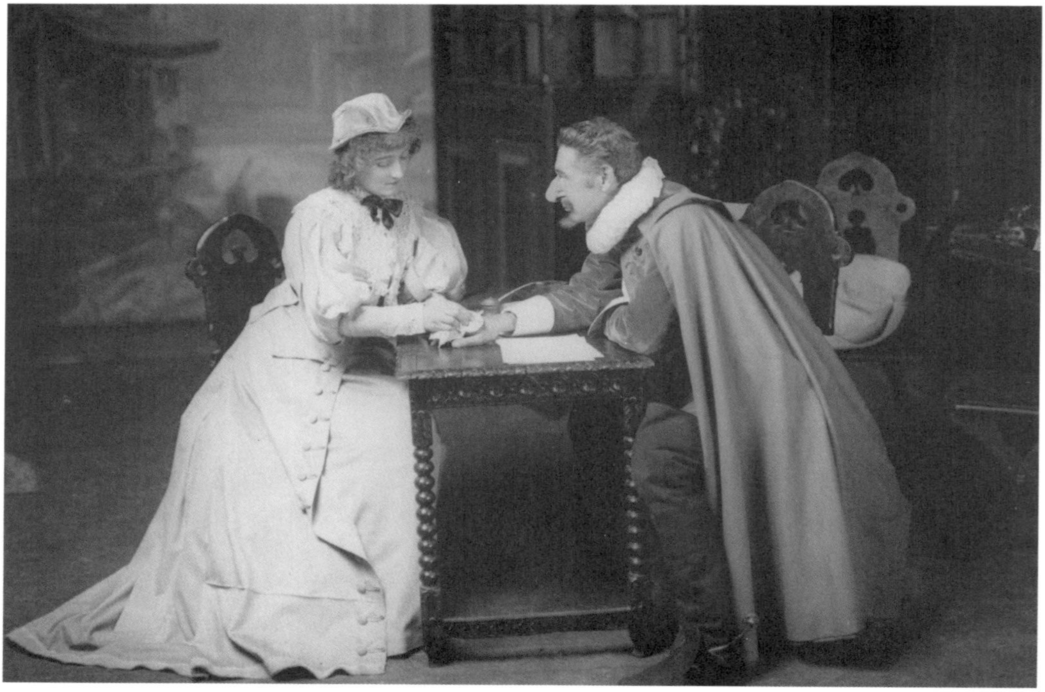

1897 年
法国剧作家**埃德蒙・罗斯丹**的剧本《大鼻子情圣》在巴黎首演。这是罗斯丹最受欢迎，也是流传最久的作品。著名的演员经纪人查尔斯・温德姆爵士（如图）扮演了英语版《大鼻子情圣》的主角。

约 1897 年

进步教育运动在欧洲和美国展开。这一运动对于传统教育的短视和严苛展开了批判，试图寻找教育出“健全儿童”的方法。图为进步教育的一种表现形式：为儿童准备的户外体育活动或体操，地点是纽约布朗克斯区的克罗托纳公园。

1897 年

美国华盛顿特区的**国会图书馆**搬迁到了现在的永久地址。图为新国会图书馆的阅览室。

1898 年

曼哈顿与其他新兴行政区如布鲁克林、皇后区、里士满和布朗克斯区共同组成了**大纽约**。图为大纽约的全景，最显眼的是纽约产品交易所、伊斯特河面上及岸边的大量桅杆与船帆、布鲁克林桥和远处的布鲁克林区。

1898 年

西奥多·罗斯福（图右）组织了第一支志愿者骑兵队，名为**“莽骑兵”**，他们被送往古巴参战。这支队伍在圣地亚哥战役中向凯特尔山（步行）冲锋的壮举令罗斯福成为这场战争中最著名的民族英雄。

1898 年

俄国生理学家**伊凡·巴甫洛夫**开始了最终引领他发现条件反射的实验。

Cinq Centimes

L'AURORE

Littéraire, Artistique, Sociale

J'Accuse...!

TRE AU PRÉSIDENT DE LA RÉPUBLIQ

Par ÉMILE ZOLA

1898 年 1 月 13 日

法国作家爱弥尔·左拉在**《震旦报》**上刊登了公开信《我控诉》（如图），谴责法国总参谋部在 1894 年对犹太裔法国军官德雷福斯叛国罪案中扮演的不公角色。在此信公开发表两天前，确认替德国从事间谍行为，并因此使德雷福斯受到指控的埃斯特拉齐少校经法庭审判被宣告无罪释放。

1898 年 2 月 15 日
哈瓦那港发生的一次爆炸致使战舰**“缅因号”**（如图）沉没，260 名美国水兵死亡并引发了美西战争。

1898 年 4 月 24 日
西班牙对美国宣战，史称**美西战争**。这一冲突终结了西班牙在美洲的殖民统治，美国则获得了对西太平洋和拉丁美洲的控制权。图中，美国海军陆战队士兵和古巴起义者（戴草帽者）在古巴关塔那摩湾。前景中是柯尔特 1895 年型机枪。

1898 年 9 月 2 日
英国和埃及的联军在基钦那爵士的率领下在**乌姆杜尔曼战役**中击败了马赫迪领袖阿卜杜拉率领的苏丹军队。图为英国军队在乌姆杜尔曼战役后进入喀土穆。

1898 年 9 月 10 日
奥地利皇后伊丽莎白在日内瓦被意大利无政府主义者鲁吉·鲁西切尼刺杀。她是弗朗兹·约瑟夫皇帝的配偶，由于对自己的外貌着迷，她曾经在英国猎狐时把自己的形象绣在了骑装上。

1898 年
英国剧作家亚瑟·温·皮尼罗为皇家法院剧院创作了剧本**《威尔斯家的特里劳尼》**。该剧描述了已经被人们遗忘的传统，即 19 世纪 60 年代戏剧公司的生活。图为该剧的参演演员。

1899 年
一家德国化学和药品公司开发出了**阿司匹林**，并将其作为有效的止疼药推向市场，该公司后来定名为拜耳公司。图为一家法国药品公司刊登在《巴黎人生活》杂志上的阿司匹林广告。

雷诺的诞生

法国最大的汽车公司。

路易斯·雷诺（中间汽车驾驶者）在1898年生产了他的第一辆汽车。这是一辆改装的德·迪昂·布通汽车，带有革命性的三速变速箱，被命名为“微型车”。

雷诺接下来同两个弟兄费尔南德和马塞尔合作生产了一系列小型汽车并成立了汽车公司“雷诺兄弟”。在多次获得越野赛车冠军后，雷诺汽车得到了人们的关注，直到马塞尔在1903年的巴黎—马德里车赛中身亡。公司随即退出了赛车领域，专心生产公路汽车。

在1905年，雷诺推出了最受欢迎的两款车型之一，并被广泛用于出租车市场。在第一次世界大战（1914—1918）中，600辆巴黎出租车因运送士兵奔赴第一次马恩河战役而大出风头。雷诺也通过制造飞机发动机、机壳以及1918年生产的雷诺坦克为这场战争做出了贡献，后者在第一次世界大战末期经常被用于护卫军队。

路易斯·雷诺接下来努力提高他在布洛涅–比扬古工厂的产能，并且在战后将自己的产品打入了农用机械、军队、工业机械以及柴油发动机市场。在第二次世界大战中，这些工厂受到了德国控制，其中很多在盟军的轰炸中遭到了严重损坏。巴黎在1944年解放后，法国政府没收了未遭摧毁的设备，将这家公司收归国有。

1899 年

非裔美国作曲家**斯科特·乔普林**发行了《枫叶拉格》，并很快卖出了 100 万份拷贝。图为《枫叶拉格》的活页乐谱封面。

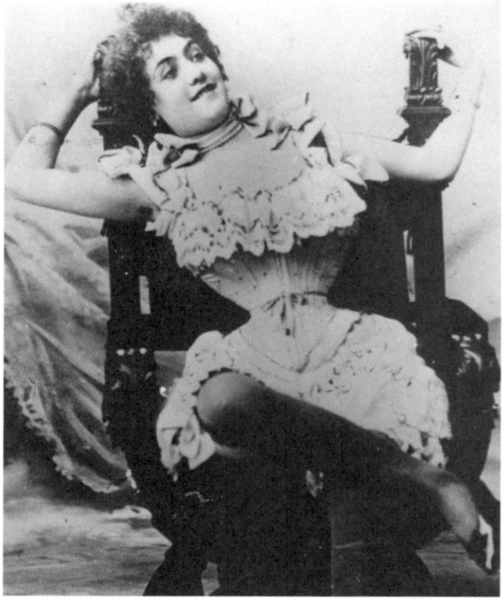

1899 年

美国经济学家和社会学家托斯丹·凡勃伦出版了**《有闲阶级论》**，在书中他创造了词汇“炫耀性消费”。凡勃伦在他的书中提出，像收腰紧身胸衣这种极端的消费品意味着每个人心中都有一些生活必需品之外的欲望。

1899 年

爱德华·埃尔加的《谜语变奏曲》首演，指挥是匈牙利人汉斯·里希特。这一作品令埃尔加跻身作曲大师之林，也是他的作品中被演奏得最多的。之所以用《谜语变奏曲》这个名字，是因为在音乐中存在对埃尔加很多朋友的影射。

1899 年

南十字星探险队将挪威裔澳大利亚探险家**卡斯滕·博克格雷温克**留在了南极阿代尔角，这是人类首次在南极大陆上过冬。

1899 年
斯堪的纳维亚半岛的著名作曲家让·西贝柳斯创作了交响诗《**芬兰颂**》。他创作的灵感来自斯堪的纳维亚半岛的风光。让·西贝柳斯，是芬兰在从俄国获得独立之前和之后的文化身份的化身。

1899 年
在美国堪萨斯州，禁酒先锋**嘉丽·内森**开始了她关闭酒吧的斗争，她带着自己的小斧袭击酒吧。图为一手持《圣经》，一手持小斧的嘉丽·内森，她曾因自己的行动遭到被捕、罚款、监禁、射击和殴打。

1899 年
乔瓦尼·阿涅利在意大利都灵成立了**菲亚特**汽车公司。图中，一辆坏掉的大菲亚特车，时间大约在 1905 年。司机看起来正在发动机盖下，而乘客戴着防尘的护目镜在享受阳光。

1899 年 10 月 11 日
南非战争（布尔战争）在英国和两个布尔（欧洲血统的南非人）共和国之间爆发，两个共和国分别是南非共和国（德兰士瓦）和奥兰治自由邦。图中是两个布尔人，一名教师和他的学生。

1899 年
维也纳精神分析学家西格蒙德・弗洛伊德出版**《梦的解析》**，这是精神分析学的划时代事件。在书中他提出“恋母情结”理论，其中最具争议的当数他对儿童性行为的论述。弗洛伊德认为，梦是被压抑的欲望——通常和性相关——无意识的重现。

约 1899 年
第一种三片式**橡胶高尔夫球**由美国俄亥俄州克利夫兰的高尔夫球手科伯恩和 B.F. 古德里奇公司的伯特伦・G. 沃克发明，随即在世界范围内掀起了一场高尔夫革命。图中，法国高尔夫球手阿诺德・马西正要挥杆击打一个橡胶高尔夫球。

巴黎世界博览会

世纪盛事。

这次展会于1900年4—11月在塞纳河畔的4处展馆举行，这届世界博览会是对19世纪所取得的成就的一次回顾。8.3万件主要展品被归为三部分——技术、艺术以及教育和科学。约43个国家参展，并吸引了5000万观众。展馆内最吸引人的当属用纸和石膏制成的“展台布景”，它们衬托着几乎来自全世界的工业制品。

在所有获选参展的制品中，最引人注目的是一个巨大的天球仪（上图），它安装在4个石质支架上，外径160米。在其内部则是一个较小的球体，直径127.5米，再往内则是一个图书馆，摆放着来自法国国家图书馆贵重和有趣的书籍。

1900 年
第一条**巴黎地铁**线路开放。赫克托·吉马德在线路上设计了夏特勒车站。这是吉马德设计的三种地铁车站类型之一，以小块玻璃和钢铁制成的棚顶而著称。图为在巴黎巴士底地铁车站入口处的赫克托·吉马德新艺术派金属作品。

1900 年
英国考古学家亚瑟·约翰·伊文思发现了克里特岛上的**克诺索斯皇宫**。图为克诺索斯皇宫中克里特文明的壁画，画中的仆人正将酒篮送上桌。

1900 年
地铁中央线开放，这是伦敦第一条**深层地铁线**。图为一辆伦敦中央线用于拖拽车厢的电力机车。它拥有对称的驾驶室，因此可以向两方运动。

1900 年
在**巴黎奥运会**上，美国人雷·C. 尤瑞夺得了全部三枚立定跳跃金牌，分别是立定跳高（如图）、跳远及三级跳，这种禁止进行助跑的跳跃项目已经被现代奥运会终止。尤瑞在职业生涯中共参加了 8 次奥运会跳跃比赛，并且全部取得了冠军。

1900 年
英国作家**毕翠克丝·波特**出版了《彼得兔的故事》。深爱小动物的波特以其迷人而富有想象力的故事而成为 20 世纪最受喜爱的儿童文学作家之一。

1900 年
贾科莫·普契尼的歌剧《**托斯卡**》在罗马首演。他的其他作品，包括《波希米亚人》（1896）和《蝴蝶夫人》（1904）都是歌剧史上的杰作。图为一张漂亮的普契尼海报（1900 年左右）。

1900 年
德国物理学家、量子物理学之父马克斯·普朗克用公式阐述了**量子理论**，他引发的现代物理学革命在爱因斯坦和其他物理学家的手中得以延续。普朗克在 1918 年获颁诺贝尔物理学奖。

1900 年
义和团围攻了北京的外国公使馆。义和团运动得到了中国清政府的支持，希望能够借此把外国人驱逐出去。义和团运动者手中的武装只有绑在长杆上的刀和藤条编成的盾牌。

哈里·胡迪尼

这位匈牙利移民作为逃生大师闻名天下。

哈里·胡迪尼（真名埃里克·韦斯）凭借着他从脚镣、绳索、手铐以及其他一系列闭锁的容器如牛奶桶、棺材或牢房中逃脱的精彩表演而闻名世界。在一次典型的表演中（如图），他被戴上镣铐关进了一个上锁、层层捆绑的加厚盒子。盒子被从船上推下，而他在水下解除了各种禁锢后回到了船上。在另外一次室外表演中，他让自己头朝下被悬吊在23米高处，然后从一件紧身衣中逃脱。所有这些事例都发生在几千人的眼皮底下。胡迪尼不可思议的逃脱术部分归功于他出色的体力和柔韧性，部分则归功于他伪造被困的独特技术。1916—1923年间，他还在很多电影中展示了自己的技巧。

1900 年
美国队赢得了第一届**戴维斯杯**网球赛冠军。1901 年，戴维斯杯的创始人德怀特·戴维斯（图右）同霍尔库姆·沃德在温布尔登赢得了双打比赛的冠军。

1900 年 8 月 25 日
德国古典学者、哲学家和文化批评家**弗里德里希·尼采**去世。他尝试揭露西方道德和哲学真正动机的努力对几代思想家和作者都产生了影响。纳粹主义者在 1918 年后以他的思想为基础制造了大量低劣的衍生物。

1900 年
贝希斯坦钢琴制造公司的创立者卡尔·贝希斯坦逝世。很多出色演奏家使用的钢琴都出自他手。

1900 年
女性开始参加**奥运会**。英国网球选手夏洛特·库珀赢得了奥林匹克历史上第一块女子金牌。很难想象她能穿着这套服装高效地比赛。

1900 年 5 月

英国在布尔战争（南非战争）中获胜后，吞并了**奥兰治自由邦**和**德兰士瓦省**（南非共和国）。图为陆军元帅罗伯特勋爵同他在南非的部属。在得到任命后，他成功地将在布尔战争中连续败北的英军引向胜利。

1900 年 9 月 8 日

美国得克萨斯州**加尔维斯敦**遭受飓风袭击，导致 6000—8000 人丧生，这也是当时北美最严重的自然灾害记录。图中，一幢坚固的教堂毁于飓风。

1900 年

连接俄国莫斯科和伊尔库茨克的**横穿西伯利亚铁路**开始运营。图为哥萨克骑兵注视着穿过草原的西伯利亚铁路。

1901 年

英国发明家休伯特·塞西尔·布兹制造出了第一种成功的**真空吸尘器**，它采用的是汽油机驱动。图为一台早期的真空吸尘器，采用电力驱动是这种产品自发明以来的一大进步。

1901 年 1 月 10 日

在得克萨斯州博蒙特附近发现了第一片大油田。据报道，**博蒙特油田**是美国境内石油储量最大的油田。

1901 年

作为乔治·伊士曼在 1880 年开创的相机事业的成功延续，**伊士曼·柯达公司**在纽约罗彻斯特成立。图中，乔治·伊士曼手拿一台便携式照相机。

1901 年

首届**诺贝尔奖**颁发。该奖项用于奖励在物理学、化学、医学或生理学以及文学和和平领域的突出成就。免疫学领域的先驱埃米尔·冯·贝林获得了首届诺贝尔生理学和医学奖。

1901 年
教育家、改革家、塔斯克基学院校长**布克 · T. 华盛顿**（中）的自传体小说《超越奴役》出版。

1901 年
奥地利免疫学家和病理学家卡尔 · 兰德斯坦纳根据血红细胞表面上的抗原鉴别出了 A、B 和 O 型血。**血型**的发现让输血变得简单起来，兰德斯坦纳在 1930 年获得了诺贝尔奖。

1901 年 1 月 22 日
英国**维多利亚女王**逝世。她是英国历史上当政期最长的君主，她重新唤起了英国王权的尊严和支持率，并目睹了君主制承担起新的现代礼仪角色。图为英王爱德华七世跟随在维多利亚女王棺木之后走进帕丁顿车站的入口坡道。

1901 年 10 月 19 日

巴西航空业先驱**阿尔贝托·桑托斯－杜蒙**达到了职业生涯的一个高峰，他用不到半小时完成了从巴黎郊区的圣克劳德到埃菲尔铁塔 11.3 公里的往返航程，赢得了 10 万法郎的德意志大奖。在这后不久，他的飞机一头扎进了托卡德罗饭店。这也导致他在获得奖金后付出了其中的大部分作为赔偿。

1901 年 9 月 9 日

法国艺术家**亨利·德·图卢兹－罗特列克**去世。这位在当时享有“蒙马特之魂”之称的艺术家在石板印刷招贴的娱乐性方面达到了前所未有的高峰。他身体瘦弱，因为小时受伤，又沉迷于苦艾酒——为此，他辩解说自己并没有太多可在沉迷中失去的事物。

1901 年

戈特利布·戴姆勒推出了**梅赛德斯**汽车，这辆车以奥地利驻法国尼斯领事埃米尔·耶利内克女儿的名字命名。领事承诺会买下全年出产的汽车作为回报。图为莱昂内尔·罗斯柴尔德名下的早期梅赛德斯汽车，带有驱动链条、球形喇叭、黄铜前灯和柳编篮子。

“熨斗”建筑

造型非同寻常的纽约摩天大楼。

尽管正式名称是富勒大厦，但是这幢办公楼很快就有了一个更广为人知的名字“熨斗”，这得益于它的楔形造型，采用这种造型的原因则是为了更好地利用位于23街、第五大道和百老汇路口的三角形地块。（不过，有一些历史学家宣称这块区域早就有了熨斗区的称号。）

285英尺（87米）的熨斗大厦从来都不是曼哈顿最高的建筑——完工于1899年的公园街大楼比它高106英尺（32米），但它却是最具特色的。它的最窄端只有6.5英尺（2米）宽。

建筑师丹尼尔·伯纳姆在居住地芝加哥早就以高层建筑作品而闻名，这幢采用钢构架、空心砖和石外立面的摩天大楼结合了法国和意大利文艺复兴时期的建筑风格，使得它的峻峭表面不致让人感到乏味。

熨斗大厦是在华尔街以北建设一个新商业中心投标的一部分。尽管这一尝试并未完全取得成功，但是这座摩天大楼还是迷住了大批摄影师，并在爱德华·斯泰肯和阿尔弗雷德·斯蒂格里茨的摄影作品中得以不朽。

1902 年
美国摄影师**阿尔弗雷德·斯蒂格里茨**开始寻求改善摄影作为媒体和艺术载体境遇的途径，成立了摄影分离学派。图为斯蒂格里茨拍摄的一幅关于东河和下曼哈顿城的令人怀念的照片。

1902 年
英国作家**约瑟夫·康拉德**出版了他的著名作品《黑暗之心》。康拉德的作品侧重描写个体如何面对自然的冷漠、人心中的恶意以及在内心展开的正邪之战。

1902 年
保罗·塞尚在他生命接近尾声时描绘了普罗旺斯的田园风光，重新构建了绘画的视界和平面空间，并用色块打破了物体的轮廓。

1902 年
5 桅帆船**“普鲁士号”**在德国下水，每根桅杆上配有 6 张船帆，这是世界上唯一采用这种船帆布局的船。

1902 年
纽约**阿冈昆旅店**在 44 街西 59 号开业。这家旅店因阿冈昆圆桌会议而闻名，这是一个以诙谐幽默著称的非正式作家组织，他们在 20 世纪 20 年代定期在旅店内聚会。图片是阿冈昆旅店内布置奢华的理发店。

1902 年
英王爱德华七世在威斯敏斯特教堂加冕。他和亚历山大王后在加冕礼上身着带有传统貂皮饰边的长袍，头戴王冠。

1903 年
阿诺尔德·勋伯格的六重奏曲《升华之夜》在维也纳首次演出。该曲回顾了勃拉姆斯、瓦格纳和马勒的辉煌，也预示了他后来音乐作品的无调性曲风。

1903 年
法国当局在波尔多停止了**巴黎到马德里的汽车比赛**，原因是比赛中出现大量事故。也是在这一年，雷诺兄弟公司的创始人路易斯·雷诺（如图），参加了巴黎到马德里的比赛，到达波尔多时，被告知他的兄弟在比赛中死亡。

1902 年

麦考密克收割机公司与其他公司一同组成了**国际收割机公司**，赛勒斯·麦考密克的儿子小塞勒斯成为了公司首任总裁。图中，一辆麦考密克割捆机正在收割麦子。

1903 年

德国下层阶级出身的画家、摄影师**海因里希·齐勒**被马克思·利伯曼邀请加入德国分离派艺术团体。图中，妇女穿过夏洛滕堡阅兵场，把木柴拉回家，这是海因里希·齐勒的摄影作品。

1903 年
挪威人**罗尔德·阿蒙森**驾驶小帆船“佳阿号”开始了为期两年的穿越西北航道水路的旅程。这次成功的航行激发了他毕生投入极地探险中。

1903 年
W.E.B. 杜波依斯发表了**《黑人的灵魂》**，宣称“20 世纪的问题是种族分界问题”，并且探讨了美国黑人的双重身份。

1903 年 5 月 8 日
法国画家**保罗·高更**在马克萨斯群岛逝世。他试图在作品中表现出精神和情感状态的“原始”形式，及其在艺术上的实践，使他闻名于世。他在太平洋的生活，成为那些相信在接近自然、接近原始、接近部落的环境中更容易发现真实、真诚和真理的人的一种向往。

1903 年
俄国剧作家安东·契诃夫创作了他最后一部剧本**《樱桃园》**，次年在莫斯科首演。《樱桃园》是表现内心活动的戏剧，演员们无法用约定俗成的动作刻画人物。

1903 年

第一个致力于组织妇女劳动者的美国全国性协会——**妇女工会联盟**成立。图为妇女工会联盟的成员在纽约总部（1910）。

1903 年

第一辆**哈雷摩托车**被售出。2003 年，这辆摩托车在百年纪念展览上展出（如图）

1903 年

纽约证券交易所大楼建设完成。图中，在纽约证券交易所的门前停着一辆双轮双座马车。

巴拿马运河

横跨中美洲，连接大西洋和太平洋的人工水道开始建设。

修建运河的想法由来已久，早在16世纪，西班牙人就试图修建无需绕经合恩角，可以直接到达美洲西海岸的捷径，在调查了修建运河横穿中美洲地峡的可行性后，认为复杂的天气情况和地形状况，让这个计划几乎不可能实现。1881年，一家法国公司开始修建运河，但是这家企业于1889年倒闭。根据1903年的协议，巴拿马授权美国管理巴拿马运河区，并修建和运营运河。

修建工作于1904年开始。曾经横行的热带疾病，特别是黄热病和疟疾，造成了法国工人的大量减员，美方的负责人决定阻止这种情况再次发生。美国的医务人员了解这些疾病是如何传染的，并懂得如何控制，到1906年，运河区域已经可以全力以赴进行修建工作。

当时有超过4万人受雇修建运河，大部分工人来自西印度群岛的巴巴多斯群岛、马提尼克岛和瓜德罗普岛——照片（上图）显示的是大约有1500名巴巴多斯人被“安康号”汽船带出国。还有很多来自美国的工程师、管理人员和手工艺人。铁路和重型机械是至关重要的基础设施。最引人注目的是100多台蒸汽挖掘机的使用，其中很多台被用来挖掘库莱布拉河道，后来改称盖拉德河道，因为美国工程师大卫·杜博斯·盖拉德负责监督修建这段河道，直到他1913年去世。这段河道地区土壤和岩石的不稳定性，使修建这段河道成为整个修建运河计划中最困难、最有挑战性的工程部分。工人们在38℃甚至更高的气温下，为了使开凿的河道低于海平面40英尺（12米），使用凿石机、黄色炸药和蒸汽挖掘机，搬运了9600万立方码（7300万立方米）的土壤和岩石。山坡还经常遭遇不可预测的泥石流，有时，因为山坡自重的原因，河道的底部会突然上升。1907年，著名的库卡拉查滑坡，持续了很多年，把数百万立方米的土壤倾倒进挖掘的河道。照片（下图）展示了加通船闸的修建场面，船闸由两组平行的闸门组成，每组船闸有三层，将驶向太平洋的船只总共抬高84英尺（26米），进入加通湖。

长度达51英里（81公里）的巴拿马运河，于1914年8月15日通航。毫无疑问，巴拿马运河迄今为止仍是人类完成的最伟大的工程壮举之一。

1903年11月23日
意大利男高音**恩里科·卡鲁索**在纽约首演威尔第的歌剧《弄臣》。在歌唱事业的第九年，卡鲁索开始同纽约大都会歌剧院合作，1904年开创了录制音乐的先河。

1904年
在密苏里州圣路易斯举办的国际博览会上，一家冰淇淋销售商发明了**蛋卷冰淇淋**。

1903年10月
英国妇女参政主义者埃米琳·潘克赫斯特和克里斯塔贝尔·潘克赫斯特成立了**妇女社会政治联盟**，为妇女的政治权利而斗争。图片中，埃米琳·潘科赫斯特和女儿克里斯塔贝尔，1908年从监狱释放后在弓街法院外。

1903 年 12 月 19 日
纽约的**威廉斯堡大桥**通车，它是第一座钢塔悬索桥。图为在建中的威廉斯堡大桥。

1903 年 11 月 13 日
法国画家**卡米耶·毕沙罗**在巴黎逝世。他一直是印象主义运动的关键人物，受到雷诺阿、莫奈、德加和塞尚的崇拜，这些人也得到了毕沙罗的支持和鼓舞。

1903 年 12 月 8 日
英国社会学家、哲学家**赫伯特·斯宾塞**在布莱顿逝世，他是进化论、个人利益高于社会利益及科学高于宗教这三项理论的早期倡导者。斯宾塞晚期变得越来越保守，但他仍然保持着与帝国主义政策的对立。

日俄战争

东亚领土扩张引起的冲突。

在俄国租借战略要地中国旅顺港并向中国东北扩张后，遇到了实力不断增强的日本。俄国未遵守协定，没有从中国东北撤军，于是日本舰队在未经宣战的情况下，攻击了旅顺港的俄国海军中队，并于1904年2月开始围攻城市。日本陆军切断了俄军对旅顺港的增援，并将援兵逼退至奉天（今中国沈阳）。增援的俄国军队于10月发起了进攻，但是拙劣的军事指挥使攻势收效甚微。1905年1月，腐败的旅顺港守军将领，未同军官商议，在给养和弹药充足的情况下，放弃了抵抗。在奉天附近的激烈战斗于1905年3月结束，俄国军队在阿列克谢·库罗帕特金的率领下撤退。经过对马海战的严重惨败之后，俄国同日本和谈，签订了《朴茨茅斯和约》，俄国放弃了在东亚的扩张政策，日本获得了对朝鲜和中国东北大部分地区的控制权。

1904 年

充气轮胎开始使用在汽车上。在雪天使用的防滑链，也开始出现。图为一幅充气轮胎的广告，著名的米其林橡胶人，它在推销米其林公司的方形胎纹防滑轮胎。

1904 年

麦金・米德暨怀特事务所设计了纽约市**宾夕法尼亚火车站**。以古典罗马浴场为原型设计的车站，是一座引人注目的城市大门，也是美国新古典主义风格的典范。不可原谅的是，它在 20 世纪 60 年代被拆除，巨大的石柱被丢弃在新泽西沼泽。

1904 年 3 月

日本入侵**朝鲜**。图中可见大批准备入侵朝鲜的日本陆军。

1904 年
夏季奥运会在密苏里州圣路易斯举办，同时还举办了**圣路易斯世界博览会**。图为纽约到圣路易斯的汽车游行，这是圣路易斯世界博览会的一项活动。

1904 年
德国剧作家、讽刺作家**弗兰克·魏德金德**的戏剧《潘多拉的盒子》首演，是关于舞者璐璐走向堕落两部戏剧中的第二部。这两部戏剧成为 1929 年著名无声电影和阿尔班·贝尔格的歌剧《璐璐》（1937）的基础。

1904 年
戏剧《**彼得·潘**——永远长不大的男孩》，在伦敦上演。戏剧作家詹姆斯·巴利为英语世界的神话增加了新的人物。图中是第一任彼得·潘饰演者尼娜·布西科。

1904 年 8 月 2 日
英国军队侵占中国西藏省会——**拉萨**。莱赫鹏远征军进入中国西藏，清除所谓的俄国在拉萨的势力是这次入侵西藏的借口。

环法自行车赛

世界上最荣耀、最艰苦的自行车赛事。

环法自行车赛成立于 1903 年，由法国自行车运动员、新闻记者亨利·德斯格朗吉（1865—1940）最初提议举办这项赛事，最初的目的是提高他的报纸《机动车报》（现今为《队报》）的销量。赛事每年 7 月举办，早期的比赛由经过法国不同地区不同路况的 6 个赛段组成。

第一届环法自行车的获胜者是法国自行车运动员毛瑞斯·盖利，他似乎想在 1904 年的比赛中再次赢得冠军，但是他的胜利却不断被作弊的传言所笼罩，后来赛事组织者发现盖利和其他 8 位参赛者在比赛途中乘坐过汽车或者火车。所有赛段的冠军获得者和前 4 位完成比赛的参赛选手都被取消了参赛资格，冠军头衔颁发给 20 岁的亨利·考奈特，他完成比赛的名次是第五。盖利被禁赛两年，其他的作弊者受到从禁赛一年到终身禁赛不同程度的处罚。（如图，希波里特·奥库图埃尔获得了 1905 年环法自行车赛的亚军。）

1904 年 5 月 1 日
捷克作曲家**安东·德沃夏克**在布拉格逝世，他因把民间的元素转变成 19 世纪浪漫主义音乐而闻名。德沃夏克最著名的两部作品是《大提琴协奏曲》和《第九交响曲》（又称《自新大陆》）。

1905 年
在德国，这一年是**阿尔伯特·爱因斯坦**"创造奇迹的一年"，他发表了 4 篇论文，除了其他发现之外，还发表了"狭义相对论"。

1905 年
孙逸仙（即**孙中山**）在东京建立致力于在中国进行政治变革的革命同盟——同盟会。

1904 年 6 月 15 日
"斯洛克姆将军号"蒸汽船在纽约东河进行短途旅行时发生大火，超过 1000 人死于这场灾难。

1905 年
阿尔弗雷德·斯蒂格里茨开设了摄影分离主义风格的**“小美术馆”**（后来根据美术馆的地址改名为 291 美术馆），展览摄影分离主义摄影师的作品，如爱德华·斯泰肯。图为斯泰肯的经典作品，巴黎赛马会上的照片。

1904 年 10 月 18 日
古斯塔夫·马勒的《第五交响曲》在科隆首演。马勒的《第五交响曲》被公认为是他创作第二阶段的第一部作品，从此，他的作品开始更为猛烈地表现情感。

1905 年
奥地利和平主义者**贝尔塔·冯·苏特纳**成为第一位获得诺贝尔和平奖的女性，她因 1889 年出版的小说《放下武器》而初次成名，并参加了 1899 年的海牙国际和平会议。作为阿尔弗雷德·诺贝尔的私人朋友，是她帮助诺贝尔构想出和平奖的创意。

1905 年
约瑟夫·霍夫曼设计了布鲁塞尔**斯托克莱宫**（斯托克莱公馆）。这座宏伟典雅的住宅，是与维也纳工坊相互协作设计完成的，是霍夫曼最好的作品之一，也是维也纳分离派运动最有代表性的作品。

1905 年
德国艺术运动团体**“桥社”**成立。它在表现主义的发展中起到重要的作用。图为路德维希·凯尔希纳为“桥社”成员的绘画展览设计的海报。

1905 年
瑞典籍中亚探险家和考古学家**斯文·赫定**开始了他的第三次探险，这次探险持续到1909 年。在这次探险中，他发现水流湍急的雅鲁藏布江和印度河的源头。图中的斯文·赫定身着中国民族服装，一旁是他的枪以及科学仪器。

1905 年
“烟雾”这个词，作为“烟”和“雾”两种现象的融合体，在英国被创造出来。阿尔文·兰登·科伯恩利用了雾的效果，拍摄了城市风光照片。

1905 年
棒球运动历史上最杰出的进攻球员**泰・柯布**，在底特律老虎队开始他的职业运动生涯。他在很长一段时间内保持 4191 次安打、2244 次上垒得分和参赛 3033 场的纪录。图中，泰・柯布正滑进三垒。

1905 年 3 月
日本军队击败了在**奉天**（今沈阳）驻守的俄国军队。图中，俄国军队准备撤出燃烧着熊熊大火的奉天。

约 1905 年

歌舞杂技表演成为一项流行的表演类娱乐方式，一般有十到十五场不相关的个人演出，有魔术师、杂技演员、喜剧演员、经过训练的动物、杂耍艺人、歌手以及舞女的演出。图为乔·基顿和迈拉·基顿夫妇，以及他们的儿子巴斯特，他们是从事歌舞杂耍表演的一家人。

1905 年

五分钱电影院在宾夕法尼亚州匹兹堡市开业，这个名字后来成为在美国各地出现的几千家新电影院的通称。

1905 年 1 月 2 日
在日俄战争中，驻守旅顺港的俄国军队向日本军队投降。图为日本炮兵向旅顺港开火。

莱特兄弟

美国发明家成功完成了第一次装有动力、持续可控制的飞机飞行。

威尔伯・莱特和奥维尔・莱特最初从事印刷机设计行业，后来又从事自行车制造业，为他们早期的飞机设计实验积累了资金。为了测试对飞行器的控制，他们制造并驾驶 3 架双翼滑翔机（1900—1902）进行飞行，因为控制是成功进行动力飞行的关键。螺旋桨和发动机的改进，促使他们的第一架动力飞机诞生，1903 年 12 月 17 日，在北卡罗来纳州基蒂霍克附近的斩魔山，奥维尔驾驶它成功飞行了 12 秒，后来威尔伯驾驶这架飞机飞行了 59 秒。

到 1905 年 10 月，兄弟俩可以实现持续飞行 39 分钟，能够表演盘旋和其他机动模式。然而，因为无法再对新闻媒体掩盖他们所获得的成功，以及担心他们飞机的基本特征被了解后，被其他掌握飞行原理的观察者模仿，莱特兄弟决定停止飞行直到他们的发明受到专利保护，并且获得飞机的销售合同为止。

他们成立了飞机制造公司，制造出美国军队的第一架飞机：莱特 B 型机（上图）。后来他们在欧洲和美国展示他们的飞机。威尔伯于 1908 年在法国进行了 100 多次飞行表演，创造了 2 小时 20 分钟这一空中飞行纪录。

1905年10月
俄国的多数大城市发生**全面罢工**。图片表现的是有些戏剧性夸张地遭到警察突袭的罢工工人会议场面，其中，有人正要拔出手枪，有人焚烧证据性文件。

1905年秋
“野兽派”的作品第一次公开展出，他们使用纯色、亮色在画布上创造出爆破般的视觉效果。图为一幅“野兽派”代表画家安德烈·德朗的作品。

1905年10月30日
沙皇尼古拉二世颁布《**十月宣言**》，宣告俄国独裁统治的结束，俄国进入君主立宪制的新时代。图中的沙皇尼古拉和皇后亚历山德拉身着华丽的俄国传统服饰。

1905年12月28日

弗朗兹·莱哈尔的轻歌剧**《风流寡妇》**在维也纳首演。莱哈尔独创了一种维也纳轻歌剧的风格，他借鉴了华尔兹的曲调，模仿巴黎康康舞，并且运用了讽刺的元素。图中是在伦敦的舞台上塑造了“风流寡妇”一角色的莉莉·埃尔丝。

1905年11月18日

丹麦王子卡尔·查尔斯被选为挪威国王，成为**哈康七世**。图中是哈康七世和她的妻子莫德，莫德是英国国王爱德华七世的女儿。

1906年

马克斯·佩希斯泰因加入德国艺术团体“桥社”，成为该艺术团体中唯一一位受过正规艺术培训的成员。这位表现主义派艺术家的版画和绘画同样著名。

旧金山大地震

持续不到一分钟的地震带来美国历史上最严重的自然灾害。

旧金山市位于地壳的断裂带圣安地列斯断层上，圣安地列斯断层从加利福尼亚湾的北端，经过加利福尼亚州西部，在旧金山市附近向太平洋方向延伸，长度超过800英里（1300公里）。

这一地区最严重的地震发生于1906年4月18日，大约在清晨5：12，圣安地列斯断层沿着断层滑行了270英里（430公里），范围大概是从圣贝尼托县圣胡安包蒂斯塔到洪堡县，并从那里向海平面下运动了一段距离。从南部的洛杉矶到北部的俄勒冈州库斯湾，向西到内华达西部内陆地区，都可以感觉到这次地震。根据现代技术手段估算，当时被记录的地震至少达到里氏7.5级，最高可达里氏8.25级。

遭受损失最严重的地方是旧金山。我们从照片中可以感觉到地震的破坏力：马车陷在街道的裂缝中（上图），木质的建筑摇摇欲坠几乎就要塌陷（下图）。加利福尼亚州的其他城市，包括圣何塞、萨利纳斯和圣罗莎，也受到地震的袭击，尽管这些城市坐落在离断裂带19英里（30公里）远的地方。现在可以确认地震中心是在太平洋的海床以下，在金门以外海域。

在旧金山中心区，地震的震动引起了一些小规模的火灾，有些是因为在地震中油灯被打翻引起的，有些是因为煤气管道破裂导致煤气泄漏引起的，还有一些是那些无家可归的人在临时居住的露天营地点燃的篝火最终无法控制引起的。

旧金山的消防队员们尽了最大的努力，但依然无法应付无处不在的混乱，更糟糕的是，很多为消防栓提供消防用水的地下水管也被损坏了。他们采取了一些措施试图控制火势，例如用炸药炸掉被地震损毁的建筑物以建立防火道，结果却加速了火势的蔓延。大火很快控制了一切，并融合成更大规模的火灾，摧毁了490个城市街区，总共2.5万栋建筑。大火使25万人无家可归，并夺走了450—700人（政府担心地价下跌而捏造的数据）的生命，所有的损失大约3.5亿至4亿美元。

1906 年
贝拉·巴托克（图中站在留声机旁没戴帽子的男士）和**高大宜**发表了《匈牙利民歌集》的第一卷，重新唤起人们对中欧民间音乐的兴趣。

1906 年
好莱坞电影导演J.斯图尔特·布莱克顿（图右）发明了**电影的动画制作**。

1906 年 3 月 18 日
由罗马尼亚发明家垂珍・伏加建造的**第一架单翼机**，进行了一次 12 米的飞行。这架单翼机能完成的不过是一次跳跃，而不是一次能被认可的飞行。

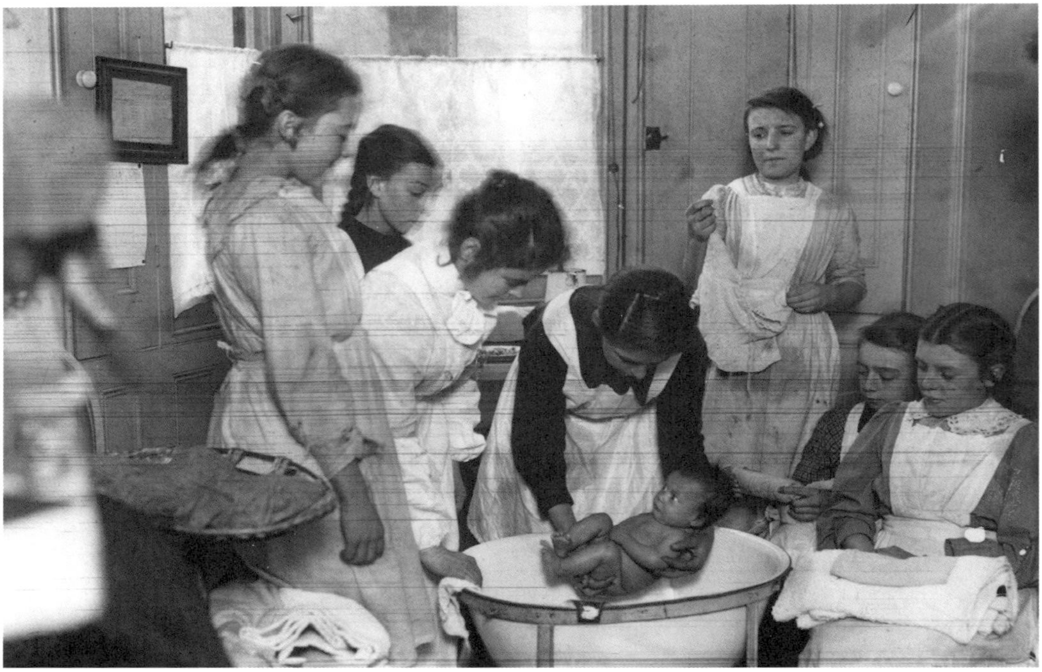

1907 年

育儿法被引入新西兰，包含 12 项基本要素：空气和阳光、水、食物、衣物、沐浴、肌肉锻炼和感觉启发、保暖、规律性、洁净、母亲的教育作用、与人交往技巧、休息和睡眠。图为伦敦阿克顿一家日间托儿所的育儿课程：怎样给婴儿洗澡。

1907 年

玛利娅·蒙台梭利在罗马的贫民区开设了“儿童之家”。**蒙台梭利学校**运动强调学生的个人兴趣和自我导向性学习。图为三个戴着遮阳帽的蒙台梭利学校的儿童。

1907 年

澳大利亚游泳者安妮特·凯勒曼在马萨诸塞州波士顿附近的海滩展示**一件连体式泳衣**，但是在展示过程中却因有伤风化被捕。

1907 年
旅行者杯摩托车赛首次举办，举办地为英格兰西北海岸的马恩岛。图片是 1911 年在马恩岛举办的旅行者杯摩托车赛。

1907 年 12 月 12 日
瑞典和挪威的国王**奥斯卡二世**去世。他的长子古斯塔夫五世即位瑞典国王，挪威于 1905 年获得独立。图为瑞典皇室成员的全家福，国王奥斯卡二世坐在前排，长子古斯塔夫站在后排，左起第三人。

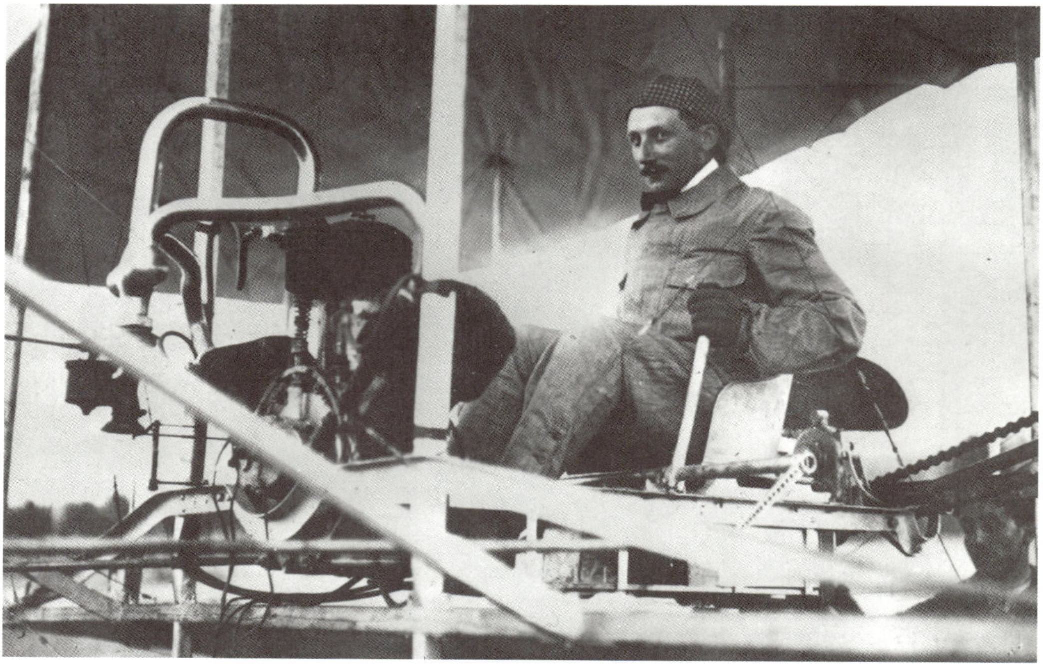

1907 年

由法国人**加布里埃尔·瓦赞**和莱昂·德拉格朗热设计的飞机，后来命名为瓦赞，成为第一种大量生产的飞机（约75 架）。图中，莱昂·德拉格朗热在起飞前检查瓦赞飞机的控制设备。

1907 年

英国艺术家、作家和评论家的小团体——**“布鲁姆斯伯里团体”**成立，成员包括克莱夫·贝尔、瓦内莎·贝尔（如图）、弗吉尼亚·伍尔芙、E.M. 福斯特、里顿·斯特拉奇和约翰·梅纳德·凯恩斯。

1907 年 7 月 18 日

弗罗伦斯·齐格飞在纽约上演了《1907 富丽秀》，一种将半裸的服装、华丽的舞台和喜剧这三种形式结合在一起的轻松表演剧。这种表演形式持续超过 23 年，直到大萧条时期的到来。图为 1915 年左右的齐格飞富丽秀的合唱团成员。

1907 年

奥匈帝国抒情诗人**赖内·马利亚·里尔克**在他的诗集《新诗集》中开始发表新题材的抒情诗——“咏物诗”。里尔克曾经是雕塑家奥古斯特·罗丹的秘书，崇拜过塞尚。

1907 年

瑞士心理学家和精神病专家**卡尔·古斯塔夫·荣格**同精神分析学家西格蒙德·弗洛伊德会面，并开始了多年的合作关系。荣格后来反对弗洛伊德所坚持的神经疾病涉及性方面的因素的观点。他在自己的作品里阐述了梦、神话、艺术和世界上的宗教，警告人们不要过分依赖理性和科学。

1908 年

罗伯特·贝登堡中将在英国建立了**童子军**，并很快在世界范围内推广。图中，罗伯特·贝登堡在营地被童子军围绕着，拍摄时间大概在第一次世界大战后不久。

1908 年

夏季**奥运会**在伦敦举办。图为奥林匹克史上著名的时刻——意大利马拉松运动员多兰多·佩特里尽管领先，但几乎跌倒。他在人们的帮助下跨过了终点线，但这足以让他失去比赛资格，丢掉了冠军称号。

1908 年

福特宣布了**福特 T 型车**的诞生。在福特 T 型车存在的 19 年中，福特公司在美国销售了 1550 万辆，占世界汽车产量的一半。这款车最高时速 72 公里多。电启动装置在 1919 年以后才开始装配。

1908 年
移居国外的美国诗人**埃兹拉·庞德**在威尼斯出版了他的第一部诗集《灯火熄灭之时》，后移居伦敦，同诗人 W.B. 叶芝建立了密切联系。庞德因对 20 世纪文学产生的重要影响，被称为“诗圣”。

1908 年
罗马尼亚雕塑家**康斯坦丁·布朗库西**完成了他真正意义上的第一部原创作品《吻》，两个站立着缠绕在一起的年轻人，形成了带有对称线条的闭合整体。

1908 年
弗兰克·劳埃德·赖特设计了**芝加哥的罗比住宅**。长而低矮的房屋，使用罗马砖建造，仿佛生长在地面上一样，这些都是赖特草原派风格的缩影。

1908 年 10 月 31 日
亨利・法尔芒驾驶着他的盒子形状的瓦赞飞机进行了欧洲的第一次**跨国飞行**，航程约 26 公里。

1908 年 11 月 15 日
中国的**慈禧太后**逝世，她的侄子光绪皇帝在前一天驾崩。慈禧最后的旨意是把皇位传给光绪皇帝 3 岁大的侄子。图为慈禧太后的丧葬队伍。

童工

摄影师披露孩子们的悲惨境遇。

美国童工委员会建立于1904年，成立的目的在于说服美国国会规范年幼工人的工作环境。1907年的一份报告显示，在美国有偿雇用的16岁以下儿童的数量超过200万。按照童工委员会活动家简·亚当斯的说法，这恰好可以解释为什么在美国“10—14岁的儿童中有58万人不会读书和写字”。

1908年，童工委员会聘请列维·海因作为他们的调查人员和摄影师。海因走遍了全美，拍摄工厂中童工工作的照片（上图）。海因还进行童工方面的演讲，他曾对一位听众这样说：“也许你厌倦了看到这些童工的照片，我们也许都厌倦了，但是我们希望让你和整个国家的人们都厌倦了这样的事情，那就是开始付诸行动的时候了，这些童工的照片也将成为对历史的记录。”

1909 年
在“猎人号”探险活动中，**欧内斯特 · 沙克尔顿**（左起第二人）带领一支雪橇队到达了离南极 156 公里的地方，并宣布维多利亚高原属英国所有。探险中的另外一支队伍到达了南极点。

1909 年
罗伯特 · 皮里与其非裔美国人伙伴**马修 · 亨森**（如图）在第三次向北极进发的尝试中到达北极点；在他们返回后，却听到弗雷德里克 · 库克宣称已经先于他们抵达的消息，不过后来人们认定这个消息不可信。

1909 年
塞尔玛 · 拉格洛夫是第一位获得诺贝尔文学奖的瑞典人，同时也是第一位获得诺贝尔文学奖的女作家。她的童话作品《尼尔斯骑鹅旅行记》被翻译成多种语言。

1909 年
第一个**集体农场**在巴勒斯坦德加尼亚建立。到 20 世纪初，以色列集体农场超过 250 个，人口超过 10 万。图中是 1913 年从俄国明斯克来的 84 岁老人在巴勒斯坦集体农场劳动。

1909 年
由理查德·施特劳斯作曲，胡戈·冯·霍夫曼斯塔尔创作剧本的歌剧《**艾丽卡**》在德国德累斯顿皇家剧场首演。艺术家洛维斯·科林特为《艾丽卡》制作了封面（如图）。在这部歌剧中，施特劳斯大胆尝试了他的不和谐音创作之路。

1909 年
美国插图画家、作家、女实业家罗丝·塞西尔·奥尼尔在《妇女家庭》杂志上用整版的篇幅介绍**丘比娃娃**。丘比娃娃在 20 世纪初期风靡一时。

1909 年 2 月 20 日
意大利诗人菲利波·马里内蒂发表了他的**《未来主义宣言》**。它用科学技术的力量启发了意大利作家、艺术家和建筑师的灵感。未来主义也成为俄国艺术和文学上一次重要的变革。

1909 年
瓦斯拉夫·尼金斯基在小古堡戏剧厅的首场芭蕾演出轰动了巴黎。他精湛非凡的技艺和戏剧性的表演使他成为芭蕾界的天才人物。图为尼金斯基在 1911 年扮演《彼得鲁斯卡》中的角色。

1909 年 7 月 25 日
法国飞机制造商、飞行员**路易·布莱里奥**进行了首次欧洲大陆和英国之间的飞行。图为刚结束飞行后的路易·布莱里奥同妻子一同合影。

1910 年

阿道夫·路斯设计了维也纳的**斯坦纳住宅**，未经过任何装饰，平坦的墙面，由玻璃窗点缀着，构成了这座建筑令人无法抗拒的简约之美，标志着现代简约主义的来临。现代简约主义反对维也纳分离派的过度装饰。

1910 年

马克斯·费科特发明了化妆品，特别是满足了黑白动画电影的演员们的需要。图中，马克斯·费科特为 20 世纪 20 年代的无声电影明星露易丝·法增达涂口红。

1910 年
罗伯特·贝登堡创立了**女童军**，同童子军相呼应。图为三个美国女童军（1917—1918）。她们正通过收集桃核和石头，为战争做出贡献：石头可以用来铺路，桃核可以用来制作防毒面具的过滤材料。

1910 年
朝鲜被日本吞并，陷入日本的殖民统治。图中，朝鲜百姓戴着有民族特色的帽子围观日本警察。

1910 年
法国摄影先驱加斯帕德・菲利克斯・图纳松（又名**纳达**）逝世，享年 89 岁。他是在气球上航拍巴黎的第一人。

1910 年
巴勃罗・毕加索和乔治・布拉克（如图）开始发展他们的**分析立体主义**，立体主义把结构和面积重塑成角度元素表现出来。

1910 年
法国飞行家亨利・法布尔建造了世界上第一架**水上飞机**“野鸭号”。

1910 年

安东尼奥・高迪倾尽一生来修建**巴塞罗那圣家堂**。这座巴塞罗那最大的可视艺术杰作，在高迪 1926 年去世时还没有建造完成。最新的预测教堂的建造在 2026 年可能完工。

发现马丘比丘

美国考古学家海勒姆·宾厄姆在秘鲁群山中发现失落的印加古城。

古代印加城市遗址——马丘比丘，位于秘鲁库斯科市西北 50 英里（80 公里）的安第斯山脉中，耶鲁大学的教授海勒姆·宾厄姆在当地盖秋亚族居民的带领下，于 1911 年发现了该遗址，遗址坐落在乌鲁班巴河谷两座陡峭的山峰之间的山脊处。宾厄姆一直在寻找比尔卡班巴——“失落的印加城市”，最后的印加统治者在这座城市领导了反抗西班牙人统治的斗争，一直坚持到 1572 年，西班牙人从未找到这座城市。

马丘比丘居住区大约是在 15 世纪中期到 16 时期早期和中期建造并使用的。人行道和数千级台阶使用石块铺成，把广场、居住区、梯田、墓地和主要建筑物连接起来。在居住区的南部、东部和西部是一层一层的梯田，曾经使用供水管道系统进行灌溉。当宾厄姆 1911 年到达那里的时候，很多梯田仍然被当地的印第安人耕种。

1910 年

法国女男爵德·拉罗什成为世界上**第一个取得飞行执照的女飞行员**。她在 1919 年的坠机事故中丧生。

1910 年

美国**全国有色人种协进会**在纽约成立，协会的宗旨是争取废除种族隔离和种族歧视，反对种族偏见，保障非裔美国人获得宪法赋予的权利。图为 1917 年全国有色人种协进会为抗议滥用私刑而游行的场面。

1910 年
邮轮**“毛里塔尼亚号”**创造了穿越大西洋的新纪录，从科布出发到纽约，只航行了不到 5 天。图为阿尔弗雷德·斯蒂格里茨拍摄的“毛里塔尼亚号”。

约 1910 年
加利福尼亚州**好莱坞**，成为众多电影公司梦寐以求的圣地，这里不仅有适合全年拍摄影片的气候条件，还有适合拍摄电影的众多地貌特征：群山、峡谷、森林、湖泊、岛屿、海岸以及沙漠。图为早期著名的导演麦克·塞纳特（左一），在好莱坞的一处布景拍摄电影，时间是 1915 年左右。

1910 年 6 月 25 日
伊戈尔·斯特拉文斯基和米歇尔·福金创作的《**火鸟**》在巴黎歌剧院首演。图为在俄罗斯芭蕾舞团原创的《火鸟》中担任主要角色的塔玛拉·卡莎维娜。

1911 年
白俄罗斯出生的艺术家**马克·夏加尔**移居巴黎，并开始创作他包含个性元素的作品，这些个性元素包括：俄罗斯和犹太主题、漂浮着的人物、复杂的着色，以及梦幻般的环境。在其作品《飞越维帖布斯克》（如图）中，犹太小贩在白俄罗斯城市上空飞过。

亚孟森到达南极点

挪威探险家击败了英国对手。

罗尔德·亚孟森是极地探险领域的伟大人物之一。这位挪威探险家是第一个到达南极点的人，是第一位驾驶船只航行通过西北航道的人，还是第一位从空中穿越北极的人。

亚孟森曾经计划前往北极点，但是当他得知罗伯特·E. 皮里已经到达北极点之后，他在 1910 年向南极出发。在亚孟森 6 月离开挪威的时候，除了他的兄弟没有人知道他是前往南极，而不是北极。他从马德拉群岛直接驶向南极洲罗斯海域的鲸湾。他建立的基地，比他的竞争对手——同样向南极点进发的英国探险家罗伯特·福尔肯·斯科特建立的南极基地，距南极点的距离要近 60 英里（100 公里）。作为一个经验丰富的极地旅行家，亚孟森为即将开始的旅程进行了精心的准备。他在前往南极点和返回路程的开始部分，进行了一次准备性的旅行，沿途进行了食物给养储备。他使用雪橇犬来运送他的给养，而斯科特依靠的是西伯利亚矮马。

亚孟森同 4 个同伴、52 只雪橇犬和 4 架雪橇于 1911 年 10 月 19 日向南极点出发，他们遇到了好天气，于 12 月 14 日到达了南极点（如图）。探险家们在记录了南极点的科学数据之后，在 12 月 17 日踏上归途，于 1912 年 1 月 25 日安全抵达了鲸湾的基地。与此同时，斯科特在 1 月 17 日到达了南极点，但是在艰难的返回途中，他和他的队员全部丧生。

1911 年
由朱塞佩·萨科尼设计的**罗马维克托·伊曼纽尔二世**纪念堂（图为纪念堂一角）经过 28 年的修建终于完成。这座纪念堂被当地人戏称为“婚礼蛋糕”或者“假牙”。

1911 年

雷·哈朗驾驶一辆马蒙—黄蜂汽车，赢得了第一届**印第安纳波利斯 500 英里汽车赛**的冠军。图为早期印第安纳波利斯 500 英里汽车赛终点线附近的观众席。

1911 年 1 月 18 日

美国飞行员尤金·伊利完成了首次**飞机在船只甲板上降落**，飞机降落在位于旧金山湾的“宾夕法尼亚号”战舰上。随后，他又驾驶柯蒂斯双翼机从这艘战舰上起飞（如图）。

1911 年

荷兰裔德国女演员**阿黛尔·桑德罗克**出演了她的首部无声电影，她先后拍摄了 140 多部电影。

1911 年

意大利画家**乔治·德·基里科**，形而上学画派的创始人，开始创作象征主义作品，其中包含的元素有经典的雕像、昏暗的拱形廊道、被自己的样子打败的孤单弱小的人物，以及带有强烈压迫感的建筑物。图为乔治·德·基里科作品中典型的梦境般的场景。

1911 年 4 月 17 日

埃利斯斯岛迎来了接待移民的最高纪录，单日接收移民 11745 人。看到自由女神塑像意味着到达了美国，图中的移民们欢呼着向出现在薄雾中的自由女神塑像挥帽致敬。

1911 年

自行车赛手、飞行家亨利·罗吉尔，驾驶一辆特盖特－迈瑞汽车，获得了第一届**蒙特卡洛拉力赛**的冠军。图中是第一届蒙特卡洛拉力赛期间夜间拍摄的格雷戈尔汽车。

1912 年

美国小说家**埃德加·赖斯·巴勒斯**出版了他的《泰山》系列小说的第一部，内容是一位英国贵族的儿子在非洲丛林中被大猩猩抚养的故事。埃尔默·林肯在 1918 年的无声电影《人猿泰山》中饰演泰山（如图，其旁的伊妮德·马基饰演简）。

1912 年

马塞尔·杜尚，与未来主义相呼应，延续着分析立体主义的风格来描绘运动，在作品《下楼梯的裸女 2 号》（如图）中用一组平面来表现人物。

1912 年

法国小说家**马塞尔·普鲁斯特**完成了他分为七部的自传体小说《追忆似水年华》的第一稿。

1912 年
荷兰飞机制造商**安东尼·福克**制造了福克飞机，在第一次世界大战期间，福克采用了机械装置，使机枪可以穿过螺旋桨弧而不伤害螺旋桨叶片。图片中是一架福克 DR–1 型三翼机，旁边站着它的所属者——王牌飞行员海因里希·冈特曼。

1912 年
在斯德哥尔摩举行的夏季奥林匹克运动会上，**美国**本土出生的**吉姆·索普**获得了五项全能和十项全能的冠军。可不到一年的时间，他的金牌就被收回，因为他在一家青年营执教并领取薪水。图为在这次奥运会上投掷铁饼的吉姆·索普。

“泰坦尼克号”沉没

豪华客轮和平时期的航海灾难。

1912 年 4 月 14 日和 15 日，在从英国南安普顿驶往纽约市的处女航中，豪华定期客轮“泰坦尼克号”沉没，1500 多名乘客和船员丧生。

“泰坦尼克号”是世界上最大最豪华的客轮之一，它的注册总吨位是 46329 吨，满载时排水量是 6.6 万吨。“泰坦尼克号”长度为 269 米，最宽的部分为 28.2 米。它的所有者是白星航运公司，由威廉·皮列里在贝尔法斯特的哈兰德和沃尔夫造船厂设计和制造，服务于竞争白热化的大西洋客运航线，当时这条航线被冠达航运公司垄断着。“泰坦尼克号”拥有双层甲板，被分割成 16 个水密舱。即使其中 4 个水密舱注满了水，也不会影响船的浮力，因此“泰坦尼克号”被认为是不会沉没的客船。

1912 年 4 月 10 日，“泰坦尼克号”在媒体的高度关注中从英国的南安普顿出发。它停靠的第一站是法国瑟堡，在那里搭乘了大量的头等舱旅客，然后，又在爱尔兰东海岸的皇后城（今科布市）停靠，从这里登上客船的大多数是三等舱的乘客。“泰坦尼克号”在 4 月 12 日开始穿越大西洋的旅途，按计划应该在 5 天后到达美国。

在 4 月 14 日午夜即将到来的时候，“泰坦尼克号”在纽芬兰以南 400 英里的海域同冰山相撞，船头的水密舱中至少有 5 个破裂，这 5 个水密舱的前 4 个注满了水，使船头下坠。“泰坦尼克号”的水密舱在顶部没有加盖，所以海水从破裂的前水密舱逐个灌满后面的水密舱，因为船体的倾斜使船头沉到海平面以下。整条船在 4 月 15 日凌晨 2:20 沉没。“泰坦尼克号”只为船上的 2224 位乘客提供了 1178 个救生位置，还有很多救生艇只乘坐了一部分人就被放到水里，这样就使很多人束手无策地留在了即将沉没的船上。这场灾难很快成为了报纸的头版头条（下图，4 月 16 日，报童在白星航运公司办公室外售卖《伦敦标准晚报》）。

直到“泰坦尼克号”沉没 80 分钟后，冠达航运公司的“卡帕西亚号”赶到遇难地点，才避免了在冰冷的海水中失去更多的生命。

这次海难的后果，迫使《海商法》进行改革：要求每艘船必须为每一位登船的乘客提供救生位置，每次航行都要进行救生演习，以及船只必须保持 24 小时无线电监听。

约 1912 年

芝加哥文艺复兴运动，参与者包括了卡尔·桑德堡、西奥多·德莱塞（左图）、维切尔·林赛和舍伍德·安德森（右图）。该运动促进了诗歌、小说和新闻业的繁荣。

1912 年 4 月 16 日

美国飞行家兼戏剧评论家和剧作家**哈里特·昆比**，驾驶法国布莱里奥单翼机从英国多佛飞到了法国阿德洛，成为第一位飞越英吉利海峡的女性。1917 年 7 月，她驾驶的新型布莱里奥双座飞机坠毁，她和乘客丧生。

1912 年 12 月 6 日

法老奥克亨那坦宠爱的妻子——**纳芙蒂蒂**的头像，在埃及阿马纳被路德维希·波哈特发现。

1912 年

国际业余田径联合会在斯德哥尔摩成立，目的是统一数量超过 160 家的各国田径协会，联合会决定哪项运动体系和规则可以在世界范围内使用。图为瑞典体操运动员在 1912 年奥林匹克运动会上进行瑞典规则的体操比赛。

1912 年

罗尔德·亚孟森乘坐**“弗拉姆号”**从南极洲来到塔斯马尼亚，这艘船最远航行到南极和北极，在这之前探险家南森乘坐这艘船在北极航行。

1912 年 11 月 28 日
由伊斯梅尔・捷马利带领的阿尔巴尼亚国民代表们发表了《发罗拉宣言》，宣布了**阿尔巴尼亚独立**。图中，两位身着阿尔巴尼亚民族服装的少女在英国派往巴尔干的代表团成员面前拍照（1915）。

1913 年
在印度新德里的建筑设计师**埃德温·鲁琴斯**，开始着手设计总督官邸（如图）。宏伟的气势和英属印度的环境，在这座位于新首都的巨大建筑中得到很好的表现。

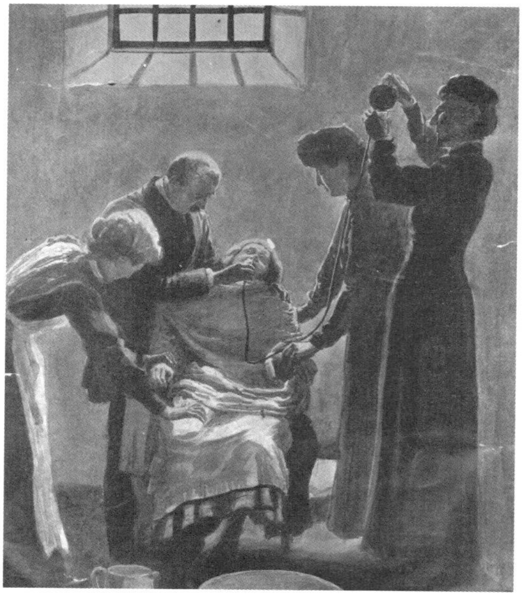

1913 年
英国议会通过《1913 不健康者临时释放法案》（即《猫捉老鼠法案》），允许暂时释放绝食抗议的囚犯，当他们的健康恢复到一定程度，再进行关押。此前，被囚禁的女权运动者被强迫进食，《猫捉老鼠法案》的通过就是为了避免这样的情况发生。

1913 年
由建筑师卡斯·吉尔伯特设计的 60 层高的纽约**伍尔沃斯大厦**竣工，是当时世界上最高的大厦。弗兰克·伍尔沃斯支付了 1350 万美元现金修建了这座新哥特式建筑。

1913 年

弗兰斯·哈尔斯美术馆在荷兰的哈勒姆成立，除了展出这位 17 世纪荷兰伟大的肖像画家单人肖像作品之外，还有一系列的群体肖像作品，特别是那幅《圣乔治市民警卫队官员宴会》。

1913 年

法国飞行家**罗兰·加洛斯**完成了首次不间断飞越地中海的飞行。图中，罗兰·加洛斯在突尼斯降落以后，被法国殖民地的军队围观。

1913 年

纽约市**中央火车站**投入使用。哈尔·莫雷拍摄的这张非常有纪念意义的火车站内部的照片，使车站变成了交通的圣殿。

乔治·华盛顿·卡佛

为南方农业带来革命的人。

农业化学家乔治·华盛顿·卡佛（上图，在他的实验室中）帮助美国南部实现了农业现代化。他从花生和大豆发展出新的派生作物，这些作物的种植和推广使南方摆脱了对棉花种植的依赖。在1914年，当棉铃象虫几乎使棉花种植者毫无收获的情况下，卡佛对公众发布了他的实验，越来越多的南方农民开始转向种植花生、红薯以及派生作物来获得收入。不仅如此，花生可以分解空气中的氮，并存储在土壤中，使得大量南方贫瘠的土壤重新获得了肥力，南方成为农作物的新兴主要供应地区。在1896年，当卡佛成为塔斯基吉学院（今塔斯基吉大学）农业研究中心主管的时候，花生还没有被认为是一种农作物，但是在接下来的半个世纪中，它成为全美六种主要农作物之一。

梦游者的战争

1914

—

1918

1914

—

1918

当战争爆发的消息传来时，英国、德国、法国等国民众陷入狂欢，他们相信，这是最后一战，己方将成为胜利者。

第一次世界大战起于突发事件，当时欧洲有复杂的条约体系，人们坚信，这将有效约束疯狂行为。但，复杂体系派生出专业官僚团队，只知因循，毫无责任感，当战争临近时，他们仍处于被催眠的状态中，直到局面失控。

更麻烦的是，经历“第一黄金时代”迅猛发展，进化论渐成各国主流意识形态。既然活着是为了推动历史进步，那么，只要有利于进步，杀戮、苦难等也就成了可以接受的代价。发达国家的人们陷入深深的焦虑中，生怕本国被历史甩下，成为落后者。他们认为，只有用战胜打垮竞争对手，才能长治久安。

太多人变成了梦游者，而剩下的人又被他们所裹挟。

第一次世界大战造成 1000 万人丧生，2000 万人受伤，30 多个国家、15 亿人卷入战争，经济损失达 3400 万美元，而战争引发的瘟疫在 1918—1919 年使全球约 10 亿人感染，估计 2500 百万到 4000 万人死亡（当时世界人口约 17 亿人）。

凡尔登战役、马恩河战役、日德兰战役、伦贝格战役、索姆河战役、加利波利战役……它们充分展现出现代科技在绞杀生命方面惊人的效率，可杀人者、被杀者并不明白，这场战争与他们究竟有什么关系。

问题的关键，德国崛起改变了欧洲政治版图，它重复了英法崛起的模式，为了扩大外部空间，释放发展的压力，选择了战争，最终走上不归路。

最终战争给人们带来了巨大的痛苦，但是许多人并没有吸取其中的惨痛教训。

1914 年 1 月 5 日

随着**福特 T 型车**的极大成功，美国汽车制造商亨利・福特把工人的工资从每天 2.4 美元上涨到每天 5 美元，并减少工作日的工作时间。图为亨利・福特的活动装配线，这是福特 T 型车达到巨大产量背后的秘密。装配线这个想法据说是看到芝加哥牲畜屠宰场的分解车间想到的。

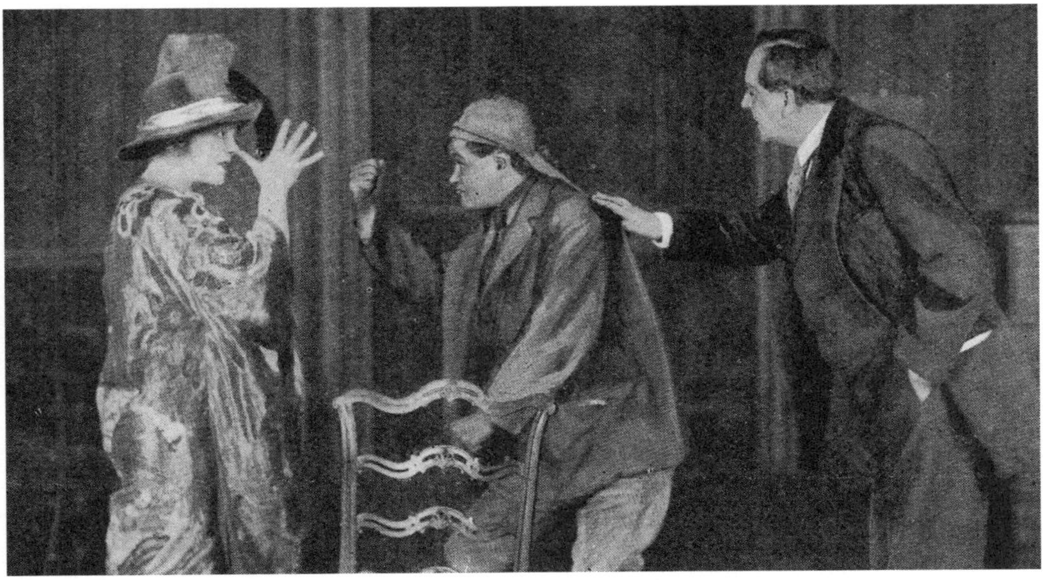

1914 年

爱尔兰剧作家**乔治・萧伯纳**在伦敦创作了他的浪漫喜剧《卖花女》，该剧在 1938 年被拍成电影，后来又被改编成音乐剧《窈窕淑女》。图为首次拍摄《卖花女》的剧照。其中，帕特里克・坎贝尔饰演的伊莉莎・杜利特尔做手势嘲笑她的父亲——清洁工阿尔弗雷德，希金斯教授用手拉着阿尔弗雷德。这部分是为坎贝尔特意改写的，但是她的年纪已经不适合了。

1914 年 5 月 29 日

加拿大太平洋集团的**“爱尔兰女王号”**在圣劳伦斯湾同另外一艘船相撞，死亡 1023 人。该船沉没后，人们纷纷聚集到特拉法尔加广场的加拿大太平洋集团办公室外，等待消息。（上图）

1914 年 6 月 28 日

奥匈帝国王位继承人弗朗茨·斐迪南大公偕妻索菲亚，在波斯尼亚**萨拉热窝**被加夫里洛·普林西普刺杀，直接导致第一次世界大战的爆发。照片是刺杀当天的情景。讽刺的是，斐迪南大公娶了一位捷克妻子，其本意是想对奥匈帝国内像加夫里洛·普林西普和他同伙这样的斯拉夫人表示同情。

1914 年 7 月 28 日

奥匈帝国以奥地利大公弗朗茨・斐迪南被刺杀为借口，向**塞尔维亚**发出了不可能接受的最后通牒，奥匈帝国对斯拉夫国家宣战。图为一名塞尔维亚士兵在妻子的陪同下到火车站准备参战。

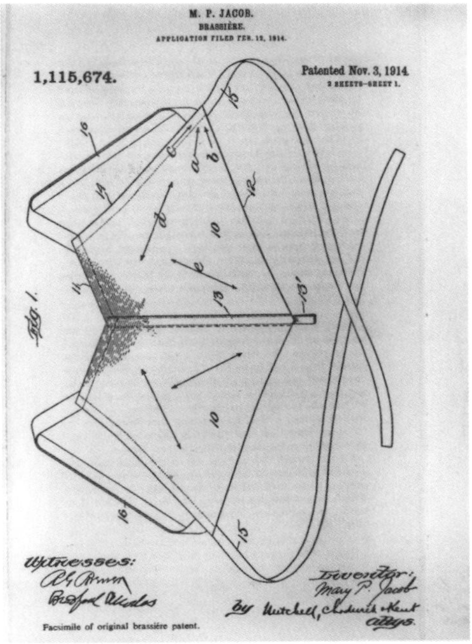

1914 年 11 月

玛丽・费尔普斯・雅各布获得**弹力胸罩**（设计图样如图）的专利，这种胸罩取代了紧身胸衣。

1914 年 8 月 3 日

德国对法国宣战。从图片可以看到，德国预备役军人参战，仍然戴着平民的帽子，小男孩们戴着他们带穗的头盔。

1914 年 8 月 10 日

法国对奥匈帝国宣战。法国士兵列队走过巴黎，接受人群的欢呼，他们的步枪上固定了长长的刺刀。

1914 年 8 月 20 日

德国军队占领了**布鲁塞尔**。图中，在比利时海边城市的沙子街道上，可以看到德军匆忙挖掘的战壕。

1914年9月6日
第一次世界大战期间的第一次**马恩河战役**中，法国军队和英国军队对推进中的德国军队发动进攻。图片上，法国士兵调转缴获的机枪，枪口指向德国人。

1914年
世界上最有战略意义的水道，全长80多公里的**巴拿马运河**开通，连接了大西洋和太平洋。它的运营受美国控制。图中，一艘定期客船，“彩旗飘扬”、耀武扬威地被拖船拖拽着经过刚开通的巴拿马运河。

1914年
基尔运河的加宽工程完成，可以让无畏级战列舰通过，这样从波罗的海到北海就不必绕行丹麦。图为挖泥船在基尔运河工作。

亚美尼亚大屠杀

奥斯曼土耳其帝国的种族灭绝屠杀。

到 19 世纪 80 年代晚期，大约有 200 万信奉基督教的亚美尼亚人生活在奥斯曼土耳其境内，他们当时居住在东部的省份，受到俄国的鼓动，他们开始寻求亚美尼亚人居住区的自治。然而，当时奥斯曼土耳其的苏丹阿卜杜勒·哈米德二世决心镇压境内的所有分裂主义意图，所以大幅度提高了对亚美尼亚人的征税，并在亚美尼亚人和邻近的库尔德人之间激起对立的仇恨情绪。当居住在沙逊的亚美尼亚人拒绝缴纳难以承受的赋税的时候，土耳其军队和库尔德部族士兵杀害了几千名亚美尼亚人，并放火烧毁了他们的村庄（1894）。

为了引起外界对他们事业的关注，亚美尼亚革命者两年后进行了又一次示威行动：他们占领了伊斯坦布尔的奥斯曼银行。在接下来的混乱中，5 万多名亚美尼亚人被土耳其暴徒杀害，而且很明显这些暴徒得到了政府军队的配合。

最后也是最极端的大屠杀发生在第一次世界大战期间（1914—1918）。俄国高加索地区的亚美尼亚人组织志愿军部队帮助俄国同土耳其战斗。在 1915 年早期，志愿军部队从土耳其前线后方招募土耳其境内的亚美尼亚人。作为回应，土耳其政府把 175 万亚美尼亚人流放到叙利亚和美索不达米亚。在强制转移的过程中，大约 60 万亚美尼亚人被饿死，或者在沙漠行进的路途中被土耳其士兵和警察杀害。成千上万的亚美尼亚人被迫流亡。

1915 年

捷克小说家**弗兰兹 · 卡夫卡**出版了他的中篇小说《变形记》。照片里的卡夫卡头戴着圆顶硬呢礼帽。不知道他是不是从此获得灵感发明了工业工人用的安全帽——他的一项创新贡献，当时他正在一家保险公司工作。

1915 年

英国小说家 **D.H. 劳伦斯**发表他的第一部现代派小说《虹》，续作《恋爱中的女人》在 1921 年出版，这两部小说都被谴责为淫秽作品，1928 年出版的《查泰莱夫人的情人》被认为是声名狼藉的作品。

1915 年

福特汽车公司第 100 万辆汽车下线。图中，福特工厂里的工人正在把发动机装在汽车底盘上。

1915 年
欧内斯特·沙克尔顿的**“坚忍号”**（如图）被卡在威德尔海的一片浮冰中，就这样，当时一次很有抱负的极地探险活动就此夭折。

1915 年 2 月 8 日
D.W. 格里菲斯执导的里程碑式的电影**《一个国家的诞生》**，在洛杉矶克鲁恩会堂首映。图为《一个国家的诞生》的海报，骑在马上的三 K 党成员。

1915 年
第一辆**军用坦克**，昵称“小威利”，由英国海军部陆舟委员会制造出来。第二种型号，昵称“大威利”（如图），不久后诞生。

1915 年 2 月 18 日
德军开始使用 **U 型潜艇**（如图）对英国进行封锁。

1915 年 4 月 22 日
德军在第二次伊普尔战役中，开始大规模使用化学武器。他们借助风力在 6 公里的前线上向敌军阵地释放了**氯气，**令人惊讶的是他们自己并没有戴防毒面具。

"All the News That's Fit to Print."

The New York Times.

THE WEATHER

VOL. LXIV...NO. 20,923. NEW YORK, SATURDAY, MAY 8, 1915.—TWENTY-FOUR PAGES. ONE CENT

LUSITANIA SUNK BY A SUBMARINE, PROBABLY 1,000 DEAD; TWICE TORPEDOED OFF IRISH COAST; SINKS IN 15 MINUTES; AMERICANS ABOARD INCLUDED VANDERBILT AND FROHMAN; WASHINGTON BELIEVES THAT A GRAVE CRISIS IS AT HAND

SHOCKS THE PRESIDENT

Washington Deeply Stirred by Disaster and Fears a Crisis.

BULLETINS AT WHITE HOUSE

Wilson Reads Them Closely, but is Silent on the Nation's Course.

HINTS OF CONGRESS CALL

Loss of Lusitania Recalls Firm Tone of Our First Warning to Germany.

CAPITAL FULL OF RUMORS

Reports That Liner Was to be Sunk Were Heard Before Actual News Came.

The Lost Cunard Steamship Lusitania

X Where the First Torpedo Struck. XX Where the Second Torpedo Struck.

SOME DEAD TAKEN ASHORE

Several Hundred Survivors at Queenstown and Kinsale.

STEWARD TELLS OF DISASTER

One Torpedo Crashes Into the Doomed Liner's Bow, Another Into the Engine Room.

SHIP LISTS OVER TO PORT

Makes It Impossible to Lower Many Boats, So Hundreds Must Have Gone Down.

ATTACKED IN BROAD DAY

Canard Office Here Besieged for News; Fate of 1,918 on Lusitania Long in Doubt

Roosevelt Calls It Piracy; Says That We Must Act.

Meagre List of Saved Received in New York

Loss of the Lusitania Fills London With Horror and Utter Amazement

“卢西塔尼亚号”

德国潜艇击沉英国客轮。

1915年5月7日，英国远洋邮轮“卢西塔尼亚号”在爱尔兰海域被德国潜艇击沉。英国海军已经告诫“卢西塔尼亚号”避开这片海域并采用曲折前进的规避动作来摆脱潜艇的进攻，但“卢西塔尼亚号”的船员没有听取这些劝告。虽然“卢西塔尼亚号”不是武装船只，但是它装载的货物中有供给协约国的子弹和炮弹，并且德国人通过舆论发出警告将击沉这艘船。巨大的人员伤亡（1198人淹死，其中包括128名美国人）激起了人们的愤慨（下图，英国士兵在爱尔兰为遇难者举行葬礼）。美国对德国的行径提出抗议，德国收敛了对英国的潜艇攻击。当德国重申将无限制使用潜艇武器时，美国于1917年4月加入了第一次世界大战。

1915 年 4 月 23 日
英国诗人**鲁伯特·布鲁克**在前往加利波利的路上死于败血症，他最著名的作品是《1914，战时十四行诗诗集》。"如果我死去，请以这种方式怀念我……"

1915 年 10 月 12 日
英国护士**艾迪丝·卡维尔**被杀害，因为她帮助协约国的士兵逃出被德国占领的比利时。当协约国公布了她的死讯之后，她成为大众女英雄。图为第一次世界大战前卡维尔与儿童的合影。

1915 年 5 月 31 日
齐柏林飞艇轰炸了伦敦，这是首次针对平民目标的战略轰炸，炸死了 7 个人。图中是遭到齐柏林飞艇突然袭击后，东伦敦肖尔迪奇区被毁坏的房屋。

1916 年

D.W. 格里菲斯导演了他的第二部无声电影作品**《党同伐异》**，其中讲述了四个平行发展的故事。之所以选择这样的主题，是因为《一个国家的诞生》被批评包含种族主义的内容。

1916年

空战得到迅速发展，飞机除了被用来侦察和观测之外，还被用来执行进攻任务：轰炸、机枪扫射、攻击其他飞机或者潜艇。图中是在飞机下部的遥控炸弹架还未被发明之前，早期从飞机上投炸弹的情形。

1916年

法国驻华盛顿大使让－朱尔斯·朱瑟朗出版了《美国的昨天和今天》，获得了历史上**第一届普利策奖**。图为让－朱尔斯·朱瑟朗和夫人。

1916年

尤金·奥尼尔作为剧作家首次亮相，发表了作品《东航卡迪夫》。奥尼尔成为20世纪最著名的剧作家之一，并在1936年获得诺贝尔文学奖。

复活节起义

激进的爱尔兰共和派试图从英国独立。

1916 年 4 月 24 日，复活节后的第一个星期一，爱尔兰共和派在都柏林发动了反对英国统治者的起义。大约 1560 名爱尔兰志愿军和 200 名爱尔兰国民军，在帕特里克·皮尔斯和汤姆·克拉克的领导下，占据了都柏林市内的都柏林邮政总局和其他一些战略要地。经过了 5 天的战斗，英国军队（如图，都柏林码头的狙击手）镇压了反抗，15 位起义的领袖被审判并处决。尽管起义本身不受大多数爱尔兰人的欢迎，但是处决引起了爱尔兰人对英国当局的不满。起义预示着英国统治在爱尔兰即将结束。

约 1916 年
战时**德国就业妇女**的比例增加到 17%。图为妇女在克虏伯兵工厂的生产线上工作。

1916 年 8 月 3 日
爱尔兰出生的公务员**罗杰·凯斯门特**爵士因叛国罪在伦敦被执行死刑。他因向爱尔兰起义武装提供从德国获取的武器而被捕，他是在爱尔兰反抗英国统治的起义中牺牲的主要烈士之一。

1916 年 5 月 31 日
英国海军舰队和德国海军舰队打响**日德兰海战**。图中，英国战列舰向德国大洋舰队开火。

1916 年
珍妮特·兰金由蒙大拿州选举进入国会，她是美国众议院的第一位女性代表。她毕生坚持和平，曾投票反对美国加入第一次世界大战和第二次世界大战，并领导了 5000 名妇女在华盛顿特区游行反对 1968 年的越南战争。

1916 年 11 月 13 日
对德国军队占据的**索姆河**沿线阵地的进攻结束。这次进攻主要由英国军队发起，历时 4 个月，双方损失惨重。图中是在索姆河战役中戴着防毒面具的英国机枪手。

1916 年 2 月 21 日

第一次世界大战期间最残酷的战役之一——**凡尔登战役**开始，法国击退了德国的进攻。在 10 个月的战斗中，双方总的伤亡数达到了 100 万，其中半数死亡。图中是法国军队在凡尔登受到炮火攻击。

1916 年 3 月 9 日

庞丘·维拉的部队突然袭击新墨西哥州哥伦布市，杀死了 10 多名美国人。之后，庞丘·维拉领导的匪徒被美国士兵关押（如图）。为了报复，美国军队对墨西哥进行了惩罚性的突袭。

二月革命

俄国君主统治时代终结。

1917 年，俄国沙皇和大多数俄国人民之间的关系彻底破裂，政府的腐败和无能愈演愈烈。沙皇的反动策略，例如临时解散杜马（议会）——1905 年革命的主要成果，甚至在中产阶级中也引起了强烈的不满。很多少数民族逐渐不屈从于俄国的统治。

政府在第一次世界大战中的无能表现，最终让陈旧的统治制度面临难以应付的挑战。装备不良以及指挥不当，让俄国军队在同德国军队的一次次战斗中遭受着灾难性的损失。战争表明，俄国已经无法在军事上同中欧和西欧的国家保持抗衡了，而且这场战争拖垮了俄国的经济。

2 月底，食品供应不足在首都彼得格勒（原圣彼得堡）引发了暴乱。罢工、政治集会、群众游行（如图，游行示威者在冬宫前聚集）蔓延到整个城市。当大多数彼得格勒的卫戍部队加入起义时，沙皇尼古拉斯二世于 3 月 2 日被迫退位。沙皇的兄弟迈克尔大公拒绝接受王位，于是统治了俄国 300 多年的罗曼诺夫王朝就此结束。

杜马委员会指定了临时政府，作为俄国建立永久性议会民主政体之前的过渡性政府。布尔什维克党推翻了临时政府，于 1917 年 10 月成立了苏维埃共产主义政权。

1917 年

在第一次世界大战反德的氛围中，英国统治王朝的名字从“萨克森 – 科堡 – 哥达”改称为**“温莎”**。图为国王乔治五世和王后玛丽同他们的女儿长公主出行，随行的还有身着海军学校制服的小儿子。

1917 年

保罗 · 冯 · 莱托 – 福尔贝克少将离开德属东非，进攻葡萄牙人控制的莫桑比克，在英军到达之前带领他的部队安全撤离。

1917 年 3 月 15 日
在俄国革命的第一阶段，**沙皇尼古拉二世被迫退位**，罗曼诺夫王朝的统治就此结束。图中，沙皇尼古拉二世在退位后和家人被囚禁在一起。

1917 年 4 月 6 日
在俄国沙皇被迫退位后一个月，**弗拉基米尔·伊里奇·列宁**结束了他 17 年的流亡，回到俄国成立临时政府。

约 1917 年

荷兰风格派运动，荷兰现代艺术和建筑领域的艺术运动，因期刊《风格》把众多艺术家联合在一起，所以称为风格派。主要成员有彼埃·蒙德里安，格里特·里特维尔德和 J.J.P. 奥德。图为《构图九，18 号作品》，特奥·凡·杜斯堡的作品。他是荷兰风格派的成员之一。

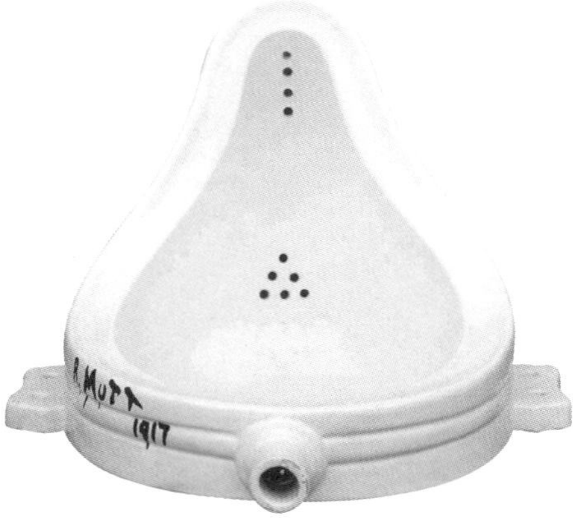

1917 年

达达主义运动成员之一，**马塞尔·杜尚**，用他的“现成品”艺术挑战艺术的定义，包括他在一家艺术博物馆展出的作品《泉》（如图），一个普通的小便池。他把小便池称为雕塑，于是它立刻就成为了雕塑。这是否是概念艺术的开始呢？

1917 年 7 月 24 日

荷兰出生的舞蹈家、交际花**玛塔·哈丽**，接受法庭审判，她被指控为德国从事间谍活动。后来因罪名成立，被行刑队执行枪决。她的名字，成为充满诱惑力的女间谍代名词。

1917年8月
驻扎在帕斯尚尔的法国军队发生了兵变，为了缓解法军的压力，英国军队发起了**帕斯尚尔战役**。11月，行动结束，未取得进展。协约国伤亡人数为50万，德国伤亡人数为25万。图为躺在帕斯尚尔泥泞中的英国伤亡士兵。

1917年10月24日
在第一次世界大战的**卡波雷托战役**中，超过60万意大利人投降或者从前线撤退。图为撤退场景。

1917年11月6日
随着**布尔什维克党掌权**，俄国1917年革命进入了第二阶段。图为“十月革命”中在圣彼得堡圣以撒大教堂外的赤卫军和海军。

1918 年

英国诗人**西格夫里·萨松**发表了他的作品集《反攻》，这是一部描绘他在法国作战经历的反战诗集。他在成为和平主义者之前，曾在西部前线表现出无所畏惧的勇气。政府当局后来把他送到一家精神病院，使他避免受到军事法庭的审判。

1918 年

一场世界范围内的**流行性感冒**让差不多 3000 万人失去了生命，是人类历史上最严重的一次毁灭性流行病。部队的调动以及士兵复员回家，使病毒在每一个大洲流行。图片拍摄在流感盛行期间，西雅图的警察戴着口罩。

1918 年
英国通过**《人民代表法案》**，赋予年满 21 岁的男性公民和年满 30 岁的女性公民选举权。图中，一位优雅的英国妇女在投票箱前放入她的选举票。

1918 年
苏俄国内战争在保皇党“白军”和布尔什维克“红军”之间爆发。图为 1918 年早期在莫斯科红场进行政治集会的情景。

1918 年 3 月 3 日
两部《**布列斯特－立陶夫斯克条约**》中的第二部条约，结束了第一次世界大战期间苏维埃俄国同轴心国的敌对状态。图中，德国、奥匈帝国代表（左）和苏俄代表（右）签订《布列斯特－立陶夫斯克条约》。

1918 年 4 月 21 日
第一次世界大战中德国的王牌飞行员——**曼弗雷德·冯·里希特霍芬**男爵在法国亚眠附近被击落并身亡。图中是坐在福克三翼机中的曼弗雷德·冯·里希特霍芬同机械师说话。

1918 年
贝比·鲁斯获得了他的第一个美国棒球联赛“本垒王”称号，他共 12 次获得该称号。这位出色的棒球选手的伟大事迹使人们创造了“鲁斯诅咒”这个词来形容他非凡的击球能力。

1918 年 7 月 16 日
前俄国沙皇**尼古拉二世**和他的家人被布尔什维克处决。图为被处决前在叶卡捷琳堡的沙皇尼古拉二世和他的孩子们。

1918 年 7 月 18 日

法国军队、英国军队和美国军队的总指挥、法国将军**斐迪南·福熙**，在第一次世界大战中德国的最后一次攻势——第二次马恩河战役中，发起了一次反击，使德国军队陷入仓促溃败之中。图为法国在阿尔及利亚的殖民军队在此次战役中整理德军丢弃的和从德军手中缴获的武器。

1918 年 10 月 8 日

在第一次世界大战默兹－阿尔贡攻势中，**艾文·科伦·约克**下士单枪匹马俘虏了 132 名德军士兵，并击毙了另外 25 名德国士兵。图中，一支美国机枪队伍在阿尔贡附近的圣米耶尔战斗。

1918 年 11 月 4 日

英国诗人**威尔弗雷德·欧文**于停战日前一周阵亡。他创作了很多描写第一次世界大战战斗经历的优秀诗作，一直受到西格里夫·萨松的支持。

1918 年 11 月 23 日
德国驻东非军队总司令**莱托－福尔贝克**（图右）在从未战败过的情况下投降。

1918 年 11 月
第一次世界大战结束，大约有 850 万名士兵死于受伤或疾病，2100 万名士兵成为残疾，770 万名士兵沦为战俘或者失踪。

失败的和平

1919

—

1938

1919

—

1938

第一次世界大战结束后，欧洲着手“建立永久和平体系”，美国总统威尔逊提出了一套以“民族自决”为基础的理想主义方案，但对拥有大量殖民地的英、法来说，这是绝对无法接受的，英法更热衷于既维系和平，又不断削弱德国。《凡尔赛和约》从一诞生起，便沾染上不公平的色彩，动摇了其合法性。

1919 年，各参战国经济曾短时期恢复活力，但 1920 年再度陷入危机，重工业损失惨重，德国尤甚。为扶持由美国民主翻版而成的魏玛共和国，1924 年 8 月伦敦会议上通过“道威斯计划”，为德国提供 326 亿马克贷款，其中 70% 是美国资本，而此期间德国支付的战争赔款只有 114 亿马克。到 1927 年，德国工业已超过战前水平，压倒英、法，国际贸易位居世界第三，德国回到“国联”，还成为了常任理事国。

由于战争造成严重破坏，导致资本投入加大，新技术被广泛应用，出现了汽车、电气、化学、人造纤维等新的工业部门，而代价就是，垄断局面更趋严重，经济运行的脆度增加。

然而，资本狂欢行之不远，从第一次世界大战结束到 1929 年，美国劳动生产率提高了 55%，工资却仅增长了 2%，只能靠海外市场弥补差额，一旦外销不振，美国生产过剩的问题便凸显出来，引发雪崩效应。

1929年10月27日，美国股市突然崩盘，带动全球经济衰退，最高峰时，美国失业人口达1370万，这还不包括1000万农村失业家庭。贫困引发持续社会动荡，靠国家强力干预，美国才挺过危机。

德国同样靠国家干预的方式应对衰退，但受历史认识与资源空间的误导，再度走上战争之路。1933 年纳粹上台，从而终结了魏玛共和国的民主实验。

事实证明，在欲望面前，人类理性的作用竟如此脆弱，不值得信赖。

联美公司

为了保持创造力和财政控制权，好莱坞电影摄制者成立了自己的公司。

电影制作发行公司——联美影业公司成立于 1919 年 2 月 5 日，由喜剧明星查理·卓别林（左三），当红电影明星夫妻——玛丽·碧克馥（左一）和她的丈夫道格拉斯·费尔班克斯（右一），以及在摄影技术发展上的先驱导演 D.W. 格里菲斯（左二）出资组建。他们是当时主要的电影摄制者，很希望能够在推广、开发和销售他们的电影过程中得到完全的自由，他们也希望能够获得尽可能高的利润。在当时，好莱坞的制片人和发行商正在逐步削减支付给明星们的工资，限制他们在电影中的创造性。上述 4 位合伙人听取了著名律师、民主党政治家威廉·吉布斯·麦卡杜（伍德罗·威尔逊总统的女婿）的建议，并且得到了他的支持。他们的公司也负责发行独立制片人制作的高质量电影。

联美公司是第一家由艺术家而不是商人掌控的主要电影制作公司，它还开创了电影制片厂同时作为电影发行机构的先河。在 20 世纪 20 年代，联美公司通过同电影主角查理·卓别林（包括《淘金记》）、格洛丽亚·斯旺森、诺玛·塔尔梅奇、巴斯特·基顿和鲁道夫·瓦伦蒂诺等人合作，取得了蓬勃发展。联美公司在 20 世纪 30 年代同一些有天赋的制片人如塞缪尔·戈德温、霍华德·休斯和亚历山大·柯达合作，共同面对有声电影带来的新挑战。

1919 年

亚瑟·爱丁顿观测了在日全食时光线的弯曲度，为爱因斯坦的广义相对论提供了第一次证明。

1919 年

美国新闻记者约翰·里德根据亲眼所见记述俄国革命的作品《**震撼世界的十日**》出版发行。图为一张描绘俄国水兵的革命海报。

1919 年

美国出生的**南希·阿斯特夫人**（如图）成为英国下议院第一位女性议员。当她获知下议院席位的选举结果后，看起来很高兴。

《凡尔赛和约》

国际和约结束第一次世界大战。

1918年11月11日，协约国和轴心国签订了一份停战协议，结束了在欧洲的战争。随后，在法国巴黎郊区的凡尔赛宫，召开了世界和平大会。1919年6月1日，战胜国协约国代表们再次召开会议，照片（左上图）显示的是英国首相戴维·劳合·乔治（左）、法国总理乔治·克里孟梭（中）和美国总统伍德罗·威尔逊（右）到场时的情形。4周以后，6月28日，在凡尔赛宫的镜厅，签订了和平条约。（下图，和约签订当日，法国市民在巴黎的街道上进行庆祝。）和约主要是由美国、英国和法国协商确定的，没有战败国参与协商。德国被迫接受对协约国的损失负责，并支付大量的赔款。德国在欧洲的领土减少了10%，海外的属地被没收，军队编制也要削减。尽管后来在20世纪20年代的一些条款被适当缓解，但是所带来的苦难为意大利法西斯主义的成长和德国纳粹党的兴起提供了外部环境。和约还规定建立“国际联盟”、“国际劳工组织”和“常设国际法院”（后来的国际法院）。

1919 年 1 月
柏林的**斯巴达克派起义**中，罗莎·卢森堡和卡尔·李卜克内西领导的共产党被社会民主党弗里德里希·艾伯特雇用的极右翼准军事组织自由军团击败。图中，转投斯巴达克派阵营的士兵在早期的装甲车前，向柏林城堡的效忠派开火。

1919 年 1 月 21 日
爱尔兰共和军成员在蒂珀雷里郡杀死了两名警察，**爱尔兰独立战争**爆发。图中是枪击警察的事件发生后，人们抬着伤亡者走在都柏林的街道上。

1919 年 1 月 29 日
禁酒令即美国宪法《第十八修正案》被批准通过，并于下一年执行。美国禁酒令开始执行的时候，大量的酒桶被砸碎并倒空。

1919 年 5 月 19 日
穆斯塔法·凯末尔（图右）到达安纳托利亚萨姆松，组织全国性的土耳其抵抗运动，对抗上级的命令，这段时间被认为是土耳其独立战争的开始。

1919年6月
约翰·阿尔科克和亚瑟·惠滕·布朗驾驶着维克斯维梅双引擎轰炸机从纽芬兰飞到爱尔兰，完成了第一次跨越大西洋的飞行。

1919年9月12日
意大利民族主义诗人**加布里埃尔·邓南遮**带人占领了亚得里亚海的港口城市阜姆（今克罗地亚城市里耶卡），使阜姆问题成为大家关注的焦点。集活动家、文学家、戏剧家和飞机驾驶员于一身的加布里埃尔·邓南遮，对意大利的抱负极大，但是他的行动和方法总是很冒险。

装饰艺术的和声女孩们，1929 年。

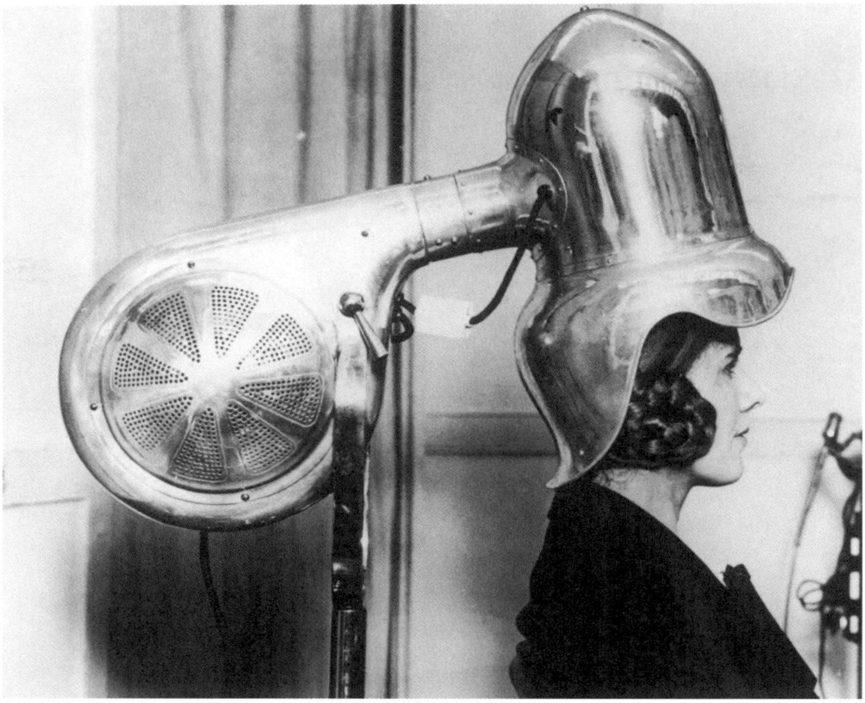

1920 年
美发工具——**吹风机**，在威斯康星州拉辛县被发明出来。

1920 年
随着**黑人国家联盟**的成立，非裔美国人开始参加美国的职业棒球比赛。黑人联盟的比赛到 20 世纪 40 年代开始萧条，主要的联赛队伍被合并。图为黑人国家联盟成员队伍，芝加哥美国巨人队。

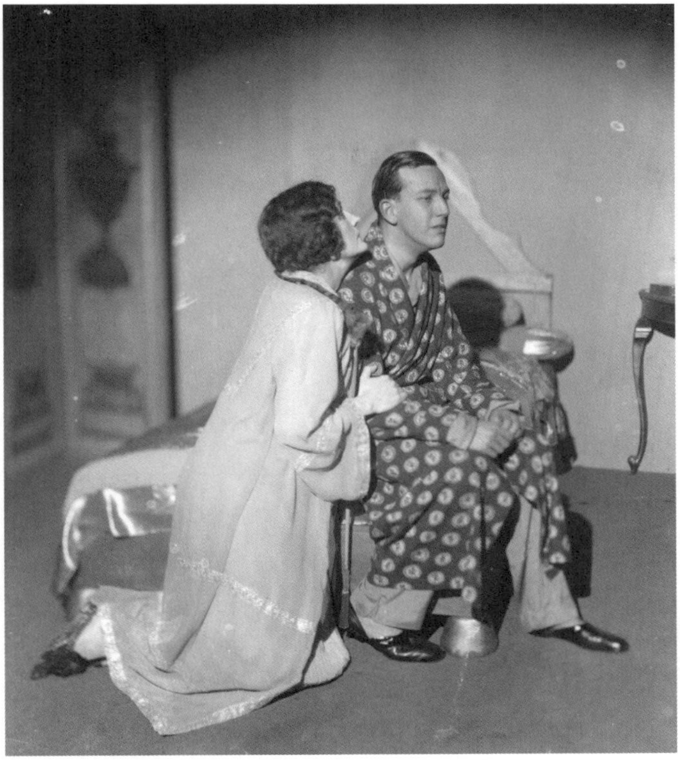

1920 年

英国剧作家**诺埃尔·考沃德**创作了他很受欢迎的风俗喜剧的第一部《我要把它留给你》，他后来的作品还有《有苦有甜》(1929)和《私人生活》(1930)。图为诺埃尔·考沃德和莉莲·布莱斯维特在他的戏剧《涡流》中。

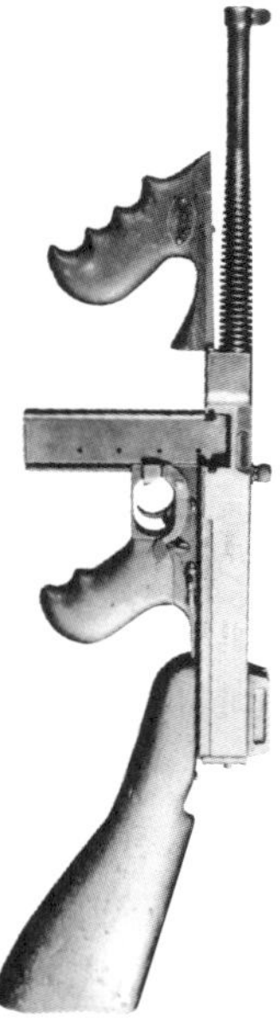

1920 年

美国退役军官约翰·T.汤普森取得汤普森冲锋枪（又称**“汤米冲锋枪”**）的专利。图中这把早期型号的汤米冲锋枪采用了常规弹夹，而不是标志性的圆鼓弹夹。

1920 年

大比尔·蒂尔登赢得了第一个连续 6 次荣获美国网球公开赛冠军的殊荣，他还赢得了 70 个美国和世界赛事的冠军。

1920 年

辛克莱・刘易斯的著作《**大街**》奠定了他成为重要的美国作家的基础，几年之内，《大街》的销量就达到了200 万册。他后来的作品有《巴比特》和《阿罗史密斯》。1930 年，他获得诺贝尔文学奖。

1920 年

夏季奥运会在比利时的安特卫普举行。图中，法国的苏珊・朗格伦在安特卫普奥运会上全力救球。

俄国构成主义

艺术和建筑方面的运动。

构成主义最初是受立体主义和未来主义的影响，并且被普遍认为起源于1913年，代表作为弗拉基米尔·塔特林的“浮雕画”——抽象的几何图形构图。俄国侨民雕塑家安托万·佩夫斯纳和纳姆·嘉宝在莫斯科加入了塔特林和他的追随者，随着他们合著的《现实主义者宣言》于1920年出版，他们开始成为这个运动的代言人。“构成主义”这个名字就来源于《现实主义者宣言》；其中的一条主导方针就是“构建”艺术。

其他同构成主义有关联的艺术家还有亚历山大·罗德钦科和埃尔·李西茨基（如图，罗德钦科1919年的绘画作品《美丽的构图》）。苏联对构成主义激进的审美原则的反对，导致这个团体最终解散。塔特林和罗德钦科继续留在苏联，后来转做摄影，但是佩夫斯纳和嘉宝影响了巴黎的抽象创作社，1930年，嘉宝把构成主义传播到了英国，在20世纪40年代传播到了美国。

1920 年 1 月 10 日
国际联盟在日内瓦成立。图为国际联盟在日内瓦会议中为了拍照而暂停会议的一刻。

1920 年 3 月 1 日
米克洛什·霍尔蒂当选匈牙利摄政，并且阻止了国王查理四世复辟的企图，结果出现了“没有国王的王国”，后来深受德国影响。图为海军司令霍尔蒂列队行进穿过布达佩斯。

1920 年 3 月 13 日
沃尔夫冈·卡普领导的**右翼政变**控制了柏林。这场企图推翻新成立的魏玛共和国的政变，缘于政府要求解散自由军团的决定。政变于 4 天后失败，一场总罢工让卡普政权陷于瘫痪。图中一辆自由军团的装甲车用骷髅和骨头组成的徽标装饰，这个徽标被很多非法军事组织采用。

约 1920 年
年轻的妇女开始接受一种新潮流**“飞女郎”**——她们吸烟，留短发，穿短裙，不需要他人的陪伴。爵士时代开始了。

1920 年 3 月 27 日
社会民主党领导人**赫尔曼·米勒**，成为魏玛共和国的总理，这是他两次组织联合政府（1920；1928—1930）的第一次。图为柏林旧皇宫前举行的支持民主制度的大规模游行。

1920年8月2日
德国剧作家、小说家**路德维希·冈霍菲**逝世。他的“祖国”系列小说，以巴伐利亚阿尔卑斯山区的田园风光为背景，销量超过3000万册。

1920年9月
莫罕达斯·甘地组织了印度第一次大规模反对英国统治的非暴力抵抗运动，即著名的非暴力不合作运动。图为甘地和他的妻子卡斯度巴。

1920年11月21日
在**“血腥星期日”**，爱尔兰共和军杀死了11名被怀疑是情报人员的英国人，爱尔兰皇室警吏团杀死12名爱尔兰人作为报复，另外还有60名爱尔兰人受伤。

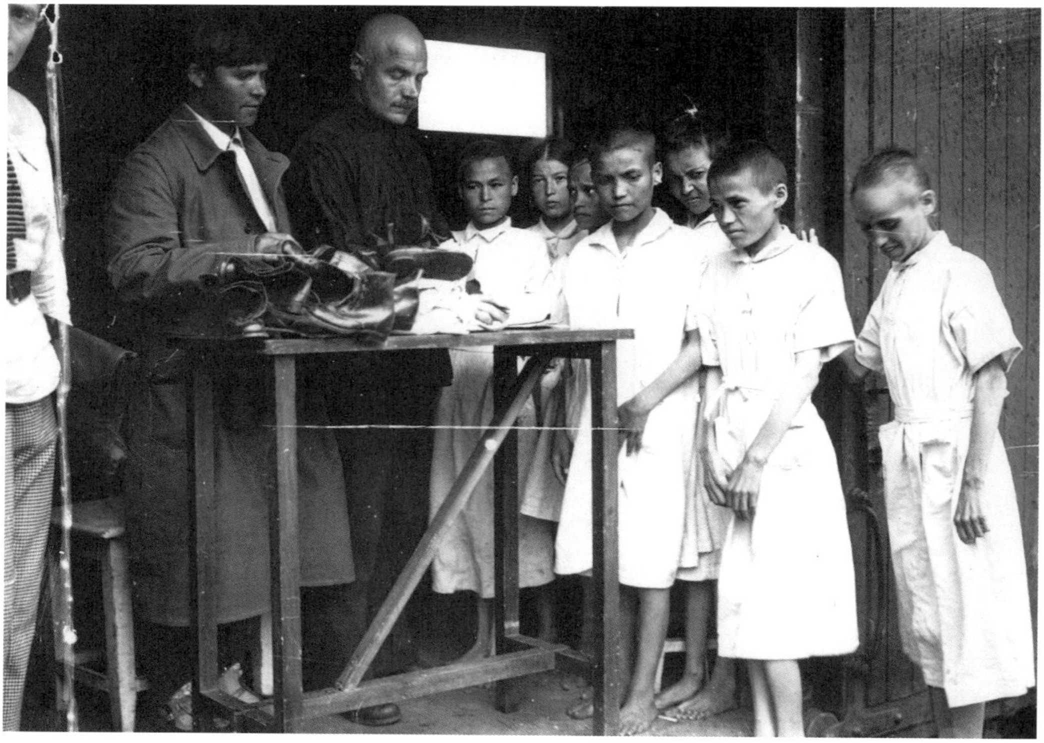

1921 年
一场严重的**饥荒**夺去了苏俄 500 万人的生命。图为为从发生饥荒的地区来到莫斯科的孩子们发放鞋子。

1921 年
德国的国际象棋冠军**埃马纽尔·拉斯克**（图右），被古巴出生的何塞·劳尔·卡帕布兰卡（图左）击败，结束了他对世界国际象棋冠军 27 年的垄断。

1921 年
意大利移民西蒙·罗迪阿开始建造洛杉矶**华兹塔**。17 个手工建造的尖顶是用破碎的瓷砖、器皿、瓶子以及石头和贝壳建造成的，成了国家级具有历史意义的地标性建筑。图中的西蒙·罗迪阿在华兹塔上拍照留念。

约 1921 年
晒黑开始成为富裕和国外旅行的标志，这要感谢设计师可可·香奈尔的影响。日光浴随之成为新潮流。

1921 年 2 月
礼萨·汗推翻了波斯（今伊朗）政府。他成为礼萨·汗·巴列维，**伊朗国王**（1925–1941）。图中是礼萨·汗·巴列维和坐在他膝盖上的未来国王穆罕默德·礼萨。

1921 年

加拿大内科医生弗雷德里克·班廷和他的同事查尔斯·H. 贝斯特以及 J.J.R. 麦克劳德发现了胰岛素。他们最初是在一只患糖尿病的狗身上进行了胰岛素测试。

1921 年

印度次大陆最早的城市文明——**印度文明**，首次在旁遮普省（今属巴基斯坦）哈拉帕被发现。图为印度河流域文明古城摩亨佐达鲁发现的带有牛图案的印章。

1921 年 12 月 6 日

英国政府和爱尔兰领导人亚瑟·格里菲斯、迈克尔·柯林斯等签订**《英爱条约》**，建立爱尔兰自由邦，为英联邦的一个独立成员国。图中，天主教徒们在举行英国—爱尔兰和谈的唐宁街（英国首相官邸）外，祈祷能够达成共识。注意背景中临时搭建的木质安全隔离障碍。

图坦卡蒙之墓

霍华德·卡特在法老墓穴中发现了举世无双的宝藏。

1922年，古董收藏家五世卡尔纳冯勋爵决定资助对帝王谷的最后一期发掘，寻找传说中的图坦卡蒙的墓穴。英国考古学家霍华德·卡特负责管理发掘活动。1922年11月4日，卡特发现了证明图坦卡蒙墓穴的第一个标记，但直到11月26日他们才到达第二个被封闭的墓门。在墓门之后，就是宝藏。这座墓穴逃过了第二十王朝时猖獗的盗墓活动，保存完好。在并不宽敞的墓室中，国王的木乃伊躺在三层嵌套的棺木中（上图，卡特正在检查棺木）。其他房间中堆满了家具、雕像、衣物、双轮马车、武器、殉葬人员和不计其数的其他物品。在接下来的十年中，卡特监督墓室里物品的转移工作，大多数物品现在陈列在开罗埃及博物馆里。

1922 年

英国考古学家**伦纳德·伍利**爵士，发现并发掘古代苏美尔人的城市乌尔（今伊拉克境内），极大地推动了人们对古代美索不达米亚文明的了解。图为伦纳德·伍利爵士在乌尔的发现之一：苏美尔人的战车、战士和俘虏的镶嵌画，现在由大英博物馆保管。

1922 年

勒·柯布西耶提出了他的 300 万人口的城市规划。规划中包括在巴黎建造一系列摩天大楼，勒·柯布西耶的方案不可避免地对现代城市规划产生了强烈的影响。图中，勒·柯布西耶，一反常态，孩子似的把花瓶顶在头上。他的兄弟艾伯特·让纳雷，是位作曲家和小提琴家，坐在他旁边。最左侧的是立体主义画家阿米蒂·奥泽方。

1922 年

英国现代主义诗人 T.S. 艾略特最著名同时又是最复杂的长诗——**《荒原》**出版。在《荒原》中，T.S. 艾略特广泛吸收了各方面的素材，进行了大量的暗喻，以及丰富的引用，使这部作品成为英语文学学者们乐于挖掘的沃土。

1922 年 5 月 30 日
林肯纪念堂在华盛顿特区落成。堂中有“他拯救了联邦”的字样。从站在雕像底座旁的儿童，可以推断出纪念堂的规模。

《尤利西斯》出版

爱尔兰作家的名作。

1920年，爱尔兰小说家詹姆斯·乔伊斯受埃兹拉·庞德的邀请前往巴黎。乔伊斯的小说《尤利西斯》在1922年2月2日，由西尔维亚·毕奇（如图，同詹姆斯·乔伊斯在一起）所有的“莎士比亚书店”出版。乔伊斯用了7年时间创作这部小说，最初在美国和英国被列为禁书。《尤利西斯》的故事结构就是一部现代版的荷马《奥德修记》。所有的情节发生在都柏林的一天中，三个主要人物：斯蒂芬·迪达勒斯、利奥波德·布卢姆和摩莉·布卢姆，被有意地设定为现代版的忒勒玛科斯、尤利西斯和珀涅罗珀。这部作品大胆地进行了语言应用的尝试，探索了例如内心独白和意识流记叙的文学表现手法。这部作品被广泛认为是20世纪英语语言文学中最伟大的作品。

1922 年
伟大的德国印象主义电影**《吸血僵尸》**（副标题“恐怖交响曲”）在柏林首映。吸血鬼欧洛克伯爵（如图），由马科斯·夏瑞克扮演，在电影《吸血僵尸》中被阳光毁灭。

1922 年
在美国发生的一次**煤矿工人罢工**持续了近 6 个月，严重影响了美国的煤矿业。图为西弗吉尼亚的罢工矿工和妻子、孩子们在一起。

1922 年 11 月 1 日
大国民议会，在**穆斯塔法·凯末尔（阿塔图克）**的要求下，投票废除了土耳其伊斯兰教君主的地位。图中是从士麦那（伊兹密尔）赶来的希腊舰队被凯末尔的军队俘获后的情形。这标志着希腊最终被土耳其击败，以及凯末尔在土耳其国内地位的巩固。

1922 年

芝加哥论坛报大厦设计方案大赛征集到了来自世界各地，包括各种风格的投稿，获胜作品是雷蒙德·胡德和约翰·米德·豪厄尔斯联合设计的新哥特风格的摩天大厦，在大厦的顶端有飞拱装饰。

1922 年

英国广播公司（BBC）成立，最初获得的许可使它获得了英国所有广播时段的垄断经营权。尽管最终要向议会负责，但它实际上是完全独立的。图为听众们熟悉的“杰夫叔叔”斯坦顿·杰夫里斯，在 BBC 初期主持儿童节目播音。

1922 年

德国股票市场萧条，极度通货膨胀根深蒂固，导致了第二年的经济大衰退。图中一男子在柏林因进行外汇兑换而被捕。外币兑换非法化是保护德国货币的一项尝试。

1923 年
美国工程师李·德弗雷斯特发明了一套**有声电影制作系统**。福克斯有声电影，在莫哈维沙漠拍摄影片（如图）时率先加入声音。

1923 年
E.E. 卡明斯发表了他的第一部诗集《郁金香和烟囱》，他是这一代美国作家中的典型人物。

1923 年
第一个耐力大奖赛——**勒芒 24 小时耐力赛**，开始举办。图为一辆超动力的英国宾利赛车在勒芒耐力赛中停在维修站。

1923 年

滑大雪橇运动（四人雪橇赛）获得国际认可成为一项运动项目，并且成为一年后在法国霞慕尼举行的第一届冬季奥林匹克运动会上的比赛项目。

1923 年

美国爵士乐作曲家、钢琴演奏家**杰利·罗尔·莫顿**录制了他的首张录音专辑，他开创性地把用预先编排好的、半管弦乐风格的音效，运用在爵士乐队的表演之中。图中，杰利·罗尔·莫顿（钢琴旁）和他的“红辣椒乐队”演奏《你好电话局，请接爵士医生》。

1923 年
爱尔兰诗人、作家**威廉·巴特勒·叶芝**获得诺贝尔文学奖。图为叶芝和他的夫人。

1923 年
勒·柯布西耶出版了他颇具影响的作品《走向新建筑》，讨论并赞扬了实用建筑主义者的价值观，以及受机械激发灵感的设计。图为德国现代主义建筑师、包豪斯学校创始人瓦尔特·格罗皮乌斯（左）、他的妻子及勒·柯布西耶在巴黎著名的双偶咖啡馆。

东京地震

灾害袭击日本。

1923 年 9 月 1 日中午时分，一场严重的地震袭击了东京—横滨城市区，照片中显示的就是本石町和神田区被地震和火灾毁坏后的情景。这场地震导致的死亡人数估计超过 14 万，54% 的砖砌建筑和 10% 的钢筋混凝土建筑被摧毁。还有成千上万的房屋不是被地震摧毁就是被大火烧毁。地震在相模湾热海市引起的海啸高达 12 米，摧毁了 155 栋建筑，使 60 人死亡。

在 20 世纪，唯一能够与这次地震相比的日本地震是发生在 1995 年 1 月 16 日的神户地震，大约 5100 人死亡。地震给城市带来了更大程度的破坏，以及扩散面积更大的火灾。

1923 年 8 月 10 日
西班牙画家华金·索罗利亚·巴斯蒂达去世，他的作品风格是印象主义的一种演变，他擅长的作品是户外创作，生动描绘阳光明媚的巴伦西亚海滩的风景画。图为画家 1907 年创作的《我的妻子和女儿们》。

1923 年 9 月 29 日
1917 年《**贝尔福宣言**》提出的在巴勒斯坦英属托管地建立犹太人家园的提议被国际联盟委员会批准，并开始生效。图上一对犹太老夫妇正在前往巴勒斯坦——上帝应许之地的路上。

1923 年

在洛杉矶北部的山坡上修建了**好莱坞**的字母标示牌（如图）。最初的标示内容是“Hollywoodland”，在 1940 年重建的时候去掉了最后的四个字母，1978 年，整个标示牌被重新建造。

1923 年 11 月 15 日

德国经历了无法控制的极度通货膨胀（4.2 万亿德国马克兑换 1 美元，年初时汇率为 7260 德国马克兑换 1 美元），德国经济崩溃。那时，在德国用货币装饰房间的花费要比用墙纸装饰房间还便宜。

1923 年 10 月 29 日

大国民议会宣布**土耳其**为共和国，穆斯塔法·凯末尔当选第一任总统。图为身穿奥斯曼苏丹精英部队——禁卫军传统服装的凯末尔。

墨索里尼

意大利独裁者赢得了选举。

贝尼托·墨索里尼（上图，和他的宠物狮子拉斯）一直鼓吹独裁制的政府体制，他 1919 年在意大利建立的政治团体标志着法西斯主义的诞生。1922 年，墨索里尼组织了“向罗马进军”运动来阻止社会党领导的总罢工。在政府垮台之后，他被任命为总理。为了急于向人们展示他不仅仅是法西斯主义的领导人，同时也是统一意大利的领导者，他向国王提供了一份任命部长的名单，名单上的大部分人都不是他的政党成员。他的目的很明确，就是想让他的统治更权威一些。他获得了一年时间的完全独裁的权力，在这一年中，他通过强制推行法律把法西斯党巩固成为议会的多数党。在 1924 年选举中，尽管毫无疑问使用了欺骗手段，但他获得了个人权力。

1924 年 1 月 21 日
俄国共产党创始人**弗拉基米尔·伊里奇·列宁**在莫斯科近郊的高尔基市死于中风。莫斯科红场上聚集了参加列宁葬礼的人群。

1924 年
乔治·格什温的《**蓝色狂想曲**》被第一次演奏，由乐队领队保罗·怀特曼指挥。这部革命性的作品在交响乐的形式中融合了标志性的爵士元素（忧伤的调式、切分节奏和拟声的乐器效果）。

1924 年
美国电影导演**约翰·福特**，导演并发行了他的第一部高预算的“西部大片”《铁骑》，他成为好莱坞最著名的西部片导演。他开创性地选择了外景摄影地，特别是犹他州的纪念碑峡谷。

1924 年
在巴黎举行的夏季奥运会上，美国游泳选手**约翰尼·韦斯默勒**获得了他五枚奥运会金牌的前三枚。他后来在电影系列剧中饰演泰山，创造了泰山著名的真假嗓音变化的叫喊声。

1924 年 2 月 25 日
第一届**冬季奥运会**在法国的霞慕尼开幕。图为获得花样滑冰金牌的奥地利选手赫尔马·普朗克－萨博。

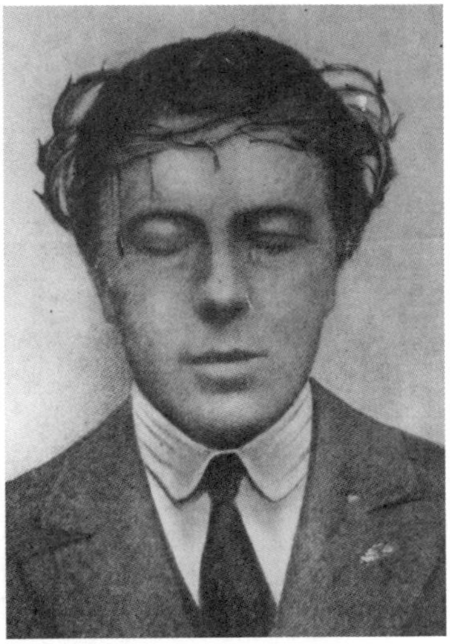

1924 年
法国诗人安德烈·布勒东撰写了**《超现实主义宣言》**，提出了在艺术之中的偶然作用和无意识作用，并且命名了 20 世纪最重要的艺术运动之一。图中的安德烈·布勒东戴着荆棘做的王冠。

1924 年
德国艺术家凯绥·珂勒惠支的版画作品**《不要再发生战争》**，超越了所有的深刻反映社会正义绘画作品。

1924 年
德国飞行员雨果·埃克纳驾驶**齐柏林 ZR-3** 完成了飞艇穿越大西洋的飞行，这艘飞艇（如图）被命名为“洛杉矶号”飞艇。

1924 年 6 月 8 日
英国登山家**乔治·马洛里**和**安德鲁·欧文**最后一次被人看到是在下午早些时候他们攀登珠穆朗玛峰。他们是否成功登顶是 20 世纪最令人困惑的不解之谜之一。图为乔治·马洛里在第一次世界大战前攀登阿尔卑斯山。

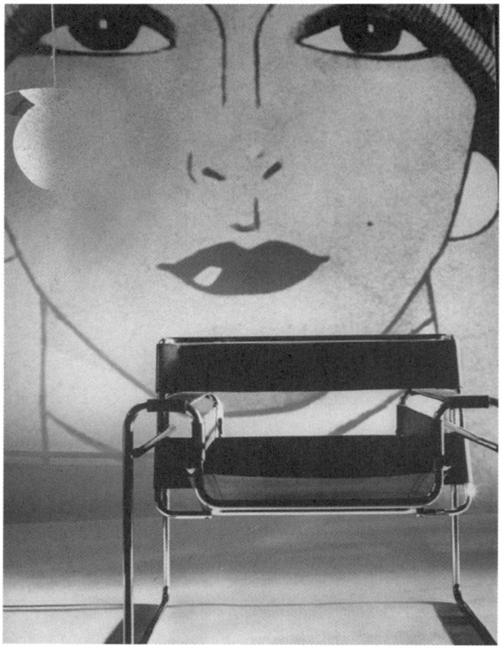

1925 年
马塞尔·布劳耶设计了具有革新意义的管型金属框架的椅子，其灵感来自于自行车把手。这种设计被广泛地模仿。

1924 年 8 月
改组德国财政和调整赔款支付方案的道威斯计划推出，法国军队开始从**鲁尔区**撤退。图为在鲁尔区的法国自行车部队。

1924 年
德国小说家**托马斯·曼**出版了他的重要作品《魔山》。他获得了 1929 年的诺贝尔文学奖。图为托马斯·曼和他的妻子卡提亚。

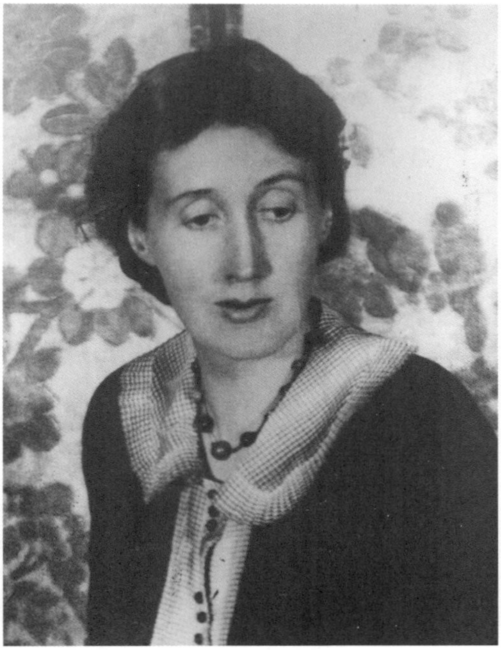

1925 年

英国作家弗吉尼亚·伍尔芙完成了她最出色和最抒情的作品之一《**达洛维夫人**》，《到灯塔去》与《奥兰多》先后于 1927 年和 1928 年出版。

1925 年

德国作家利翁·福伊希特万格创作了历史小说《**犹太人徐斯**》，讲述了 18 世纪一位在德国皇室服务的犹太银行家，被指责为反犹太主义的故事。

1925 年

P.C. 雷恩的《**火爆三兄弟**》出版，把法国外籍军团浪漫化为罪犯、被抛弃的情人以及隐姓埋名的失意贵族的避风港。实际上，法国外籍军团是非常职业化的军队。图为《火爆三兄弟》拍摄中的场景。

1925 年

巴差提朴，又称拉玛七世，加冕成为**暹罗最后一位独揽大权的国王**，在他的统治下，1932 年的泰国革命建立了君主立宪政体。

1925 年

爵士乐小号演奏家**毕克斯·贝德贝克**开始同伟大的黑人革新者路易斯·阿姆斯特朗、金·奥利弗和吉米·努恩一起演奏。他是 20 世纪杰出的作曲家、著名现场演奏家、第一位重要白人爵士乐独奏者。他死于 1931 年，是禁酒时代私酿杜松子酒的牺牲品。

1925 年

乡村大剧院在田纳西州纳什维尔成立。它是美国乡村音乐表演最重要的演出中心之一，它使纳什维尔成为乡村音乐之都。

1925 年
美国小说家 F. 斯科特 · 菲茨杰拉德出版了他经久不衰的作品《**了不起的盖茨比**》，讲述的是以纽约和长岛为背景的故事。图中是 F. 斯科特 · 菲茨杰拉德和他的妻子塞尔达，以及女儿弗朗西斯，在驶往欧洲的邮船上。

1925 年
在阿拉斯加白喉病流行期间，一支雪橇运输队冒着暴风雪赶路，用狗拉雪橇把免疫血清从安克雷奇送到了冰雪围困的诺姆。弗雷德里克 · 罗斯雕塑的领头犬**巴尔托**的雕像被竖立在纽约市中央公园。

包豪斯学校

有影响力的、有远见的德国建筑和应用艺术学校。

瓦尔特·格罗皮乌斯满怀着将艺术、生产工艺和科学技术相融合的理想，创立了包豪斯学校。包豪斯派的成员认识到在机器时代大规模的生产是以成功的设计为前提的，他们反对工艺美术运动把重点放在个人加工豪华的物品上。包豪斯流派经常把朴素却优雅的几何风格关联起来，并且通过非常简约的方式实现，但在现实中包豪斯派成员完成的作品非常多样化。包豪斯派成员包括约瑟夫·亚伯斯、拉兹洛·莫霍利·纳吉、利奥尼·费宁格、保罗·克利、瓦西里·康定斯基、马塞尔·布劳耶。学校最初建立在魏玛，1925 年搬迁到德绍（如图，格罗皮乌斯设计的学校），1932 年搬到柏林，一个月后，最后一任校长密斯·凡·德·罗预感到纳粹分子要对学校下手，于是提前关闭了包豪斯学校。

1925 年 5 月 30 日
上海巡捕房的英国巡捕**射杀 13 名上海示威游行工人**的事件，在中国引起了一系列罢工和游行。

1925 年 6 月 6 日
克莱斯勒汽车公司成立。图中，德国女演员卡米拉·霍恩在她的双门克莱斯勒汽车内。

1925 年
小号演奏者**路易斯·阿姆斯特朗**开始创作他最重要的早期作品，1925—1928 年间阿姆斯特朗五人乐团和阿姆斯特朗七人乐团的录音作品。通过这些作品，他成为了第一个伟大的爵士乐独奏家。图中是路易斯·阿姆斯特朗的五人乐团：路易斯·阿姆斯特朗手持小号，约翰尼·圣西尔手持班卓琴，约翰尼·道兹拿着萨克斯，基德·奥雷拿着长号，还有阿姆斯特朗的第二任妻子，钢琴演奏者里尔·哈丁。

1925 年 7 月 10 日
著名的**斯科普斯"猴子审判"**在田纳西州代顿开庭。斯科普斯是一位高中教师，他被指控因教授进化论而违反了州法律。图中为辩方律师克莱伦斯·丹诺（左）和控方律师威廉·詹宁斯·布赖恩。

1925 年
1916 年凡尔登保卫战的法国英雄菲利浦·贝当元帅，率领 25 万法国－西班牙联军同阿卜杜·克里姆的里夫部族在**摩洛哥**进行战斗，一年后终于击败了里夫部族。图中，贝当元帅在前往摩洛哥指挥飞行途中，降落在巴塞罗那。

1926 年
A.A. 米尔恩出版了《**小熊维尼**》。这部克里斯托弗·罗宾和他的动物玩具朋友们（包括维尼、跳跳虎、小猪和屹耳）的历险记，成为儿童读物的经典作品。

1926 年
美国作家欧内斯特·海明威出版了《**太阳照常升起**》，这是一部关于一群流亡者在法国和西班牙漫无目的地生活的作品。海明威用战后“失落的一代”来形容这个群体。图中，西尔维亚·毕奇和欧内斯特·海明威在书店外合影。

1925 年 12 月 1 日
德国、法国、比利时、英国和意大利在伦敦英国外交部签订了旨在保证西欧和平局面的一系列协定《洛迦诺公约》。

谢尔盖·爱森斯坦

伟大的俄国导演接触到了全世界的观众。

谢尔盖·爱森斯坦在1924年拍摄了他的第一部长片《罢工》，当时只有26岁。一年以后，他接到苏联中央执行委员会的命令，导演电影《战舰波将金号》以纪念1905年俄国革命。电影在港口城市敖德萨拍摄，这部电影不仅仅是共产主义的宣传工具，它于1926年在西方国家放映的时候引起了巨大的轰动，并且始终被认为是世界电影史上的经典作品（1958年进行的一次国际影评家投票，认为这部电影是电影史上的最佳影片）。这部电影的伟大，不因为主题所触及人性的深度，不因为它的社会意义，也不因为节奏和剪辑形式的完美，而是上述三个特点能够相得益彰，相互促进。

1926 年

出版商雨果・根斯巴克创立了科幻小说杂志**《惊奇故事》**。在 20 世纪 30 年代，这本杂志帮助建立了类似严肃文学的风格。图为 1927 年 8 月的《惊奇故事》封面，其中包括了 H.G. 威尔斯和朱利安・赫胥黎创作的故事。

1926 年

法国考古学家、小说家**安德烈・马尔罗**出版了比较东方和西方文化的著作《西方的诱惑》。他在西班牙内战期间作为飞行员支持西班牙共和国，并且担任戴高乐政府的文化部部长。

约 1926 年

芝加哥**联合车站**投入使用，最初的时候是连接四条铁路线路乘客的纽带。

约 1926 年

美国**汽车所有者**持续快速增长，达到了前十年水平的 4 倍。图为 1925 年 7 月 4 日停在马萨诸塞州南卡斯科特海滩的汽车。

1926 年

来自纽约市的**格特鲁德 · 埃德尔**成为第一个游泳横渡英吉利海峡的女性。图中的埃德尔用动物脂肪包裹好自己后，开始横渡海峡。

飞越北极

“挪威号”飞艇第一次飞越北极。

1911年，挪威探险家罗尔德·亚孟森成为第一个到达南极的人。亚孟森用南极探险所获得的资金，建立了一家成功的海运公司。他拥有了一艘新艇“莫德号”，打算在1918年完成他以前的计划，乘船漂流过北极。但他被迫放弃了他的计划，改由乘坐飞机到达北极。

同美国探险家林肯·埃尔斯沃思在1925年的飞行中，他们到达了距离北极点150英里（250公里）的地方。在1926年，他同埃尔斯沃思以及意大利航空工程师翁贝托·诺比尔，乘坐“挪威号”飞艇（上图，从金斯湾起飞）从北极上空飞过，他们经过了挪威北部的斯匹次卑尔根群岛（又称斯瓦尔巴群岛），到达阿拉斯加。关于这次飞行正式性的争论，在亚孟森生命的最后几年中，常常激起他的愤怒。1928年，亚孟森在飞往斯匹次卑尔根附近，营救飞艇失事的诺比尔途中，因飞机失事亡故。

1927 年

美国发明家巴克敏斯特·富勒展示了他的**戴马克松**（最大限度利用能源的，以最少结构提供最大强度的）住宅机器，这是一种悬挂在一座塔上的六边形金属预制房屋。图为最初六边形样式的后期改进款式。

1927 年

富兰克林·D. 罗斯福建立了**佐治亚温泉基金会**，作为一家医院，治疗跟他一样患有骨髓灰质炎的病人。图中是年轻的脊髓灰质炎患者在罗斯福的佐治亚温泉基金会接受治疗。

1927 年

阿尔瓦·阿尔托设计了维堡图书馆（如图）。阿尔托设计的建筑，同树木茂盛的自然环境融为一体，是一次重要的国际风格的本土化改造。

1927 年

歌手**艾尔·乔森**主演了第一部对白、音乐以及声音效果同电影画面同步的电影长片《爵士歌手》。这部电影使电影工业发生了革命性的改变，标志无声影片时代的结束。图为一张《爵士歌手》的海报，其上是放大了的艾尔·乔尔森。

1927 年 5 月 20 日—21 日

查尔斯·A. 林德伯格驾驶着他的单翼机“圣路易斯精神号”，从纽约罗斯福机场起飞，到达巴黎布尔歇机场，完成了首次单人不间断跨越大西洋的飞行。

1927 年

弗朗兹·莱哈尔(图中戴单片眼镜者)的轻歌剧《沙皇太子》在柏林进行了首次演出，由**理查德·陶贝尔**担任主角。

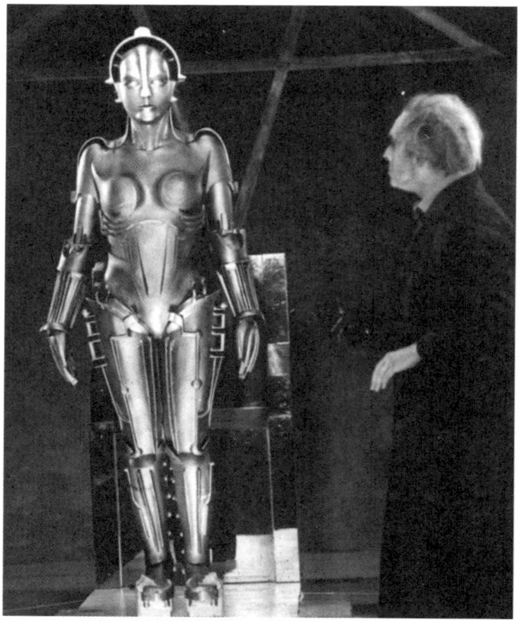

1927 年

弗里兹·朗著名的科幻电影《**大都会**》在德国巴贝尔斯堡制片厂拍摄，影片中的时间设定为 2000 年。图为《大都会》里正被检测的女机器人玛丽亚。

1927 年

德国作家**赫尔曼·黑塞**出版了他著名的小说《荒原狼》，和他的其他作品一样，很大程度上受到东方哲学的影响。他在 1946 年获得了诺贝尔文学奖。

1928年
军人、政治家**蒋介石**担任中国南京国民政府的主席。图为蒋介石（右）和张学良。张学良刚刚从被刺杀的军阀父亲手中接掌政权。

1928年
万基国家公园成立，成为罗得西亚的动物禁猎区，现位于**津巴布韦**西北。它成为非洲最大的大象保护基地之一。图中是那里一只遭屠杀的大象被分割食用。

1928 年
剧作家**贝托尔·布莱希特**和作曲家**库尔特·魏尔**（如图）开始共同创作《三分钱歌剧》。该剧对 18 世纪乞丐歌剧进行了非常松散的改编。

1928 年
英国艺术家、作家**珀西·温汉姆·刘易斯**发表了政治神学系列小说力作《人类时代》的第一部《儿童的屠场》。

1928 年
漫画家**沃尔特·迪士尼**在卡通片《威利号汽船》中，推出了米老鼠这个动画形象。米老鼠成为世界上最著名的动画形象之一。

1928 年
纽约市**洛克菲勒中心**开始进行初期的规划，主要由小约翰·D.洛克菲勒资助了这个建筑方案。在普遍失业的时期，它提供了 7.5 万个工作机会。图中是透过附近一座建筑的钢结构所看到的洛克菲勒中心。

1928 年
芬兰选手**帕沃·鲁米**在阿姆斯特丹举办的夏季奥林匹克运动会上，获得了一万米长跑的金牌，这是他参加三届奥运会个人获得的第六块金牌。图中，“芬兰飞人”帕沃·鲁米在此届奥运会的5000 米赛跑中尾随维拉·里托拉。

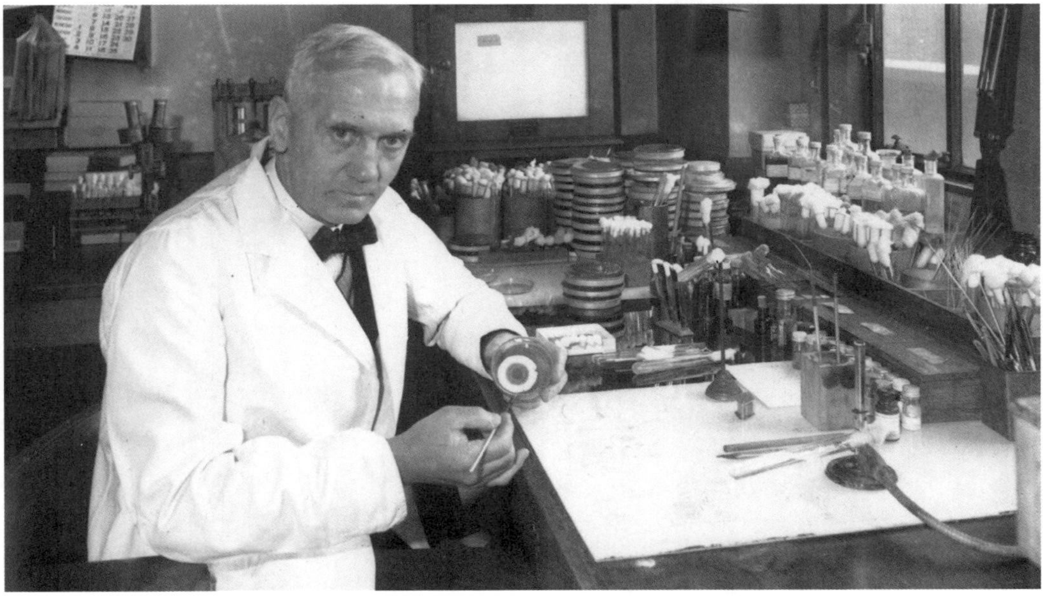

1928 年
苏格兰细菌学家**亚历山大·弗莱明**发现了青霉素。至今为止这种最有效、作用最广泛的抗生素，改变了第二次世界大战期间和战后的医疗状况。图为手持青霉素霉菌培养皿的亚历山大·弗莱明。

1928 年
1925 年诺贝尔文学奖的获得者，爱尔兰剧作家**乔治·萧伯纳**发表了百科全书般的政治作品《智慧女性之社会主义和资本主义指南》。

1928 年
弗里茨·冯·欧宝驾驶着实验性的**火箭发动机汽车**——拉克 II 型汽车，达到了 230 公里的时速。

1928年5月16日
极地探险家**罗尔德·亚孟森**在前往救援**翁贝托·诺比尔**（如图）的飞艇船员的飞行途中失踪，翁贝托·诺比尔的飞艇在从北极返回途中，坠毁在一块浮冰上，他本人在事故中得以幸存。

1928年5月
美国电影艺术与科学学院通过了一项提议，向在12个类别中取得成就的影片颁发奥斯卡奖，其中包括最佳影片奖。图中是电影明星朵乐丝·德里奥和她的丈夫——奥斯卡金像奖小雕像的设计者塞德里克·吉本斯，以及电影导演弗里兹·朗。

1928年8月27日
作为第一次世界大战后一系列为维护和平所做的努力之一，美国和法国签订《**凯洛格－白里安公约**》。图中，美国国务卿弗兰克·凯洛格在《凯洛格－白里安公约》上签字。这项公约将扩展至苏联、英国和德国等国，谴责“以战争手段解决国际争端”。

1928 年 9 月 1 日
艾哈迈德·贝·索古宣布自己为阿尔巴尼亚国王，成为**索古一世**，统治阿尔巴尼亚直到 1939 年。图为国王索古和他的姐妹以及母亲。他曾成功地躲过了 55 次暗杀。

1928 年 9 月 18 日
西班牙工程师胡安·德·拉·谢尔瓦完成了第一次旋翼飞机飞越英吉利海峡的飞行。这种飞机是直升机的雏形，区别在于旋翼不提供动力，但是可以自由旋转。

1928 年
法国剧作家马瑟·巴纽的喜剧《**托帕兹**》在巴黎首演。这部喜剧使他成为法国重要的剧作家，还在百老汇舞台上演出并被搬上银幕。

1929 年
德国**“齐柏林伯爵号”**创下了 6300 公里的最长飞艇飞行纪录。图中，“齐柏林伯爵号”飞艇正飞过柏林的勃兰登堡门。

1929 年
埃尔齐·西格在报纸的卡通专栏《顶针剧院》中推出了卡通海员**大力水手**的形象。

1929 年
德国小说家**埃里希·玛利亚·雷马克**（图右）出版了他经典的第一次世界大战小说《西线无战事》，很快获得了国际上的成功。

巴塞罗那世界博览会

展览让国际关注集中在西班牙城市以及欧洲艺术展览和商业展览等方面。

1929 年的巴塞罗那世界博览会，给这座城市带来了一次重要的文化和经济复兴，分裂西班牙的政治纷争曾压抑巴塞罗那的发展。

蒙特惠奇，这个可以俯视巴塞罗那港的石头山丘，成为这次博览会特殊的风景，其中最引人注目的部分就是壮观的魔术喷泉。作为一系列建筑狂潮的一部分，西班牙广场是主要的广场之一，因为国家宫的修建而改变了。这座雄伟的宫殿原计划在博览会结束后要被拆除，但是它被保留下来，并且在五年以后成为加泰罗尼亚国家艺术博物馆（MNAC），世界上最大的加泰罗尼亚艺术收藏中心。旁边是西班牙村，加泰罗尼亚艺术家约瑟夫・普伊赫・卡达法尔卡的杰作，它是一种尝试，把全西班牙乡村建筑最好的特色集中在一起，创造一个理想的村庄。这个村庄在世界博览会之后也被原址保留下来，现在成为这座城市主要的旅游景点之一。

另外一个重要建筑就是建筑师路德维希・密斯・凡・德・罗设计的德国馆。巴塞罗那椅（上图），是路德维希・密斯・凡・德・罗和莉莉・瑞克为德国馆配套设计的，成为 20 世纪家具产品中标志性的作品。

1929 年

泛美航空公司设立了一条全程 1.9 万公里的航线，连接了美国、古巴、海地、多米尼加共和国、波多黎各、墨西哥、英属洪都拉斯（伯利兹）、巴拿马和哥伦比亚。图为泛美航空公司的飞机飞越安第斯山脉 7000 多米高的宏伟的阿空加瓜峰。

1929 年 6 月 7 日

通过**《拉特兰条约》**，梵蒂冈城成为完全独立的主权国家。《条约》于 1929 年 2 月 11 日，由贝尼托·墨索里尼代表意大利签字，教廷国务卿红衣主教彼得罗·加斯帕里代表教皇在指定的这一天里签字。图为教皇庇护十一世的军事随从人员，约摄于 1930 年。

1929 年
第一家展示 20 世纪和先锋派艺术的美国大型博物馆——**现代艺术博物馆**（MOMA），在纽约市成立。

1929 年
约瑟夫・斯大林施行**第一个五年计划**，推行农业集体化和全国工业化。这项政策导致 20 世纪 30 年代的污染和饥荒。图中是赤贫的苏联农民——五年计划的受害者。

1929 年 10 月 24 日
创纪录的 12894650 股股票交易量，导致 **1929 年股灾**的第一个真正的恐慌日，即“黑色星期四”。当大崩盘使金融界不得不屈服的时候，人们漫无目的地在华尔街证券交易所附近走来走去（如图）。

盐税游行

甘地在印度开始他的非暴力运动。

在 1928 年 12 月的加尔各答会议上，莫罕达斯·甘地提出了他的重要方案，通过全国范围内争取完全独立的非暴力运动，在一年内从英国政府获得自治地位。在 1930 年 3 月，他发起了非暴力不合作运动对抗食盐征税，这项税收将影响社会中最贫穷的阶层。甘地（左起第四人）和他的支持者从艾哈迈达巴德出发行进到阿拉伯海。在 4 月 25 日他抵达了海边的丹迪村。第二天他从海滩上拿起一大块盐泥作为抵抗英国统治的象征性姿态。作为甘地反抗英国统治的非暴力斗争中最特别和最成功的运动之一，盐税游行运动导致 6 万人被关押。甘地在同总督欧文爵士谈判之后，接受了停战协议，停止了人民的不合作运动，同意作为印度国民大会的唯一代表，出席在伦敦举行的圆桌会议。

1930 年

美国小说家达希尔·哈米特发表了“冷硬派”名著**《马耳他之鹰》**，他在平克顿侦探事务所的工作经历为他的创作提供了素材。

约 1930 年

美国民俗音乐学者**艾伦·洛马克斯**和**约翰·洛马克斯**，走访了美国南部各州的监狱，为国会图书馆录制民俗音乐表演，发现了哈迪·“利德贝利”·莱德贝特（如图）。

1930 年

英国飞行家**埃米·约翰逊**完成了从英国到澳大利亚的单人飞行。

1930 年
美国联合航空公司聘用艾伦·丘奇作为航空公司空姐，她招募了另外 7 名护士，成为在飞机上服务的第一批空**中服务员**。图中，一位欢迎乘客登机的空姐。

1930 年
乌拉圭赢得了第一届世界杯足球赛冠军，图片上乌拉圭队长和阿根廷队长握手。世界杯这项 4 年举办一次的赛事，成为世界上最受欢迎和最受关注的运动赛事之一。

1930 年
英国 **R–101 飞艇**（如图）在法国坠毁，48 人死亡。

约 1930 年
电冰箱开始取代美国人厨房中用冰块制冷的冰柜。

帝国大厦

世界上最高的建筑物建设完成。

在20世纪上半叶，大型建筑技术的不断发展，使美国出现了很多雄伟壮观的摩天大楼。纽约市需要展现它独特的空中轮廓线，就要采用钢架结构和钢筋混凝土的建筑方式。传统砖瓦建筑方式在19世纪达到了极限，只能修建16层高的办公大楼。建筑业的未来需要依靠19世纪80年代在芝加哥首创的钢骨结构和笼式骨架结构。这种新式的高大建筑，或者叫摩天大楼，至关重要的元素是大量廉价的钢铁——立柱、横梁、桁架和高效的乘客电梯。这些方面发展的可利用性，以及越来越多的办公空间需求，共同促进了摩天大楼的兴建。

这个时期最著名的建筑是纽约市的帝国大厦（上图）。民主党政治家、前纽约州州长艾尔弗雷德·E. 史密斯，金融家约翰·雅各布·拉斯科布帮助监督这座大厦的建筑和管理，建筑使用了超过6万吨匹兹堡的钢铁、1000万块砖、20万立方英尺（约5663.36立方米）的印第安纳石灰岩。大厦从开始建造到彻底完工耗时410天，雇用了3000多名工人（下图，建筑工人被吊起工作，背景是克莱斯勒大厦）。大厦于1931年5月1日正式投入使用，由总统赫伯特·胡佛主持开业仪式。但是，这座大厦的竣工时间和大萧条的开始时间相吻合，在随后的很多年里，大部分的空间没有被租用。

这座钢铁骨架，102层的大厦高度为1454英尺（约443.2米），包括顶部的电视天线，它是垂直高度最高的摩天大楼。这座建筑的牢固程度在1945年7月得到了证实，一架B-25轰炸机撞在大楼上，只引起了轻度的损害。在1945年之前，它是世界上最高的建筑物。在1972年世界贸易中心落成之前，它是世界上最高的大楼。在世界贸易中心于2001年被毁之后，它再次成为纽约最高的建筑。

1930 年 3 月 30 日
德国保守党政治家、天主教中央党成员**海因里希·布吕宁**当选总理。他加速了德国向右翼独裁制国家倾斜的进程。图中海因里希·布吕宁在 1932 年总统选举中为兴登堡投票。他认为对于一个大萧条压迫中的国家、一个纳粹党和共产党在街上争斗的国家，开明的专制主义是非常有必要的。

1931 年
德国网球选手**西莉·奥塞姆**获得温布尔登女子单打冠军。

1931 年

比莉·荷莉戴开始在哈莱姆区的夜总会演唱，通过展现生动的声音风格，建立了她 20 世纪 30 年代至 50 年代首席爵士歌手的地位。图为比莉·荷莉戴 1943 年在大都会歌剧院演唱时的情景。

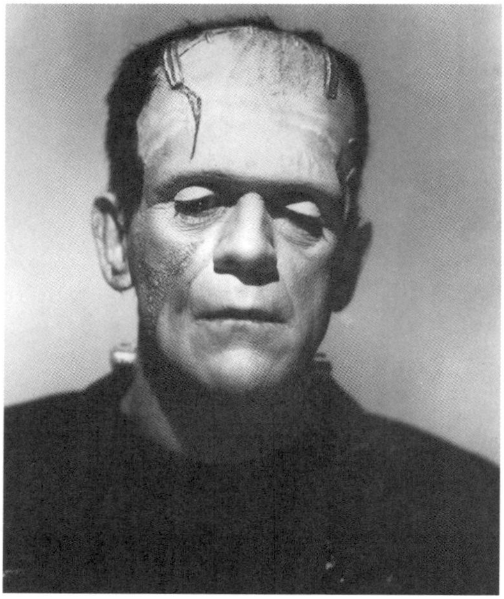

1931 年

英国演员**鲍里斯·卡洛夫**在好莱坞第一部重要的恐怖电影《科学怪人》中，进行了最著名的饰演怪物的表演。这部电影改编自英国作家玛丽·雪莱的同名小说。

1931 年 9 月 18 日

在所谓的**九一八事变**中，驻扎中国东北的日本军队以铁路线被炸为借口占领奉天（即沈阳），并且不断扩张，3 个月内，占领了整个东北三省。

1932 年
阿道司·赫胥黎出版了反乌托邦小说《美妙的新世界》，时间设定在 25 世纪，预言了试管受精和克隆技术的发展。他的其他作品，如《滑稽的环舞》《针锋相对》，对了解 20 世纪 20 年代至 30 年代知识分子和精英阶层的生活和观点有很好的指导作用。

1932 年
美国飞行家**阿梅莉亚·埃尔哈特**成为第一个独自飞越大西洋的女性。

1932 年 4 月 10 日
在德国的总统选举中，由于德国社会民主党和德国中央党的支持，**保罗·冯·兴登堡**元帅大幅度领先希特勒。图为柏林市内兴登堡的选举海报。他以解除职务的方式感谢支持他的总理布吕宁，这位总理是民主制度在德国存在的最后希望。

1932 年

夏季奥运会在洛杉矶举办，超过 1300 名运动员参加了这次奥运会。图中，J. 奥克斯蒂纳在奥运会上获得五项全能金牌后，进行庆祝。

1932 年

考虑到汽车交通状况和停车的难度，俄克拉荷马城的报纸出版商卡尔・C. 梅杰发明了**停车计时器**。图为早期的扳钮式停车计时器。

1932 年 11 月 8 日

在大萧条时期，民主党的**富兰克林・D. 罗斯福**轻而易举地战胜了在职的共和党总统赫伯特・胡佛，赢得了美国总统选举。他最终创造连续四次当选总统的纪录。图为罗斯福在竞选美国总统的活动中，侧面站着他的妻子和儿子，他抓住儿子的胳膊作为支撑。

新政

罗斯福的经济复兴计划。

当罗斯福 1932 年竞选总统的时候，美国正面临一次金融危机。他需要迅速采取行动来恢复公众的信心。“新政”这个词出现在 1932 年总统选举提名演说中，他在演讲中承诺“为美国人民寻求一个新政”。“新政”法案主要在 1933 年的前三个月实施（罗斯福的百天新政），成立了若干机构：市政工程署和平民保育团缓解失业状况（如图，年轻人背着工具袋前往加利福尼亚州的工作营）；国家复兴署恢复工业生产；美国联邦存款保险公司和美国证券交易监督委员会管理金融机构；农业调整总署支持农业生产；田纳西河谷管理局提供公共电力和控制洪水。

在第二个立法阶段（1935—1936），通常也被称为第二次新政，建立了美国劳资关系委员会、公共事业振兴署和社会保障制度。虽然一些立法被美国最高法院认定是违反宪法的，还有一些立法没有实现它们的目标，但是很多改革被后来的管理机构继续施行，并且永久地改变了政府的职能。

1933 年
德国社会主义政治家**克拉拉·蔡特金**，被德国国民议会驱逐，在国会大厦大火之后，流亡苏联。她死于 1933 年晚些时候，被埋葬在克里姆林宫红场墓园。

1933 年
法兰克福和海德堡之间的第一条**高速公路**开始修建。希特勒许诺要用 60 万人修建 6000 公里的公路网。图片上是早期的德国高速公路，几乎看不到什么车辆。

1933 年

德国禁止了除**纳粹党**以外的所有政党。图片中，柏林警察列队站在作为 1933 年 3 月大选投票站的一家餐馆外。尽管纳粹在全国采取压制政策，但是纳粹党的选票仍然勉强过半数。这是此后很长一段时期内德国最后一次选举。

1933年
禁酒令在执行了13年后，被终止。图为芝加哥邋遢乔酒吧的调酒师在给顾客倒酒，以庆祝禁酒令的终止。

1933年
最著名的怪物电影《**金刚**》首映。

1933年
麻省理工学院工程师范内瓦·布什（图左）和学生们建造了微分分析仪，它是一台强大的**模拟计算机**。

国会大厦大火

希特勒独裁的开始。

1933 年 2 月 27 日夜晚，柏林的国会大厦发生大火（如图），这是纳粹独裁政权建立过程中的一个重要事件。阿道夫・希特勒在 1932 年 11 月的选举中当选总理，但是他的纳粹党没有获得绝对的多数。于是，希特勒的宣传部长约瑟夫・戈培尔，便策划了这样的一个行动，由纳粹特工点火引发火灾，然后指责是共产党人所为。荷兰人马里努斯・范・德尔・卢贝被指控为纵火犯，有人宣称他是被纳粹特工带到犯罪现场的，另一些人则争辩没有证据证明纳粹党参与了合谋，只不过是希特勒利用了范・德尔・卢贝的独立行动。1933 年 2 月 28 日，通过“保护人民和国家令”，免除了宪法对政治权利、人身权利和财产权利的保护，希特勒开始了他的独裁统治。

1933 年

半军事组织的亲纳粹团体——**德美协会**成立。在美国参加第二次世界大战前的若干年中，德美协会非常活跃。图中是德美协会在纽约州白原市组织的纳粹集会。

1933 年 1 月 29 日

密歇根州底特律的 WXYZ 广播电台推出了虚构人物**"独行侠"**。应狂热的年轻广播听众的要求，广播中"独行侠"的配音演员厄尔·格雷瑟，戴着"独行侠"的黑色面具进行节目广播。

1933 年 5 月

学生和纳粹官员焚烧**反德书籍**。

1933 年
华纳兄弟公司发布了**巴斯比·伯克利**的两部音乐剧：《掘金女郎 1933》和《华清春暖》。伯克利的歌舞女郎表演以精心布置的场景和富有创意的摄像技术而闻名，彻底改变了音乐剧的风格。图为《华清春暖》中的场景，一眼看过去，舞蹈演员的排列很像飞机的引擎。

1933 年 3 月 10 日
德国建立了第一批集中营，包括**达豪集中营**。在这座集中营里，至少有 3.2 万人最终死于疾病、饥饿、身体上的折磨，或者被处死。图片里，囚犯在奥拉宁堡的一座新集中营内工作。这张新闻图片表明纳粹建立的集中营已经不是什么秘密。

1934 年
美国沙尘暴的危害达到了最严重时期。由于干旱和不科学的开垦，造成了美国大平原地区的严重土壤流失，成千上万的农业家庭被迫离开大平原地区。图片上的车里坐满了来自俄克拉荷马州遭受沙尘暴灾害的难民，他们来到旧金山找工作。

1934 年
高尔夫球传奇选手鲍比·琼斯（图中挥杆者）在佐治亚州奥古斯塔国家高尔夫俱乐部，帮助发起了每年一届的**美国高尔夫名人赛**。

1934 年
秀兰·邓波儿在电影《亮眼睛》中，演唱了她标志性的歌曲《好船棒棒糖号》。这部电影使她成为好莱坞最受欢迎的明星之一。图为秀兰·邓波儿带着她迷人的微笑和男演员詹姆斯·邓恩在一起。

1934 年
林肯·柯尔斯坦和爱德华·沃伯格，联合美国芭蕾舞学校，成立了**美国芭蕾舞公司**，乔治·巴兰钦任艺术指导。图中，两名舞蹈演员在美国芭蕾舞学校的窗台上。

1934 年 5 月 23 日
美国臭名昭著的雌雄大盗邦妮和克莱德，在路易斯安那州吉布斯兰附近与警察发生的枪战中被击毙。

1934 年 5 月 28 日
第一例有记录全部存活的五胞胎——**“迪翁五胞胎”**，在加拿大安大略省卡伦德附近降生，父亲是奥利瓦·迪翁，母亲是艾尔采尔·迪翁。图为 1940 年时“迪翁五胞胎”在广播中演唱歌曲。

1934 年 6 月 30 日
在**“长剑之夜”**行动中，阿道夫·希特勒迅速地处决了冲锋队的多名领导人。冲锋队是纳粹的准军事组织，通过游行集会和实施暴力行为对待竞争对手。

1934 年 10 月 15 日
为了摆脱蒋介石国民党军队的围剿，中国共产党开始了“长征”的战略转移，从中国东南部的根据地向西北部的城市延安进发。图为中国共产党领导人毛泽东和周恩来。

1934 年 7 月 22 日
全美国最著名的银行抢劫大盗约翰·迪林杰被击毙。联邦调查局，印第安纳警方和迪林杰的朋友、妓院老鸨安娜·萨奇共同设计的一个圈套，使他最终丧命。图片是美国全民一号公敌约翰·迪林杰新闻短片的广告海报。

1934 年 8 月 2 日
魏玛共和国总统**保罗·冯·兴登堡**去世。在他的总统任期之内，德国经历了政治不稳定、经济萧条以及希特勒势力的崛起。图为保罗·冯·兴登堡的遗体在前往坦能堡下葬的途中。

“诺曼底号”

法国邮轮凭处女航赢得“蓝带奖”。

“诺曼底号”是第一艘根据《1929年国际海上人命安全公约》建造的大型轮船。它的散步甲板前端设计成挡浪板，使它能在恶劣天气保持较高的航行速度。“诺曼底号”（上图，1932年在圣纳泽尔船坞下水后不久）由大西洋轮船总公司（CGT）建造，共有1975个铺位，提供7个膳宿等级，船上有1345名船员。这艘船普及了现代装饰设计风格或艺术装饰设计风格（下图，吸烟室和大厅之间的门）。船首采用设计师魏德尔·亚克维奇钟爱的“U”形。用涡轮机发电、输出16万马力的牵引机使它在1935年的首航速度达到32.1节。1935年5月29日，“诺曼底号”离开勒阿弗尔前往纽约，开始了它的处女航。仅仅4天3小时又14分钟之后，它抵达纽约，从“国王号”手中夺得“蓝带奖”。

为了与“诺曼底号”争锋，冠达邮轮公司于1930年建造了“玛丽女王号”。“玛丽女王号”于1934年下水，长297米，是英国首次尝试建造300米以上级别的大船。然而，这艘船在优雅方面难以匹敌它的法国对手，速度也稍逊一筹，但是它的运气却好得多。1942年2月，“诺曼底号”在纽约港改装成运输舰的过程中发生火灾，被焚毁。

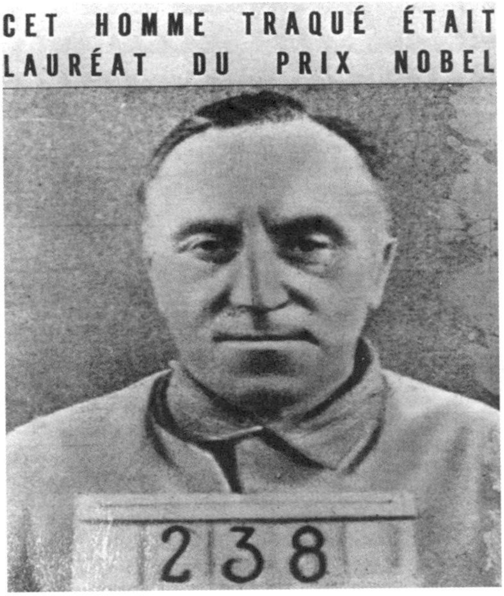

1935 年

德国激进派反战主义者**卡尔·冯·奥西茨基**赢得诺贝尔和平奖，当时他正被囚于一座新集中营。图片是他在集中营留下的正式照片，其上标题为“该犯是一位诺贝尔奖得主”。

1935 年

人类学家玛格丽特·米德出版了《三个原始部落的性别与气质》，挑战了西方对两性关系的传统认识。她曾在她的第一部著作——《萨摩亚人的成年》（1928）中宣称萨摩亚青少年沉迷于草率的性行为。她在《三个原始部落的性别与气质》中宣称妇女在新几内亚的某些地区占据主导地位。时至今日，人们对她的这两个观点仍然众说纷纭。

1935 年 1 月 2 日

布鲁诺·豪普特曼（中）在新泽西州受审。这场审讯被广泛报道。他被控绑架和谋杀美国著名飞行员查尔斯·林德伯格的幼子。

1935 年

马尔科姆·坎贝尔驾驶一辆“蓝鸟”汽车打破了陆地时速纪录。同年，他在佛罗里达州代顿海滩创造了一项新的陆地时速纪录：444.17 公里。他还是第一位时速超过 482.8 公里的车手。

1935 年

苏格兰物理学家**罗伯特·沃特森－瓦特**设计出第一台雷达（无线电探测和测距）设备，它通过无线电波的反射探测远处的物体。图中的罗伯特·沃特森－瓦特在用风筝辅助雷达发射机做实验。

1935 年

世界上第一架成功的**商业客机 DC–3** 开始运营。它可以容纳 21—28 位乘客，或装载约 2.72 吨货物。图为美国航空公司的一架道格拉斯 DC–3 飞机。这种飞机也叫作 Dakota（达科塔）或 C–47，仅在美国就制造了 10600 多架，俄国和日本也凭特许权制造了许多这种型号的飞机。

1935 年 10 月 10 日
康迪利斯将军发动政变，结束了**希腊**自 1924 年以来的共和制。国王乔治二世（如图）复辟。

1935 年
法国加快修筑**马奇诺防线**。马奇诺防线是法国自 1929 年开始修筑的防御系统，从卢森堡延伸到瑞士。但是，中立国比利时的反对使它依旧无法沿着比利时边境延伸。这张照片清楚地体现了马奇诺防线令人惊叹的规模，它的大部分工程位于地下。

1935 年 9 月 12 日
美国飞机制造商、飞行员和电影制片人**霍华德・休斯**驾驶自己设计的飞机（如图）创下时速约 567.23 公里的纪录。

1935 年 10 月 3 日
意大利军队按照贝尼托・墨索里尼的命令入侵**阿比西尼亚**（今埃塞俄比亚），妄图建立“新的罗马帝国”。
埃塞俄比亚皇帝海尔・塞拉西动员军队抵抗意军入侵。图为脚踩一枚未爆炸的意大利炮弹的海尔・塞拉西。

1936年
南方小说家威廉·福克纳的杰出作品《**押沙龙，押沙龙**！》完成并很快脱销。它在重新问世之后被誉为“20世纪美国最出色的小说”。图中是在好莱坞工作的威廉·福克纳。

1936年
美国摄影师**多萝西娅·兰格**通过一张题为“移民母亲”的照片披露了加州尼普莫沙尘暴区难民的窘境。图为多萝西娅·兰格的标志性影像。

1936 年
经过六年的施工，利用科罗拉多河水发电的**顽石坝**终于竣工。它于 1947 年更名为胡佛坝。

1936 年
阿尔贝特・施佩尔设计了位于德国纽伦堡的**齐柏林集会场**。施佩尔钟爱新古典主义建筑，创造出一座庞然大物般的非人性化建筑。图中，劳动军在纽伦堡行进，背景是施佩尔特别设计的一些建筑。

西班牙内战

佛朗哥发动军事政变接管西班牙。

1936 年 7 月 18 日黎明，西班牙陆军参谋长弗朗西斯科·佛朗哥将军通过无线电广播在加那利群岛宣布军事叛变，反对在 2 月大选中获胜但无法在西班牙施政的西班牙共和国。第二天，他飞往摩洛哥，接管摩洛哥和当地驻防部队。在西班牙登陆之后，佛朗哥和他的军队向政府控制的马德里进发。佛朗哥自任新崛起的长枪党党魁，其中部分原因是他能从纳粹德国和意大利获得军事援助。佛朗哥政府经过三年内战才控制了整个西班牙。（如图，学童穿着长枪党的黑上衣在伊伦游行。）

1936 年 5 月 27 日
英国制造的 8 万吨级巨轮**“玛丽女王号”**从南安普敦出发，前往法国瑟堡，开始它的处女航。

1936 年 10 月 14 日
国际纵队的首批志愿者共 500 人抵达西班牙阿尔巴塞特，支援陷入内战的西班牙共和国。图中，来自拉丁美洲和美国的国际纵队成员在西班牙受训。

1936 年 12 月 11 日
爱德华八世（右）因迎娶离婚的美国平民沃利斯·沃菲尔德·辛普森（中）的要求受阻而退位，成为唯一一位自愿退位的英国君主。他的让位于当天获得批准。

1937 年
德国空军秃鹰军团轰炸西班牙格尔尼卡的巴斯克村之后，毕加索以此为题材创作了**《格尔尼卡》**，显示了立体派对恐惧和灾难的表现力。《格尔尼卡》的灵感来自弥诺陶洛斯神话和斗牛场，这是毕加索最为钟爱的两个题材。

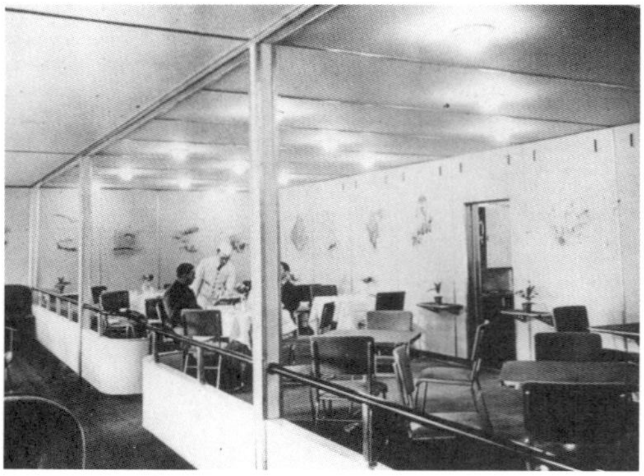

“兴登堡号”飞艇

人类有史以来最大的硬式飞艇在一场巨大的灾难中灰飞烟灭。

“兴登堡号”飞艇长 245 米，是一艘传统的齐柏林飞艇，1936 年 3 月在德国腓特烈港投入使用。它的最大时速达到 135 公里，巡航速度为每小时 126 公里。“兴登堡号”设计师曾提出用氦气填充飞艇，但由于美国对纳粹德国的出口限制，飞艇最终充满了可燃性极高的氢气。1936 年，“兴登堡号”开始飞越北大西洋的商业载客服务（右上图，餐厅），往返德国和美国之间十余次，共载客 1002 人。

1937 年 5 月 6 日，“兴登堡号”结束当年的首次跨大西洋航行，在美国新泽西州莱克赫斯特（左上图）着陆时突然起火（左下图），彻底烧毁。艇上 97 名乘客中，36 人不幸遇难（右下图，伦敦舰队街的卖报人）。官方公布的起火原因是发动机放出的静电点燃了飞艇泄漏的氢气所致，但有人猜测，它是一场有预谋的反纳粹行动的牺牲品。“兴登堡号”惨案标志着硬式飞艇这种商业载客方式的结束。

1937 年
金融家**安德鲁·梅隆**捐献一批欧洲杰出画家的画作和一大笔资金，在华盛顿建立了国家艺术馆。图为华盛顿国家艺术馆门前的纪念性柱廊，两侧的无窗画廊明显说明其悬挂画作的功能。

1937 年 5 月 12 日
英皇**乔治六世**加冕；他实际上于 1936 年 12 月 11 日登基。图片是加冕典礼结束后，乔治六世及其妻伊丽莎白王后、他们的两个女儿伊丽莎白（左）和玛格丽特在白金汉宫外的阳台上。

1937 年
横跨加州旧金山湾的**金门大桥**落成通车。

1937 年 7 月 7 日

日军在中国北平（今北京）附近挑起事端，**中国抗日战争**由此爆发。图中是抗日战争爆发初期，一位中国机枪手正朝日本军队开火。

1937 年 12 月 13 日

日本军队侵占北平、汉口和上海之后继续向南京进军，在南京犯下滔天罪恶，屠杀了 30 万中国人，史称“**南京大屠杀**”。图为上海遭到日军轰炸后的惨状。

1937年12月20日
鲁登道夫将军去世。他是第一次世界大战时期的天才参谋；20世纪20年代，他是德国议会中最早的纳粹成员之一，后与希特勒决裂。

1938年
南非东海岸发现存活的、据认为已灭绝6000多万年的海洋古生物——**腔棘鱼**。

1938 年
居住在捷克斯洛伐克**苏台德区**的 350 万日尔曼人要求自治；希特勒支持他们的无理要求。1938 年下半年，捷克斯洛伐克根据同年 10 月签订的《慕尼黑协定》，被迫把苏台德边境地区割让给德国。图中是在苏台德区被割让后，居住在那里的日尔曼人欢迎德国军队的情景。

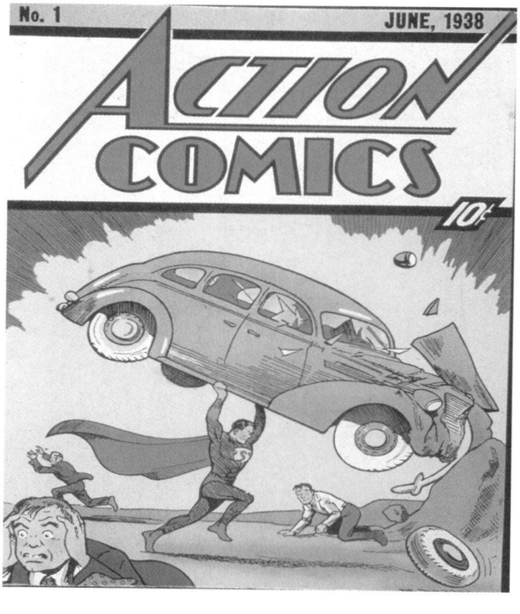

1938 年
《动作漫画》推出由杰瑞·西格尔编剧、约瑟夫·舒斯特绘画的漫画作品——《**超人**》。图为第一期《动作漫画》的封面。

1938 年
杜邦开始生产**尼龙**。尼龙是利用空气、水、煤炭或汽油等随处可得的材料通过化学合成而产生的化合物，它迅速衍生成一个人工合成材料的大家族。图中一位女性正穿着尼龙丝袜。在尼龙紧身连裤袜问世之前的几十年里，尼龙丝袜是女性人人必备的衣物。

水晶之夜

纳粹针对德国犹太人的阴谋。

1938年11月9日至10日凌晨，德国纳粹对犹太人和他们的房产发起攻击。“水晶之夜”是指攻击结束后街上残留的碎玻璃（上图）。这次暴力活动的借口是11月7日波兰籍犹太学生赫舍·格林斯潘射杀德国外交官恩斯特·冯·莱特。莱特死亡的消息于11月9日传到身在慕尼黑的希特勒耳朵里，当时他正在出席1923年啤酒馆政变的周年纪念活动。随行的宣传部部长戈培尔与希特勒商谈之后，主张采取布置成“自发性示威”的暴力报复行为。这场暴力袭击导致91名犹太人死亡，数百人重伤。约7500家犹太店铺遭到毁坏，1000座犹太教堂被焚毁。盖世太保逮捕了3万名犹太男子，要求他们必须交出财产、离开德国才能获释。

1938 年 1 月 28 日
德国赛车手**伯恩德·罗森迈尔**在试图夺回世界速度纪录保持者地位时去世。他的车时速达到 440 公里左右，被侧风掀翻，连续翻滚数次。图为伯恩德·罗森迈尔在柏林阿瓦斯试车跑道上驾驶一辆联合汽车公司出产的汽车。

1938 年 2 月 10 日
罗马尼亚国王卡罗尔正式宣布实行组合主义独裁，对抗拥护纳粹的铁卫团的夺权运动。他得到英法两国的忠实盟友、内政部部长、时任首相的阿曼德·卡里内斯库（如图，阿曼德·卡里内斯库积极抵御铁卫团的势力，防止罗马尼亚和它境内的重要油田落入德国人之手）的支持。

1938 年 2 月 16 日
奥地利总理**库尔特·冯·许士尼格**允许一名奥地利纳粹分子进入内阁，这是德国人推翻其政府的第一步。站在图片中间的就是奥地利纳粹分子阿图尔·赛斯－英夸特，他按照希特勒的要求接任了奥地利内政部部长。

1938 年 7 月

美国制造商、飞行家、电影制片人霍华德·休斯驾驶一架洛克希德 -14 飞机环绕地球飞行一周，他创下 91 小时 14 分钟的环球飞行纪录，并于 7 月 14 日在纽约着陆。图为霍华德·休斯驾驶飞机飞过纽约市东河上空。

1938 年 3 月 13 日

奥地利和德国宣布**合并**，这是一次政治上的联盟。图中，奥地利人在德奥合并时欢迎德国军队进入萨尔茨堡。

1938 年 9 月 30 日

英国首相张伯伦和法国总理达拉第达成了臭名昭著的**《慕尼黑协定》**，满足了希特勒对捷克斯洛伐克的领土要求，以期避免第二次世界大战的发生。图中，英国首相张伯伦从慕尼黑飞回英国，挥舞着他宣称将确保“当代和平”的协定文件。

血与火的洗礼

1939

—

1945

1939
—
1945

1939 年 9 月 1 日，德军入侵波兰，第二次世界大战正式爆发。

对于战争，德国进行了精心准备，以坦克为核心的“闪击战”刷新了人类对战争的认知。此前人们相信，单独的坦克部队无法抵抗反坦克武器攻击，必须与其他兵种联合作战。可在垂直突破中，不同兵种推进速度不同，为了让步兵跟上，坦克部队常被押后，“等一等”大家。

德国人的大穿插、大包围战术一度取得惊人战果，27 天征服波兰；1 小时拿下丹麦；23 天征服挪威；5 天征服荷兰；18 天攻克比利时；39 天征服号称“欧洲最强陆军”的法国……如非海峡阻隔，英国亦难保全。

艰难时刻，英国只能向美国求救。此时美国军队仅排名世界第十六，数量尚不及南斯拉夫，战斗力更差，但美国拥有足以压倒德国的生产能力。

1941 年 6 月 22 日，德国进攻苏联，将自身置于两线作战的险境中，虽初期一路顺风，但莫斯科保卫战和斯大林格勒保卫战扭转了局面，德国从攻势变成守势。由于不肯大踏步后撤，兵力被白白消耗在漫长的防守线上。1944 年 6 月 6 日诺曼底登陆成功，纳粹失败已成定局。在亚洲战场，早在 1931 年，日军借九一八事变强占中国东北，1937 年又在卢沟桥制造事端，引发全面战争。1941 年 12 月 7 日，日军偷袭珍珠港，美国正式对日宣战。

敦刻尔克大撤退、阿拉曼战役、中途岛战役……第二次世界大战充满传奇，但代价是 61 个国家和地区、20 亿以上人口被卷入，作战面积 2200 万平方千米，战争中共伤亡军民 9000 余万人，4 万多亿美元付诸流水。

第二次世界大战揭露了社会进化论残忍的一面：纳粹德国有组织杀掉了数百万犹太人，日军制造了血腥的南京大屠杀。虽然正义最终战胜了邪恶，但面对惨痛代价，足以让人们对法西斯主义保持方式警惕。

1939 年 3 月 28 日
西班牙内战期间的民族主义武装领袖弗朗西斯科·佛朗哥在推翻西班牙共和国过程中占领了共和国首都——马德里。上图是西班牙共和党人激励追随者们继续保卫马德里的海报，因为一旦马德里陷落，马德里以北的整个加泰罗尼亚区都会落入佛朗哥手中。下图是马德里沦陷后，前共和国士兵转而效忠佛朗哥的民族政府，在效忠仪式上亲吻佛朗哥政府的旗帜。

1939 年

纽约举办**世界博览会**。阿尔瓦·阿尔托在芬兰馆中人性化地运用木材，标志着建筑技术的突破，在现代建筑领域和纽约世界博览会上大受欢迎。图为此届博览会的海报，其上是世博会主体建筑——尖角塔和圆球，由自动扶梯进入，再由弧形通道退出。

1939 年 4 月 9 日

美国黑人女低音歌唱家**玛丽安·安德森**在美国革命女儿会拒绝允许其在宪政大厅献唱之后，在林肯纪念堂举办音乐会。

1939 年

美国小说家**约翰·斯坦贝克**出版《愤怒的葡萄》（1939），总结了十年大萧条时期的苦难，引起了人们对农场工人窘境的广泛同情。图为亨利·方达（中）在电影《愤怒的葡萄》中的一个镜头。

1939 年

电影获得罕见的大丰收，《飘》《绿野仙踪》《游戏规则》《关山飞渡》《女人们》《史密斯先生到华盛顿》《妮诺契卡》等影片纷纷上映。图片分别是《妮诺契卡》的海报（右图）和《绿野仙踪》的宣传剧照（上图）。

1939 年 6 月 6 日

西格蒙德·弗洛伊德在流亡中于伦敦溘然长逝，终年 83 岁。他在纳粹分子几次来访之后于去世的前一年离开维也纳。图为西格蒙德·弗洛伊德在巴黎，左起依次是他的女儿安娜、希腊乔治王子的妻子玛丽·波拿巴和儿子彼得王子。

1939 年

美籍俄裔飞机设计师埃格·西科斯基成功制造出第一架**直升机**。图中是他早期设计的两种直升机。

德国入侵波兰

第二次世界大战开始。

1939 年 8 月 31 日 12 点 40 分，希特勒下令第二天凌晨 4 点 45 分开始对波兰的战争。德军如期发动进攻（如图，德军摩托化部队入侵波兰）。德军迅速展开猛烈的闪电战。他们出其不意，攻其不备，利用快速机动能力和庞大的火力制服波兰军队。所有的德军部队在波兰境内迅速推进。波兰的军队只剩下被孤立的小股部队进行着零散无序的抵抗。1939 年 9 月 17 日，另一波打击突然降临：苏联军队从东面进入波兰。第二天，波兰政府和最高指挥部越过罗马尼亚边境，流亡国外。华沙卫戍部队一直坚持和德军作战，直到 9 月 28 日。波兰军队最后的大规模抵抗持续到 10 月 5 日。

1939 年 5 月 20 日
泛美航空公司的扬基快船（如图）开创**横跨大西洋**的航空邮政服务，从纽约州华盛顿港飞往里斯本。

1939 年 5 月 22 日
希特勒和墨索里尼签订**《钢铁条约》**，德意两国全面建立政治和军事同盟。图中是 1938 年希特勒访问意大利时与墨索里尼在一起；这次出访为 1939 年的《钢铁条约》奠定基础。

1939 年 9 月 17 日
苏联军队从东面入侵波兰，波兰政府逃亡罗马尼亚。图为特拉法加广场上的卖报人。

1940 年
一个小男孩坐在被冲上岸的水雷上吃冰淇淋。

1940 年

欧内斯特· 海明威出版最受欢迎的小说——《丧钟为谁而鸣》。这部小说取材于作者在西班牙内战时期的经历。图为海明威（中）于西班牙内战期间和另两名记者在西班牙。

1940 年

张伯伦在下议院失去许多保守派的支持之后辞职，温斯顿·丘吉尔接任英国首相。图为丘吉尔结束当选首相之后的第一次内阁会议，离开唐宁街 10 号的花园。与他一起的是航空大臣金斯利·伍德（左）和外交大臣安东尼·艾登（右）。

1940 年
查理·卓别林出演他的第一部有声电影《**大独裁者**》，辛辣讽刺希特勒。它成为这位喜剧大师最卖座的影片。

1940 年
曾先后加盟哈里·詹姆斯和汤米·道西乐队的**弗兰克·辛纳屈**在广播节目《流行排行榜》中作为独唱演出，随后名扬全美国。

1940 年 5 月 7 日
美国**太平洋舰队**接到无限期留在夏威夷水域的命令。图中美国“哈曼号”驱逐舰于 9 月份与美国太平洋舰队的其他舰船一起停泊在夏威夷外海。

1940 年

英国首相**丘吉尔**首次在下议院发表演讲，直面即将来临的斗争："我能奉献的唯有热血、辛劳、泪水和汗水。"呼吁全国齐心协力打赢战争。图片中的丘吉尔（中右，执手杖者）大步走在伦敦城里，把他的活力和斗志传递给周围的伦敦市民。

1940 年 5 月 10 日

德国入侵**比利时**、**卢森堡**和**荷兰**。图中，一辆德国坦克上的乘员在穿越荷兰途中与步兵交谈。

1940 年 5 月 18 日

布鲁塞尔落入德国侵略军之手，被迫服从苛刻的占领条款。图片上的比利时难民在德军飞机即将轰炸公路时躲进路边的沟里。

1940 年 5 月 26 日
英国远征军和其他联军部队的联系被德军切断，开始从法国的**敦刻尔克**撤往英国。图中，英法军队长长的队伍聚集在敦刻尔克海滩，等候撤退。

1940 年 6 月 18 日
法国沦陷后，法国将军**夏尔·戴高乐**在伦敦电台发表讲话，呼吁法国人民在他的领导下坚持抗战。

1940 年 6 月 22 日
法国政府在民族英雄贝当领导下向德国投降，由此产生了与德国勾结的**维希法国**。图为贝当元帅（左）于该年 10 月在法国与希特勒会面时的情景。

1940 年 7 月 3 日
英国皇家海军攻击和摧毁停泊在北非凯比尔港的**法国舰队**，杀死 1147 名法国水手，因为这些法国人不愿加入英国海军，而英国人不能让他们落入德国之手。图中是在凯比尔港战舰上救火的法国水兵。

不列颠之战

德国空军没能摧毁英国皇家空军。

法国沦陷后，德国开始对英国展开一系列空袭，准备实施入侵英国的“海狮计划”。不列颠之战到 1940 年 9 月中旬基本停止，入侵英国的计划无限期延后。虽然皇家空军（上图，英国飞行员跑向他们的飞机）人数远逊于德军，但他们利用高超的战术和先进的空中防御系统（包括雷达和破译德军密码）成功阻止德军的攻击。英国飞行员得地利之便，在空中飞行的时间更长，而德军却犯下从轰炸飞机场和雷达设施转而轰炸伦敦的战术错误。

1940 年 9 月

德国空军停止轰炸飞机场，开始轰炸伦敦，这就是著名的**“闪电战”**。由于德军对空军基地的袭击而接近瘫痪的英国皇家空军幸运地获得喘息时间。图中是在伦敦东部上空的德国道尼尔 Z-17 轰炸机，西汉姆灰狗体育场在其间显而易见。

1940 年 11 月 5 日

富兰克林 · D. 罗斯福再次当选美国总统，成为美国历史上第一位连任三届的总统。图为罗斯福总统再次当选之前在纽约麦迪逊广场花园向 2.5 万名群众演讲。

1940 年 10 月 23 日

希特勒和佛朗哥在法国昂达伊举行了唯一一次会晤。佛朗哥不受诱惑，西班牙拒绝参加第二次世界大战。图中，希特勒和佛朗哥在昂达伊火车站向迎接的人群致意。

珍珠港

日本对美国发动攻击。

1941 年 2 月 7 日，日军突然空袭美国太平洋舰队位于夏威夷瓦胡岛南部的珍珠港海军基地。这次袭击使美军舰队暂时陷入瘫痪状态，导致美国加入第二次世界大战。第一架日本俯冲轰炸机在早晨 7 点 55 分出现在珍珠港上空。30 分钟内，大多数战舰都遭到打击。“亚利桑那号”被彻底摧毁，“俄克拉荷马号”倾覆。“加利福尼亚号”、“内华达号”和“西弗吉尼亚号”（如图）沉入浅水区。180 多架飞机被炸毁。美军伤亡 3400 多人，其中 2300 多人死亡。幸运的是，太平洋舰队所属的 3 艘航空母舰当时不在珍珠港，因而逃过一劫。8 艘战舰中，除“亚利桑那号”和“俄克拉荷马号”之外，其余全部修复并继续服役。日军没能摧毁岛上重要的储油设施。

1941 年 3 月 11 日

美国国会通过《**租借法案**》，确立了美国为第二次世界大战盟友提供战争物资、卡车、食品和其他原材料的制度，这是抛给英国的一条宝贵生命线。图中，大批摄影记者和纪录片摄影师出席罗斯福总统在白宫签署《租借法案》的仪式。

1941 年 4 月 19 日

英国空军轰炸德国**柏林**市中心，毁坏国家歌剧院和其他建筑物。图中，柏林的消防车正在扑救英国空袭所引起的大火。

1941 年 5 月 10 日
希特勒的副手**鲁道夫・赫斯**秘密飞往英国，试图通过谈判争取英国和德国之间的和平，但这一使命以失败告终。鲁道夫・赫斯乘坐的梅塞施米特 110 式飞机亦在苏格兰境内坠毁（图为其飞机残骸）。

1941 年 5 月
整个希腊本土和希腊在爱琴海上的所有岛屿——包括**克里特岛**——全部落入德军手中。希腊的爱奥尼亚群岛被意军占领。图中，德国伞兵从克里特岛战役中阵亡的英军和希腊士兵身边走过。

1941 年 6 月 22 日
第二次世界大战期间，德国违反 1939 年签订的《**苏德互不侵犯条约**》，袭击苏联。图中，德军装甲部队穿过着火的村庄继续向苏联纵深挺进，大火可能是居民逃跑前点燃的。

1941 年 8 月 14 日
丘吉尔和罗斯福发布一份联合宣言，即《**大西洋宪章**》。它宣布尊重各国人民选择政府的权利，不承认通过侵略造成的领土变更。起草这份宣言时，丘吉尔和罗斯福在停泊于纽芬兰布雷森莎湾的“威尔士亲王号”上（如图）。

1941 年 9 月 8 日
德军和芬兰军队开始长期围攻**列宁格勒**（今圣彼得堡）。围攻持续了 872 天，直到苏联红军的进攻成功打破德军的封锁，把德军赶到城市外围。图为俄国宣传标语“让我们用胸膛保卫列宁格勒”。

1941 年 10 月 25 日
法国画家和雕塑家**罗伯特·德劳内**去世。他使色彩成为绘画的主题，并尝试把立体主义原理运用于绘画。这种尝试被称为“奥费主义”。图为罗伯特·德劳内的雕塑之一。

1941 年 9 月 28—29 日
纳粹在乌克兰首都基辅北郊的深谷**巴比亚尔**杀死 33771 名犹太人。巴比亚尔成为特别行动队大屠杀活动第一阶段的象征。

1941 年 12 月 25 日
英国和加拿大守军向日本侵略军投降，**香港**沦陷。图中，英国士兵和水手正离开香港，在前往战俘营的路上。

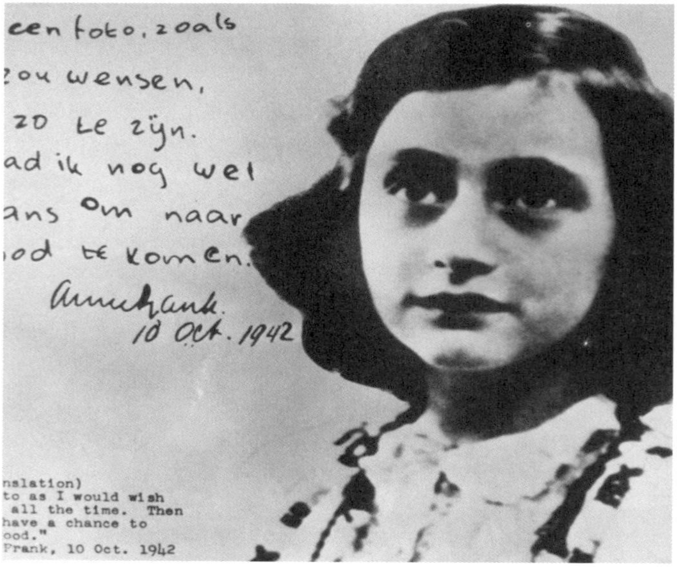

1942 年
法国作家阿尔贝·加缪出版第一部小说**《局外人》**。他获得了 1957 年的诺贝尔文学奖。

1942 年
13 岁的**安妮·弗兰克**及其家人和 4 个犹太伙伴藏匿在阿姆斯特丹，躲避纳粹迫害。1945 年 3 月，她死于贝尔根－贝尔森纳粹集中营。她记述藏匿生活的日记成为经典著作。安妮·弗兰克：“我希望自己能一直看着这张照片。那么或许我也有机会去好莱坞。”

1942 年 2 月 15 日
在**新加坡**，英国军官带领 13 万多名英军向日军投降。

1942 年 2 月 28 日
日军在**爪哇岛**登陆，占领该岛直到 1945 年。图为在爪哇岛被俘的美军。

1942 年 2 月 19 日
美国总统罗斯福签署允许**拘留**日裔美国人的行政命令。图中，加利福尼亚州奥克兰市的一位日裔店主在日军袭击珍珠港之后希望澄清事实与日方划清界限。

1942 年
美国正式制订**"曼哈顿计划"**，有组织地开展对核裂变的研究。该计划设计和建造了 1945 年投在广岛和长崎的原子弹。图为曼哈顿计划的工作人员聚在洛斯阿拉莫斯的一座高塔上，塔上堆着 100 吨等待引爆的 TNT 炸药，这是辐射尘试验的一部分。

1942年3月11日
美国**道格拉斯·麦克阿瑟**将军从菲律宾巴丹半岛归来后，就任西南太平洋战区的盟军统帅。图为麦克阿瑟将军（前座戴帽者）视察在新几内亚作战的澳大利亚军队。

1942年6月4日
日本在**中途岛战役**中遭到美军反击。图中，美国鱼雷轰炸机在中途岛战役中正飞过一艘起火的日本军舰上空。

1942年5月8日
在**珊瑚海海战**中，美国“列克星顿号”成为第一艘被击沉的美国航母，但向新几内亚战略要地莫尔兹比港进发的日本侵略军被击退。在“列克星顿号”起火后，“哈曼号”驱逐舰搭救近500名幸存者。“哈曼号”于中途岛战役中救援另一艘被击中的航母“约克城号”时被击沉。

解放斯大林格勒

德军未能攻占这座苏联城池。

1942 年夏，德军向斯大林格勒郊区挺进。弗里德里希·保卢斯率领的第六军和赫尔曼·霍特麾下的第四装甲军一部多次发起攻击，但都被顽强抵抗的苏联红军打退。11 月 19 日，苏联红军发起反击，向城市南北展开钳形运动。11 月 23 日，苏军对斯大林格勒城里的德军第六军和第四装甲军一部形成包围（如图，苏军前进中）。12 月中旬，德军救援保卢斯的企图失败。希特勒亲自下令，保卢斯继续坚持作战，寻找被围德军最终有可能从高加索山脉突围的机会。1943 年 1 月 31 日，保卢斯违抗希特勒的命令，向苏军投降。2 月 2 日，他麾下的 9.1 万名残兵败将向苏军缴械。斯大林格勒城里和周围的 25 万德军和罗马尼亚军队成为苏军的俘虏。据俄国官方的军事历史学家估计，在斯大林格勒保卫战中有 110 万苏军士兵阵亡。

1942 年 6 月 21 日**隆美尔**率领德军非洲军团占领利比亚港口托布鲁克，随后向埃及阿拉曼地区挺进。

1942 年 10 月 23 日英军在陆军元帅**伯纳德·蒙哥马利**的率领下对埃及阿拉曼地区的德军发动了一次成功的大规模攻击。

1942 年 11 月 27 日为避免落入德军之手，法国海军在**土伦**自沉 73 艘战舰。当天舰队集体自沉后的一张照片显示出港口内着火的军舰。

1943 年 2 月 20 日
墨西哥米却肯州的**帕里库廷火山**喷发，最终埋葬了两座村庄。

1943 年

弗兰克・辛纳屈在纽约派拉蒙戏院现身之前，戏院外涌现大群近乎歇斯底里的年轻女歌迷，她们被称为**"波比短袜女孩"**。

1943 年 1 月 17 日
英国首相丘吉尔和美国总统罗斯福在**摩洛哥卡萨布兰卡会晤**。图中分别是罗斯福（左二）、丘吉尔（右一）与竞争法军北非战场领导权的吉罗将军（左一）和戴高乐将军。

1943 年
芝加哥小熊队老板菲利普·瑞格理成立**全美女子职业棒球**大联盟。从 1943 年成立到 1954 年解散，它从战争时期的临时娱乐成长为职业比赛。图为全美女子职业棒球大联盟群像。

华沙犹太区起义

犹太人在波兰抵抗纳粹迫害。

为了实现希特勒在欧洲消灭犹太人的目标，纳粹在德国占领区建立了犹太人聚居区，用于拘禁等候处决的犹太人。华沙犹太区由犹太人在波兰华沙居住的老城区组成。截至 1942 年 7 月，纳粹把周边地区的 50 万犹太人驱赶到这里。虽然每月都有数千人因为饥饿和疾病而丧生，但纳粹每天都把 5000 多名犹太人转移到农村的“苦役集中营”（如图，犹太家庭被聚拢在一起）。1943 年初，犹太区的人们听说他们要去的地方其实是位于特雷布林卡的毒气室，于是新成立的犹太战斗组织（ZOB）对纳粹发动袭击，杀死 50 人，暂时制止了移送活动。

4 月 19 日，海因里希·希姆莱派遣 2000 名党卫军清剿犹太区幸存的犹太人。ZOB 和游击队员用手枪和自制炸弹坚持抵抗 4 个星期，炸毁德军坦克，杀死几百名纳粹士兵，直至弹药用尽。5 月 8 日，纳粹攻占 ZOB 总部，许多幸存的 ZOB 战士为避免被俘而自尽。战斗一直持续到 5 月 16 日，党卫军首领宣布“华沙犹太区不复存在”。在 28 天的起义中，4 万多犹太人遭到杀害或驱逐。

1943 年 4 月 13 日
杰斐逊纪念堂在华盛顿特区潮汐湖南岸的东波托马克公园落成。

1943 年 7 月
有史以来规模最大的坦克大决战——**库尔斯克会战**开始，6000 辆坦克参战。8 月，苏军获胜。图中，一位德国士兵撑着脑袋，旁边是在库尔斯克会战中阵亡的战友。

1943 年 7 月 22 日
盟军在美国将领**乔治·S. 巴顿将军**率领下攻占西西里西北部的巴勒莫，为他们进军意大利本土取得了战略落脚点。图为在西西里投降的意大利军队。

1944 年
44 个国家的代表团在新罕布什尔州的**布雷顿森林**召开会议，起草为促进国际贸易、投资和经济增长而成立国际货币基金组织的协议条款。图为美国财政部部长亨利·摩根索（左）和英国代表、布鲁姆斯伯里团体成员约翰·梅纳德·凯恩斯在布雷顿森林。

1943 年 8 月 28 日
保加利亚国王**鲍里斯三世**逝世。虽然名为德国盟友，但他从未与俄国、美国和英国作战。图上的孩子们正在保加利亚国王鲍里斯三世的葬礼上敬纳粹礼。

1943 年 8 月 17 日
盟军在意大利南部登陆。9 月 9 日，盟军在**萨勒诺**登陆。图中是正在登陆的美军。

D 日登陆

盟军进入北欧。

1944 年 6 月 6 日，历史上最大规模的两栖登陆即“霸王行动”，在法国诺曼底开始。这次登陆动用了 5000 艘军舰和 1 万架飞机运送 1.56 万名美国、英国和加拿大士兵渡过英吉利海峡（上图，美国援军登陆）。在艾森豪威尔将军的指挥下，盟军在诺曼底海岸的五处海滩上岸。登陆部队遇到德军的顽抗，在奥马哈海滩（下图）和朱诺海滩损失惨重，但仍然站稳了脚跟。盟军地面部队在瑟堡附近和卡昂周围与德军激战，前进受阻，直到 7 月中旬才突破滩头阵地，开始越过法国北部，迅速挺进。

1944 年
美国、英国和德国都在开发最早的**喷气式飞机**，喷气动力在此后数十年中用于各种类型的飞机。图为一架梅塞施米特 262A–1 飞机，它的速度可以接近每小时 860 公里。这种型号的飞机威力巨大，但没有大批生产，因为即便是当时正在服役的飞机都得不到充足的燃料供应。

1944 年 1 月 27 日
苏联红军打退围攻列宁格勒（今圣彼得堡）的德军和芬兰军队，结束了 872 天的围城。图为两个身披雪地伪装服的苏军狙击手在列宁格勒阵地上。

1944 年 8 月
法莱斯包围战是诺曼底战役的高潮，德国第五和第七装甲军被摧毁。照片是美国兵于此战结束后在被炸毁的德国坦克旁的留影。

1944 年 9 月 5 日
英军从塞纳河快速穿越法国，以解救**布鲁塞尔**和比利时。图中，一辆英国坦克正穿越被德军放弃的布鲁塞尔，上面坐满了兴高采烈的当地人。

1944 年 9 月 19 日
在**市场花园行动**中，盟军试图用大批空降部队占领莱茵河。然而，盟军虽然攻下了瓦尔河上的奈梅亨桥，却无法守住位于阿纳姆城的莱茵桥，这次行动失败了。图为英军禁卫装甲师的谢尔曼坦克载着美国第 505 空降步兵团，他们即将打响第一次夺取奈梅亨桥的战斗。

1944年8月25日盟军在诺曼底登陆两个月之后，勒克莱尔将军率领自由法国第二装甲师进入巴黎，被德军占领的**巴黎解放**。图中，一名德国狙击手在刚解放的巴黎设伏，一名自由法国士兵跑向一辆汽车后藏身，一名宪兵和一名手持步枪的抵抗分子躲在车后。

1944年德国航空工程师**冯·布劳恩**设计的"复仇使者"V-2火箭（如图）投入使用，袭击了英国城市。1945年，冯·布劳恩和他的团队投向美国。

1944年12月16日德军企图穿过盟军在阿登的阵线，开始**突出部战役**（又名阿登战役）。照片中的德国士兵正经过一辆燃烧的美国半履带车。1.9万名美国士兵在突出部战役中阵亡。

1945 年 1 月 27 日
苏军解放位于波兰奥斯维辛的纳粹集中营。图为奥斯维辛集中营的小囚犯。

1945 年 2 月 4 日

雅尔塔会议开幕， 罗斯福、丘吉尔和斯大林会晤，计划最后打败和占领纳粹德国。在此次会议上，病中的罗斯福坐在丘吉尔和斯大林中间（如图）。

1945 年 2 月 13—15 日

德累斯顿市中心被美军和英军轰炸机彻底摧毁（如图），至少 2.5 万人丧生，但市郊地区大多比较完好。

1945 年 2 月 23 日

六名美军士兵在**硫磺岛折钵山上升起美国国旗**。这一照片成为第二次世界大战最著名的照片。

1945 年 4 月 1 日
美军在日本**冲绳岛**登陆。这是自 1942 年瓜达尔卡纳尔岛战役以来，太平洋战场历时最长、最惨烈的战役。图为“邦克山号”航空母舰在冲绳岛被日本神风突击队一架飞机击中的情景。

1945 年
法国巴黎左派文坛的无冕之王和王后——让 – 保罗 · 萨特（左）和西蒙娜 · 德 · 波伏娃创办《现代》，这是一份很有影响力的艺术和政治杂志。1964 年，萨特被授予诺贝尔文学奖，但他谢绝领奖。

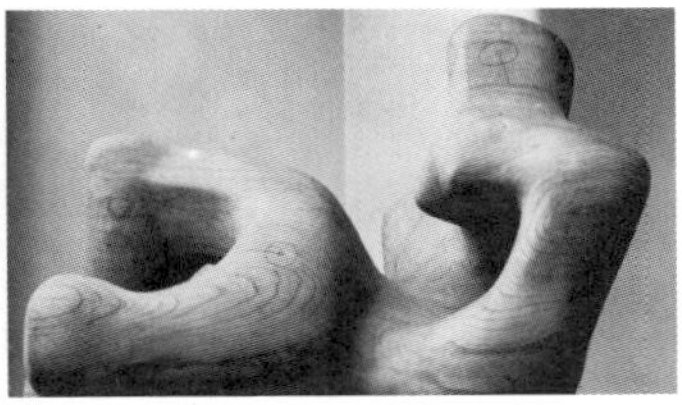

1945 年
英国雕塑家**亨利 · 摩尔**开始用榆木创作《侧卧像》（如图），利用空间和虚实突出人形。

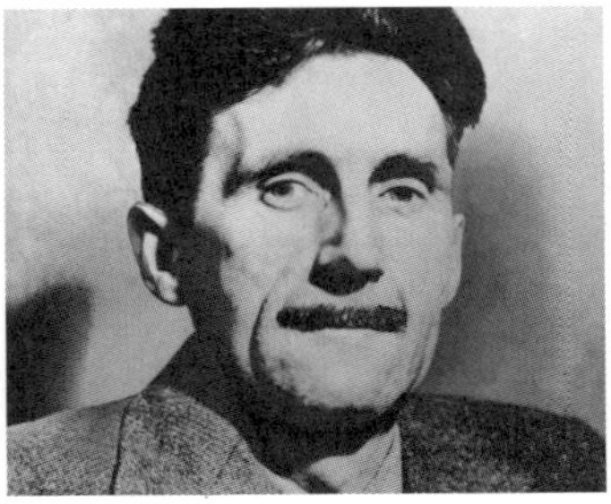

1945 年
英国小说家**乔治 · 奥威尔**出版《动物庄园》，这是一部以俄国革命和约瑟夫 · 斯大林为素材的政治讽喻小说。

广岛和长崎

美国用原子弹袭击日本城市。

第二次世界大战期间，美国“曼哈顿计划”研制出原子弹。1945 年 8 月 6 日，美国向广岛投下一颗原子弹，这是第一颗用于战争的原子弹。其爆炸威力相当于 1.5 万吨 TNT 炸药，立刻彻底摧毁了拥有 34 万居民的广岛市中心方圆 10 平方公里内的建筑。其中 6.6 万人当场死亡，6.9 万受伤；67% 以上的建筑物被毁或被破坏（上图，广岛上空形成的蘑菇云，爆炸产生的烟尘直升到 6000 多米的高空）。1945 年 8 月 9 日，另一颗原子弹在日本长崎爆炸，爆炸威力相当于 2.1 万吨 TNT 炸药。3.9 万人立即死亡，2.5 万人受伤；约 40% 的建筑物被毁或遭到严重破坏。日本于次日开始投降谈判。

1945 年 4 月 28 日
经过一系列军事挫折，意大利独裁者、“领袖”**墨索里尼**开始受到冷遇，在试图逃离意大利时被游击队员抓获并处死，之后，墨索里尼及其情妇又被曝尸米兰街头。

1945 年 4 月 29 日

美国第七军解放德国**达豪**的纳粹集中营，解救了数万名囚犯。图中达豪集中营的囚犯向他们的解救者欢呼。

1945 年 4—5 月

柏林的激烈巷战一直持续到 5 月 2 日下午。图中的苏联步兵在柏林街头从一名死去的德国兵身边跑过。

1945 年 5 月 7 日
包括阿尔弗雷德・约德尔将军（中）在内的德国代表团前往艾森豪威尔将军设在法国兰斯的司令部，签署**德国投降**文件。

1945 年 5 月 8 日
欧洲胜利日标志着欧洲战事的结束。太平洋战场的战斗仍在继续。图中是欧洲胜利日纽约时代广场上的拥吻。

1945 年 6 月 26 日
《联合国宪 章》在旧金山签署。图为南非总理史末资将军在旧金山签署**《联合国宪章》**。

1945 年 7 月 23 日
法国维希政府元首**菲利浦 · 贝当**因第二次世界大战期间犯下叛国罪接受审判。瑞士曾表示愿意为他提供政治避难，但被他拒绝。他的死刑判决被改为终身监禁。

1945 年 9 月 2 日
日本在美国军舰“密苏里号”上正式投降（如图），**第二次世界大战**结束。第二次世界大战期间，约 5500 万人被杀，其中半数以上是平民，包括至少 560 万犹太人。

第二黄金时代

1946

—

1979

1946

—

1973

经过短暂的战后恢复期，从 1950 年开始，世界经济进入第二黄金时代，实现了 23 年的快速增长。发达国家 GDP 年均增长率达到 4.9%，美国劳动生产率年均增长率为 2.5%（1973 年后年均增长仅 0.8%）。

第二黄金时代与第二次世界大战息息相关。因为战争，各国政府不得不集中资源，到 1945 年，美国工人总数的四分之一在从事与战争相关的生产。企业规模空前加大，资本、劳动力、技术的高度结合为新技术推广提供了机会，引发第三次工业革命，即以信息技术、空间技术、生物技术等为核心的重大飞跃。

垄断提升了美国的国际地位。从 1950 年起，摇滚乐、现代艺术、可口可乐、快餐等美国文化开始席卷西方世界。美国文化本是西方文化分支，后逐步形成特色，第二次世界大战后，由于未能避免战争悲剧的爆发，欧洲对自身文化充满幻灭感，肤浅却活泼的美国文化成了替代品。

但垄断也给美国以幻觉，朝鲜战争、越南战争的挫折，动摇了美国的世界帝国雄心，特别是越战期间，美军大量走私海洛因。为提高士兵的兴奋度，军方甚至让士兵吸毒；老兵们将毒品带回本土，并迅速传播开来，造成严重的社会问题。

为缓解内部压力，肯尼迪总统提出“伟大社会”。在经历“黑人民权运动”“反战风潮”“华盛顿和平大进军”“水门事件”等事件之后，美国对国内的问题进行了一系列制度调整。正是因为美国率先突破旧制度的瓶颈，使其成为第三次工业革命的领头羊，全面压倒竞争对手。1973 年 10 月 16 日，第四次中东战争爆发，国际油价从每桶不到 3 美元飙升到 13 美元，引发全球经济衰退。据估计，美国 GDP 下降了 4.7%，欧洲整体下降了 2.5%，日本下降了 7%，第二黄金时代正式宣告终结。

1946 年 1 月 10 日
第一届**联合国大会**在伦敦召开。英国外交大臣欧内斯特·贝文在会上发言，他的右侧是苏联代表。

1946 年
大众甲壳虫在西德沃尔夫斯堡开始生产。

1946 年

ENIAC 电子计算机（电子数字积分计算机）可用于运算；它建造于第二次世界大战时期，起初用于计算大炮的射程表，战后用于氢弹相关的计算。图为在英国建造 ENIAC 计算机基本版的安德鲁·唐纳德·布思博士。

1946 年

黑社会老大“巴格斯”**·西格尔**在内华达州拉斯维加斯创办火烈鸟酒店。拉斯维加斯这座沙漠城市开始靠赌博和娱乐业繁荣起来。图中是初具雏形的火烈鸟酒店，它前面就是臭名昭著的暴徒迈耶·兰斯基——西格尔的朋友。

1946 年 4 月 29 日
在 1941—1944 年间担任日本首相的东条英机因战争罪被起诉，并与战争时期的其他日本领导人一起接受远东国际军事法庭的审判（如图）。东条英机被判有罪并被处死。

1946 年 7 月 22 日
巴勒斯坦右翼犹太秘密复国军事组织伊尔贡炸毁耶路撒冷**大卫王酒店**的一栋侧楼，造成 91 名士兵和平民丧生。照片上的英国士兵搜索大卫王酒店的废墟，希望找到幸存者。

1946 年 9 月 8 日
保加利亚结束君主制。11 月，共产党人格奥尔基·季米特洛夫（如图）当选保加利亚总理。

1947 年
大胆的两件式女泳衣——**比基尼**开始流行。它的名字取自进行核试验的一座太平洋小岛。图为法国女演员芭芭拉·洛奇身穿她用约 1 米的布料为自己做的比基尼。

纽伦堡审判

纳粹领导人作为战犯受到起诉和审判。

纽伦堡审判是指1945—1946年间国际军事法庭在德国纽伦堡举行的一系列审判。纳粹领导人被起诉的罪名有四条：破坏和平罪（计划、开始和发动违反国际公约和协定的侵略战争）、违反人道罪（屠杀、驱逐出境和种族灭绝）、战争罪（违反战争法）和“共同策划或阴谋从事”以上三条罪名所列的犯罪行为。经过216次法庭审理，1946年10月1日，原本的24名被告中有22名接受宣判。其中3名被告被宣判无罪。4名被告被判10—20年有期徒刑，他们分别是：卡尔·邓尼茨、巴尔杜·冯·席腊赫、阿尔伯特·施佩尔和康斯坦丁·冯·纽赖特。3名被判无期徒刑，他们分别是：鲁道夫·赫斯（手搭长椅者）、瓦尔特·冯克和埃里希·雷德尔。12名被告被判处绞刑，其中10人于1946年10月16日被绞死，他们是：汉斯·弗兰克、威廉·弗利克、尤利乌斯·施特莱歇尔、阿尔弗雷德·罗森堡、约阿希姆·冯·里宾特洛甫（右二）、弗里茨·绍克尔、阿尔弗雷德·约德尔、威廉·凯特尔（右一）和阿图尔·赛斯－英夸特。马丁·鲍曼在缺席审判的情况下被判处死刑，赫尔曼·戈林（左一）在被执行死刑之前自尽。

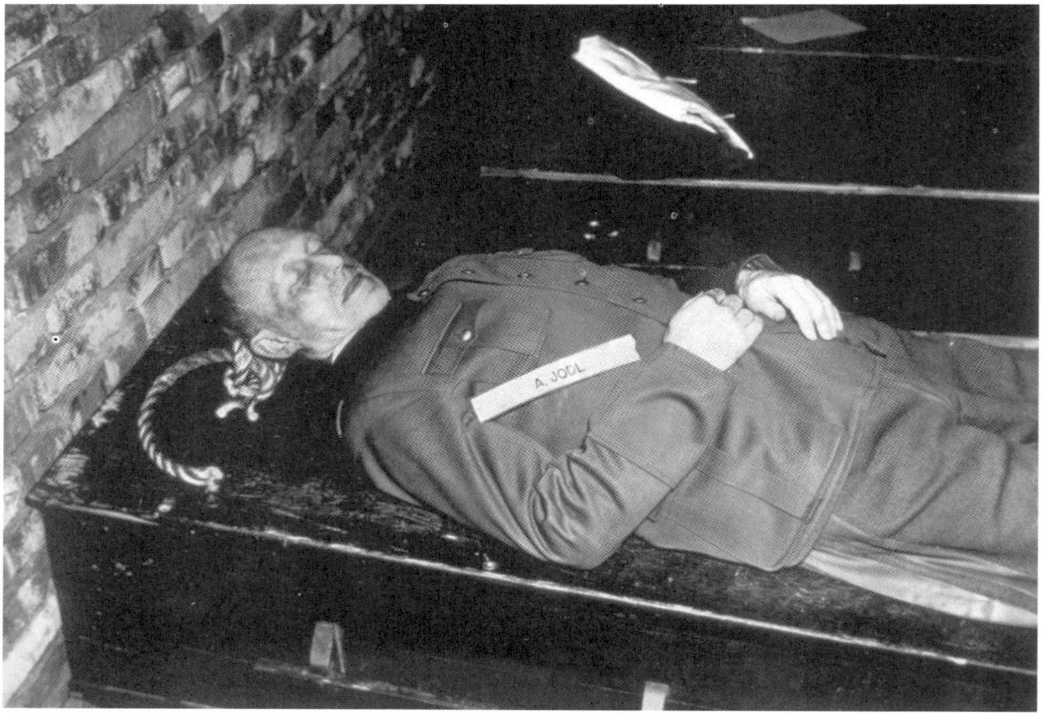

1946 年 10 月 16 日
在**纽伦堡审判**中被判死刑的 12 名前纳粹领导人中，有 10 名被执行死刑。图为希特勒首席顾问兼作战局局长约德尔在纽伦堡被处决后的尸体。

1946 年 12 月 19 日
越南民族主义领袖胡志明（如图）创立的越南独立同盟会开始反抗法国的**第一次印度支那战争**。

“新面貌”

法国时装设计师征服时尚界。

法国时装设计师克里斯汀·迪奥在第二次世界大战结束后的 10 年中主宰时尚界。迪奥原本想投身法国外交界，但在 20 世纪 30 年代金融危机期间，他开始为《费加罗画报》画时装插图。1947 年，在法国纺织品制造商马塞尔·博萨克的支持下，迪奥推出革命性的“新面貌”系列，大大降低的裙摆引起了国际争议。新面貌的特色是小肩、自然的腰线和蓬蓬裙（如图），与第二次世界大战时期垫肩、短裙的形象截然不同。“新面貌”迅速获得成功。

1947 年
一神秘物体在新墨西哥州**罗斯威尔**附近坠落。很多人相信它是外星飞碟，但被证明是雷达圆形天线的一部分。

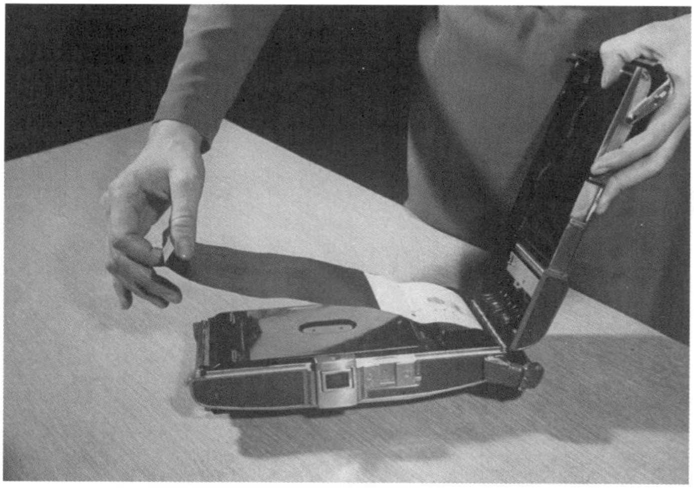

1947 年
埃德温・兰德发明**即时摄影**。他发明的一步式照片冲洗和打印方法引起了自胶卷发明以来的最大革命，其产品就是著名的宝丽莱相机（如图）。

1947 年
法国作家**安德烈・纪德**获得诺贝尔文学奖。

1947 年

一牧羊男孩在死海西北岸基尔巴昆兰的一座山洞里首次发现**《死海古卷》**，它们的年代可追溯到公元前3世纪到公元前1世纪。这1.5万片碎片是800—900部手稿的残片。图为《死海古卷》之一——《旧约·以赛亚书》的一部分。

1947 年

挪威人类学家和探险家**托尔·海尔达尔**领导“太阳神”号木筏从秘鲁西行，试图证明复活岛和夏威夷居民有可能来自古代美洲。图为托尔·海尔达尔和他身后的“太阳神”号木筏。

1947 年 6 月 5 日

美国国务卿乔治·马歇尔在哈佛大学的一次演讲中提出由美国出资帮助欧洲复兴的**“马歇尔计划”**。图为马歇尔计划援助欧洲的一台脱粒机正在奥地利工作，其来源一目了然。

马诺莱特死于斗牛场

当代最伟大的西班牙斗牛士被牛角抵死。

马诺莱特——曼纽尔·苏雷亚诺·罗德里格斯·桑切斯的别名——是一位西班牙英雄。20世纪40年代，他通过表演和商业代言在短短8年内赚了400万美元。他每年表演100场之多，11次受重伤。他在宣布退役打算之后被怂恿着参加了最后一季的斗牛表演。1947年8月29日，在利纳雷斯斗牛大会上，他和年轻的对手多明吉恩合作表演。多明吉恩顺利完成了与第一头牛的表演。马诺莱特的对手是一头彪悍的谬拉公牛，名叫伊赛罗，马诺莱特的叔祖父就死于这种牛的牛角之下。在最后的刺杀阶段，马诺莱特把剑刺入公牛身上，但他自己也被受伤的公牛重创，最终身亡。他的死亡引起举国哀悼。报纸头条评论道：“他死于斗牛，为斗牛而死！”他的一生堪称斗牛精神的化身。

1947年8月15日
英国对**印度**的长期统治正式结束，印度分成印度和巴基斯坦两个自治领，获得独立。图为印度人民在加尔各答庆祝独立的情景。

1947年11月20日
英国王位继承人**伊丽莎白公主**和爱丁堡公爵菲利普在英国首都伦敦大婚。

1947 年 11 月 24 日
一群曾于 1947 年 10 月接受**众议院非美活动调查委员会**调查的电影制片人、导演和编剧——世称"好莱坞十君子"——被判藐视国会罪。图中，旁听该调查的好莱坞明星为了看得更清楚而站起身（左起）：丹尼・凯、琼・哈沃克、亨弗莱・鲍嘉。鲍嘉的妻子劳伦・白考尔坐在他身旁。

1947 年 12 月 30 日
罗马尼亚**国王米哈伊一世**被迫退位，共产党政权宣布罗马尼亚成立共和国。图为流亡在洛桑的米哈伊一世及其母的照片。

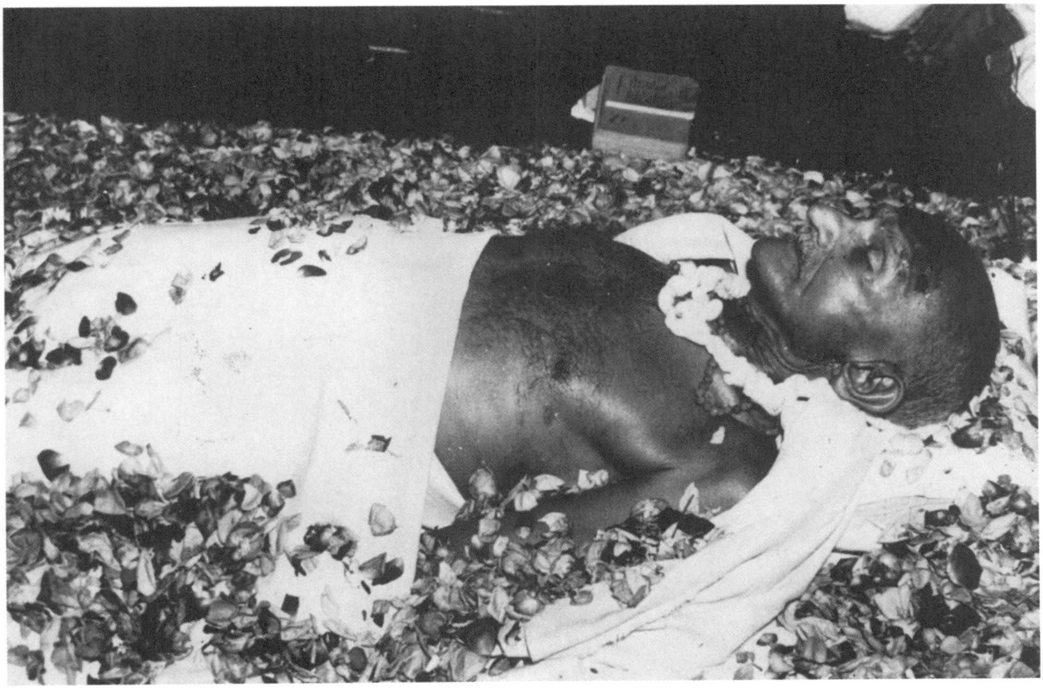

1948 年 1 月 30 日
圣雄甘地在印度城市德里被印度教徒、极端民族主义分子纳图拉姆・戈德森刺杀身亡。

1948 年 2 月 25 日
共产党人掌握了**捷克斯洛伐克**政府的控制权。图中，捷克斯洛伐克共产党人威吓国内的反对力量：一支工人武装队伍穿过布拉格。

1948 年
加利福尼亚州帕洛玛山天文台（如图）安装一台直径 508 厘米的**海尔反射式望远镜**，它是当时世界上最大的望远镜。

1948 年
在瑞士圣莫里茨冬季奥运会上，高山滑雪（速降滑雪和障碍滑雪）首次成为**冬奥会比赛项目**。图为比赛中的法国滑雪运动员亨利·奥雷耶。

1948 年
匈牙利裔美国工程师彼得・卡尔・戈德马克（如图）领导一支团队发明了**密纹唱片（即 LP 唱片）**，78 转唱片开始过时。1 张 LP 唱片的存储量相当于 6 张 78 转唱片。

1948 年

弗雷德· 莫里森取得**飞盘**（Frisbee）设计的专利。图中是凯尼恩学院的学生们正在玩飞盘。

约 1948 年

爵士乐表演者、著名萨克斯演奏家查理·帕克和小号手迪兹·吉莱斯皮尝试使用半音音阶和复杂旋律的即兴表演风格——**比博普**。

1948 年

阿拉伯人和犹太人之间的暴力冲突持续数月。5 月，**以色列独立**。图中是 3 月份，犹太人观看巴勒斯坦阿拉伯人在耶路撒冷安装的炸弹所造成的破坏。

1948 年 6 月 24 日

苏联宣布西方盟国在柏林不再拥有任何权利，**柏林封锁**加剧。图中，一群柏林人看着一架美国 C-47 运输机在坦佩尔霍夫飞机场徐徐降落，这是运送来自西方供给的空中运输线。

1948 年 8 月 15 日

大韩民国宣布成立，定都汉城（今首尔），李承晚任总统。图为出席大韩民国成立庆祝仪式的李承晚总统和麦克阿瑟将军。

1948 年 8 月 25 日

朝鲜民主主义人民共和国成立，定都平壤，金日成任国家主席。

西蒙娜·德·波伏娃

法国女权主义作家出版她的不朽名作。

法国存在主义哲学家让－保罗·萨特的长期伴侣西蒙娜·德·波伏瓦在她的两卷学术专著——《第二性》中充满激情地呼吁消除她所谓的“永恒的阴柔”。

该书的基本思想是：从古至今，女性一直被定义为一种偏差，一种次于“正常”男性的存在。波伏娃开始从哲学角度定义女性，从而为后来在西方产生深远影响的女权运动奠定知识基础。《第二性》被译成40多种语言，成为国际畅销书。它是女权主义文学经典的奠基作品。

1948年9月4日

荷兰威廉明娜女王退位，其女茱莉安娜公主继位。图为荷兰茱莉安娜女王继位后不久与其夫伯恩哈德亲王在国会开幕典礼上。

1949 年

英国小说家乔治·奥威尔发表反乌托邦小说**《1984》**。该书深刻讨论了集权统治的危险性，并迅速成为经典。图中，一幅粗糙的斯大林漫画出现在美军的登陆训练场上，其上有从乔治·奥威尔的书中摘录的名言提醒着士兵敌人是谁。

1949 年

美国国家篮球联盟与美国篮球协会合并，组成**美国全国篮球协会**（NBA）。图为鲍勃·库西。在 NBA 诞生的同时，他在波士顿凯尔特人队开始其职业生涯，后来成为明星球员并多年从事播音员工作。他的 14 号球衣依然悬挂在波士顿花园球场。

1949 年

埃里希·凯斯特纳的名著《两个小洛特》出版。他是德国最受欢迎的作家之一，他的讽刺诗和儿童文学作品尤为著名。

1949 年 3 月 2 日
美国空军 **B-50** 超级空中堡垒完成首次不间断环球飞行后在得克萨斯州沃思堡降落。图为一架 B-50 轰炸机（左）在飞行中加油。

1949 年 3 月 20 日
西德马克取代德国马克被定为西柏林唯一的法定货币，这是西德成立的第一步。1948 年，正是这一事件的先兆导致斯大林开始封锁柏林。

1949 年
爵士小号手**迈尔斯·戴维斯**发行专辑《酷派爵士的诞生》，它明确了西海岸爵士乐的“酷”派风格。戴维斯凭借自身的实力走出查理·帕克的阴影，成为一名杰出的独唱歌手。他后来的专辑是调式爵士乐、爵士摇滚乐和电子摇滚乐的里程碑。

1949 年 5 月 12 日
苏联解除它对柏林的封锁。图为解除封锁后的第一支卡车队到达柏林。

1949 年 4 月 4 日
比利时、加拿大、丹麦、法国、冰岛、意大利、卢森堡、荷兰、挪威、葡萄牙、英国和美国成立军事同盟——**北大西洋公约组织**（NATO）。图中，英国外交大臣欧内斯特·贝文在华盛顿签署英国加入北约的文件，美国总统杜鲁门坐在棕榈盆栽下面观看。

1949 年 9 月 14 日
康拉德·阿登纳当选联邦德国（西德）的首任总理（1949—1963），他努力使德国与曾经的敌国，特别是法国和解。图为在柏林演讲的康拉德· 阿登纳。

1949 年 10 月 1 日
毛泽东在北京天安门广场宣告中华人民共和国成立。

1949 年 10 月 7 日
德国苏占区颁布《宪法》。**东德**与西德并存到 1990 年。图为东德成立之前在莱比锡街头巡逻的苏联士兵。

1949 年 12 月
罗马尼亚允许**犹太人移民以色列**，作为对以色列政府付款的回报。超过 10 万犹太人移民以色列。保加利亚也有近 4 万犹太人移民以色列，土耳其也有数千人移民。图为新到达以色列居住在临时搭建的帐篷里的犹太移民家庭。

移民以色列

以色列政府允许世界各地的犹太人到新建国的以色列定居。

1947 年，联合国经过投票表决，同意巴勒斯坦地区分成单独的阿拉伯国家和犹太国家。1948 年 5 月 14 日，以色列宣布独立。新成立的国家很快得到美国、苏联和许多其他国家的承认，实现了犹太主义者建立得到国际承认的犹太国家的梦想。然而，以色列立刻遭到埃及、伊拉克、黎巴嫩、叙利亚和外约旦等 5 个阿拉伯国家的入侵。以色列获得了这场战争的胜利。战争结束时，这个新国家控制的领土比原始分治计划指定的区域超出 1/5 以上。以色列立国初年不得不吸收大量移民，包括数十万几乎一贫如洗的大屠杀幸存者和大量来自阿拉伯国家的西班牙系犹太家庭（如图，1949 年罗什艾因移民营的也门犹太人）。1948 年，阿拉伯国家战败后，这些犹太人在祖国越来越没有安全感。因此，以色列国会于 1950 年通过《回归法》，给予犹太人即时公民身份。

1950 年

威廉·德·库宁“女人”系列的第一幅作品在张扬的抽象表现主义笔法中透露出强烈的表现力。

1950 年

路德维希·艾哈德在第一届康拉德·阿登纳内阁中被任命为经济部部长。他继续发展获得极大成功的社会市场经济理念。

1950 年

英国作家 C.S. 路易斯出版《纳尼亚传奇》中的第一部——**《狮王、女巫和魔衣橱》**。图中，C.S. 路易斯在牛津莫德林学院他自己的房间里，他在该院任教。

1950 年
作为种族隔离（“孤立”）政策的延伸，南非的两项法律——《人口登记法》和《集团住区法》对每位公民的种族身份做出定义，并严格执行种族隔离。图为 20 世纪 50 年代抗议南非种族隔离的示威游行。横幅的颜色与非洲国民大会的颜色相同。

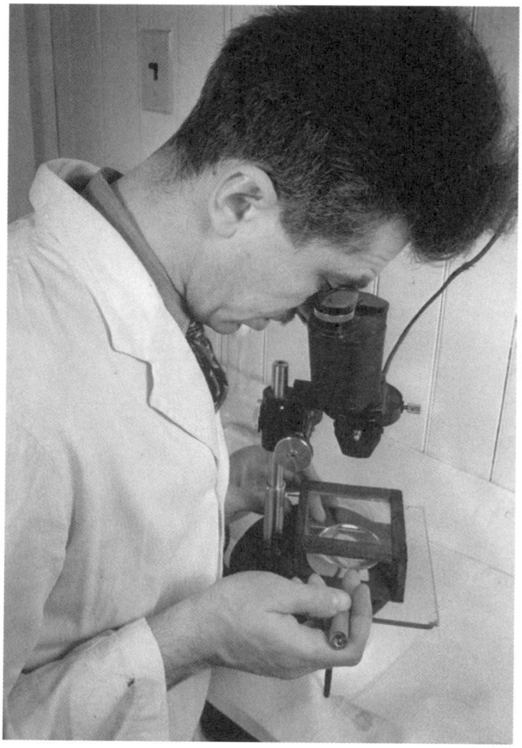

20 世纪 50 年代初

美国生物学家格雷戈里・平卡斯、产科医师约翰・洛克和生物学家张明觉研制出女性**口服避孕药**。图中是格雷戈里・平卡斯在数显微镜下未受精的卵子。

1950 年

神秘的美国隐居作家 J.D. 塞林格出版其著名的长篇小说——《麦田守望者》，图为该书的第一版。

1950 年

法国画家**亨利・马蒂斯**开始创作色彩明艳的大幅水粉画剪纸，色彩和形态并驾齐驱，凌驾于主题之上。

朝鲜战争

联合国首次参战。

朝鲜半岛分成南北两部分本是第二次世界大战后的一项权宜之计，但是北部成为苏联的附属国，而南部获得了美国的支持。1950 年，朝鲜战争爆发，美国总统杜鲁门命令军队协助韩国作战。联合国安理会在苏联代表缺席的情况下通过了一项决议，要求所有成员国协助制止朝鲜的进攻行为。起初，朝鲜军队把韩国军队和联合国军驱赶到朝鲜半岛南端，但麦克阿瑟将军指挥联合国军在朝鲜战线背后 300 多公里的仁川登陆（如图），扭转了战局。联合国军推进到朝鲜和中国的边界附近，中国人加入战争，又把联合国军赶回朝鲜半岛南部，战线稳定在三八线附近。双方于 1951 年开始和谈，两年后签订了停火协议。

1950 年 3 月 1 日

乌尔霍·吉科宁当选芬兰总理，继续贯彻“积极中立”政策。他后来成为芬兰总统。

1950 年 4 月 8 日

印度领导人贾瓦哈拉尔·尼赫鲁（如图）与巴基斯坦领导人列亚格特·阿里·汗签署**《德里协定》**，规定自 1949 年 12 月两国关系恶化后迁移难民的安全通行。

1950 年 7 月

联合国在朝鲜成立统一司令部，由美国将领**麦克阿瑟**将军出任联军司令。16 个成员国都派遣了武装力量，但美国提供了大量空军、海军、给养和资金。图中，麦克阿瑟将军在仁川登陆期间大声命令美国海军陆战队。

1951 年 1 月 27 日

美国原子能委员会在内华达州拉斯维加斯西北的一处空军轰炸和射击训练场进行核爆炸实验。图为美军观看内华达上空升起的蘑菇云。

1951 年 3 月 29 日
朱利叶斯·罗森堡及其妻**艾瑟尔·罗森堡**因将美国军事机密交给苏联而被判处间谍罪，处以死刑。罗森堡夫妇是最早因间谍罪被判处死刑的美国公民。

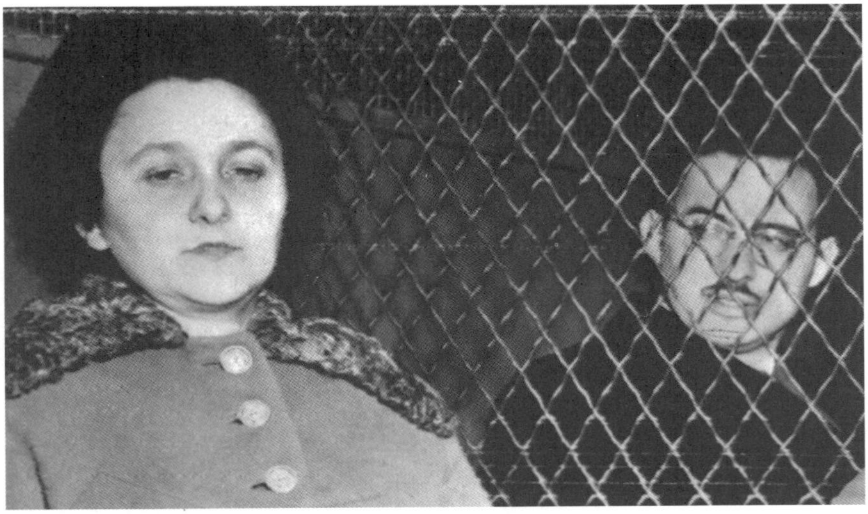

1951 年 7 月 14 日
杜鲁门总统宣布堪萨斯州和密苏里州遭受**洪灾**，成为灾区。图为洪水退去之后残留在堪萨斯州托皮卡北部大街上的淤泥。

1951 年 8 月
阿根廷总统**胡安·庇隆**寻求连任，其妻伊娃·庇隆作为他最有利的竞选武器之一，帮助他成功连任。她是阿根廷无产阶级“无衫党”的拥护者。她于次年去世。

1951 年
英国的**“费朗替一号”**（“曼彻斯特马克一号”）是世界上第一台商业量产的计算机。图中是两名广告女郎在伦敦科学博物馆里用费朗替计算机玩游戏。

1951 年 8 月 22 日
首相穆罕默德·摩萨台领导的伊朗政府与英国代表团就**石油国有化**问题展开谈判，但并未达成一致。图为伊朗妇女身穿西式连衣裙在德黑兰街头游行，表达她们对伊朗石油工业国有化的支持。

埃米尔·扎托佩克

伟大的长跑运动员在赫尔辛基奥运会上为捷克斯洛伐克赢得三枚金牌。

埃米尔·扎托佩克因为跑步姿势笨拙被称为“跳动的捷克人”。他自 1940 年开始长跑。当时他在一家鞋厂工作，在别人的鼓励下参加 1500 米赛跑。虽然缺乏系统的训练，但他仍然取得了第二名的佳绩，从此开始了他的长跑生涯。扎托佩克首次引起国际关注是在 1946 年，当时他在捷克军中服役，骑着自行车从布拉格到柏林参加盟国占领军运动会的 5000 米赛跑项目，并英勇夺冠。（如图，他在 5000 米比赛中领先的情形。）在 1952 年的赫尔辛基奥运会上，他创造了 5000 米和 1 万米长跑的奥运会纪录，并在马拉松比赛中跑出了当时的最佳成绩。他在职业生涯中创造了 18 项世界纪录。1954 年，他以 28 分 54 秒 2 的成绩刷新了他在 1949 年创造的 1 万米世界纪录，这是他的最佳成绩，他也因此成为第一位突破 29 分大关的长跑运动员。他还创造了 5000 米、16.09 公里、2 万米、24.14 公里、2.5 万米和 3 万米长跑的世界纪录。

1952 年

德国犹太诗人、翻译家**保罗·策兰**的诗《死亡赋格》在德国发表。这首诗是对纳粹屠杀犹太人的控诉，诗中名句："死亡是一位从德国来的大师，他的眼睛是蓝色的。"

1952 年

威尔士诗人**狄兰·托马斯**出版《诗集》。这位诗人在他最后的数年时光中几乎是杯不离口，于 1953 年去世。

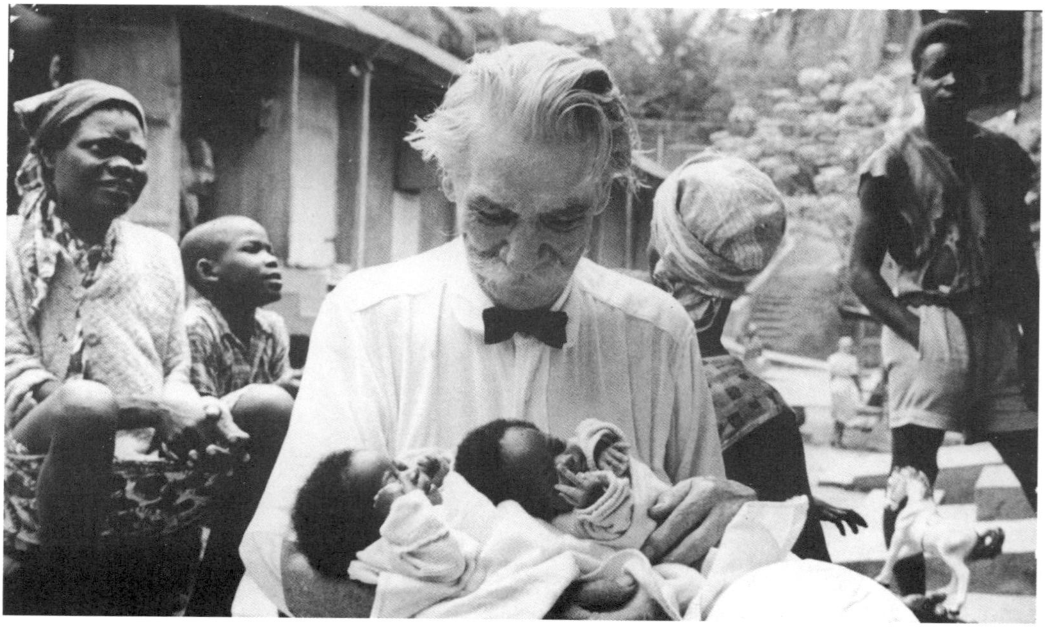

1952 年

神学家、哲学家、风琴演奏家、传教士和医生——"非洲圣人"**阿尔贝特·施韦泽**被授予 1952 年诺贝尔和平奖。施韦泽三十几岁时奔赴非洲，自此致力于服务非洲人民。图中的施韦泽在位于法属赤道非洲兰巴雷的施韦泽医院，怀里抱着两个婴儿。

1952 年
英国剧作家塞缪尔·贝克特写出后现代主义实验剧——**《等待戈多》**，剧本讲述一场无果的等待。图为 1953 年在法国上演的《等待戈多》。

1952 年
约翰·凯奇为珍·厄尔曼的舞蹈创作《想象中的风景第 5 号》，这是他在磁带上录制的第一部作品；同年，他还创作了最出名也最具争议的《4 分 33 秒》——一首除了背景噪音之外没有任何声音的绝世名曲。

1952 年
伦敦发生的一场重大**烟雾**事件，造成约 4000 人丧生，引起公众和政府对城市空气污染的重视。

1952 年
美国 SOM 设计事务所的建筑设计师戈登·邦夏设计了位于纽约市的**利华大厦**。利华大厦是纽约最早的现代摩天大楼之一，也是纽约第一座用钢铁玻璃幕墙技术建造的大厦，它看起来就像漂浮在地基上。

氢弹

美国成功试爆威力相当于数百颗原子弹的热核装置。

1951 年 9 月，美国洛斯阿拉莫斯国家实验室提出于 1952 年 11 月试爆根据泰勒－乌拉姆方案——爱德华·泰勒和斯坦尼斯拉夫·乌拉姆研制的两段式辐射聚爆方案——设计的一种新型炸弹。该装置被昵称为“迈克”，始建于 1951 年 10 月，后因无法预见的困难于 1952 年 3 月重新设计。“迈克”重 82 吨，其中部分重量属于为保持氘的液态而安装的低温冷冻设备。

1952 年 11 月 1 日，这颗氢弹在西太平洋马绍尔群岛中的埃内韦塔克环礁成功引爆，即“常春藤行动”。爆炸产生了一朵巨大的蘑菇云（如图）。这颗炸弹产生的爆炸当量相当于 1000 万吨 TNT 炸药。泰勒后来在美国被誉为“氢弹之父”。

1952 年 2 月 6 日
英国国王乔治六世在诺福克郡的桑德林汉姆宫去世，其女伊丽莎白继位，称为“伊丽莎白二世”。图为伊丽莎白女王（亦即现在的王太后）护送先王灵柩从桑德林汉姆宫返回伦敦，她身后是新任女王伊丽莎白二世和公主玛格丽特，众人心情十分悲痛。

1952 年 6 月 14 日
杜鲁门总统在康涅狄格州格罗顿市为世界上第一艘核潜艇——**“鹦鹉螺号”**——安放龙骨。图为“鹦鹉螺号”修长、整洁的潜望塔。

1952 年 7 月 23 日

迦玛尔·阿卜杜尔·纳赛尔上校领导的“自由军官运动”发动政变，推翻了埃及国王法鲁克一世，结束了埃及的君主制，纳赛尔开始当权。图为“自由军官运动”在开罗集会，穆罕默德·纳吉布主持会议，右侧是纳赛尔，再隔两位是安瓦尔·萨达特。

1952 年 8 月 5 日

东德宣布成立国家人民军。图为 1959 年的无条件投降纪念日，东德国家人民军在东柏林的苏联战争纪念碑前接受检阅。

1952 年 9 月 8 日

海明威发表英雄主义短篇小说——《老人与海》。照片上的海明威看起来与小说中的主人公颇为相像。

1952 年 10 月 30 日
英国当局继续在**肯尼亚**镇压茅茅党人的激进民族主义反抗运动，500 多人因此被捕。图为关押在内罗毕的茅茅党嫌疑人，他们都是基库尤部落的人。

1952 年 11 月 25 日
阿加莎·克里斯蒂的谋杀推理剧《捕鼠器》在伦敦举行首场演出，自此活跃在话剧舞台上，成为有史以来持续演出时间最长的剧本。图为阿加莎·克里斯蒂在 1958 年 4 月出席庆祝《捕鼠器》创下连演 2239 场纪录宴会时的场景。

女王伊丽莎白二世

英国进入新的伊丽莎白时代。

1953 年 6 月 2 日的加冕礼结束后，英国的新君主返回白金汉宫，并在白金汉宫的阳台上对欢呼的群众致意。照片中和女王在一起的是菲利普亲王、3 岁的查尔斯王子和 18 个月大的安妮公主。

女王伊丽莎白二世的加冕礼给英国电视行业创造了起飞的机会：2000 万人在家观看这一盛典，英国电视制造商在 20 世纪 50 年代生产了 25 万台电视机。

1953 年 1 月 1 日

美国乡村音乐和西部音乐大师**汉克·威廉姆斯**在 29 岁的青春年华猝然去世，令 20 世纪失去了一位最有影响力也最受欢迎的作曲家和表演家。他最畅销的专辑包括《冷酷的心》、《你的欺骗之心》和《嘿，美人！》。

1953 年 1 月 14 日

约瑟普·布罗兹·铁托成为南斯拉夫总统。

1953 年 1 月 31 日至 2 月 5 日

北海暴风雨和潮水淹没了荷兰和比利时的一些低地，英国、法国和德国沿海也受到冲击，仅荷兰一个国家就有 1794 人丧生。图为被洪水淹没的荷兰多德雷赫特的一条街道。

1953 年 3 月 5 日
苏联领导人**约瑟夫·斯大林**在莫斯科去世，他的职务由格奥尔基·马林科夫接任。

1953 年 5 月 27 日
新西兰登山家埃德蒙·希拉里和他的夏尔巴伙伴丹增·诺盖一起登上**珠穆朗玛峰**顶。他们是最早登上珠峰并成功返回的人。图为埃德蒙·希拉里和丹增·诺盖登上珠穆朗玛峰之后在下山路上。

1953 年
美国遗传学家詹姆斯·沃森和英国科学家弗朗西斯·克里克共同发现了**DNA**的双螺旋结构。图中，詹姆斯·沃森手拿 DNA 分子模型。

1953 年 6 月 18 日

埃及革命委员会宣布埃及成立共和国，由穆罕默德·纳吉布任总统兼总理。图中，纳吉布将军接受埃及人民的喝彩，他右侧站着沉思的纳赛尔。纳吉布不久被纳赛尔夺权，开始了 18 年的软禁生活。

1953 年 8 月 5 日

根据《朝鲜停战协定》条款，第一次交换战俘在**板门店**开始。图为美国战俘走下卡车，通过板门店的欢迎门。

西德在世界杯中夺冠

决赛中战胜锦标赛宠儿预示着新的足球强国的崛起。

第五届世界杯足球赛的传奇不在于西德的夺冠，而在于他们最终战胜了当时无可非议的世界第一强队。

决赛是在瑞士首都伯尔尼的瓢泼大雨中进行的，开场不出大多数人所料：匈牙利队遥遥领先，开赛仅 10 分钟便连进两球，看似牢牢掌控战局。但他们的主力队员费伦茨・普斯卡什脚踝受伤，使德国人有机可乘，在接下来的 8 分钟里追平了比分。

门将托尼・多雷克是西德队的英雄，他在匈牙利队的凶猛攻势下接连扑救成功，把德国队的球门防守得滴水不漏。在距终场只剩 7 分钟时，赫尔穆特・拉恩在球场另一边突围射门，再进一球，使前西德队以 3 ： 2 的比分获得胜利。“伯尔尼奇迹”令战后的德国倍感振奋。

1954 年
英国 1 英里赛跑选手**罗杰·班尼斯特**是第一个打破 4 分钟极限的人。图为在牛津大学跑道上冲过终点线的罗杰·班尼斯特。

1954 年
苏联建立“共产党的剑与盾”——**克格勃**（KGB），即国家安全委员会，它肩负着外国情报机构和国内安全机构的双重使命。图为尤里·安德罗波夫，是克格勃主席（1967—1982）。

1954 年
英国作家托尔金出版魔幻史诗巨著——**《指环王》**三部曲中的第一部。图为在自己的书房里的托尔金。他是一位盎格鲁－撒克逊语教授，时任牛津大学英文教授。

1954 年
19 岁的法国小说家、被弗朗索瓦·莫里亚克称为“迷人的小魔头”的**弗朗索瓦丝·萨冈**，出版销量过百万册的名作——《你好，忧愁》。

1954 年 1 月 14 日
棒球运动员**乔·迪马吉奥**和女明星玛丽莲·梦露在旧金山市政厅喜结连理。

1954 年

英国**“彗星”**喷气式客机的一系列坠机事件迫使它们退出服务。经查明，由于金属疲劳，该飞机的圆形窗户存在结构缺陷。图中是一架“彗星”客机在接受检查，以查明这类客机失事的原因。

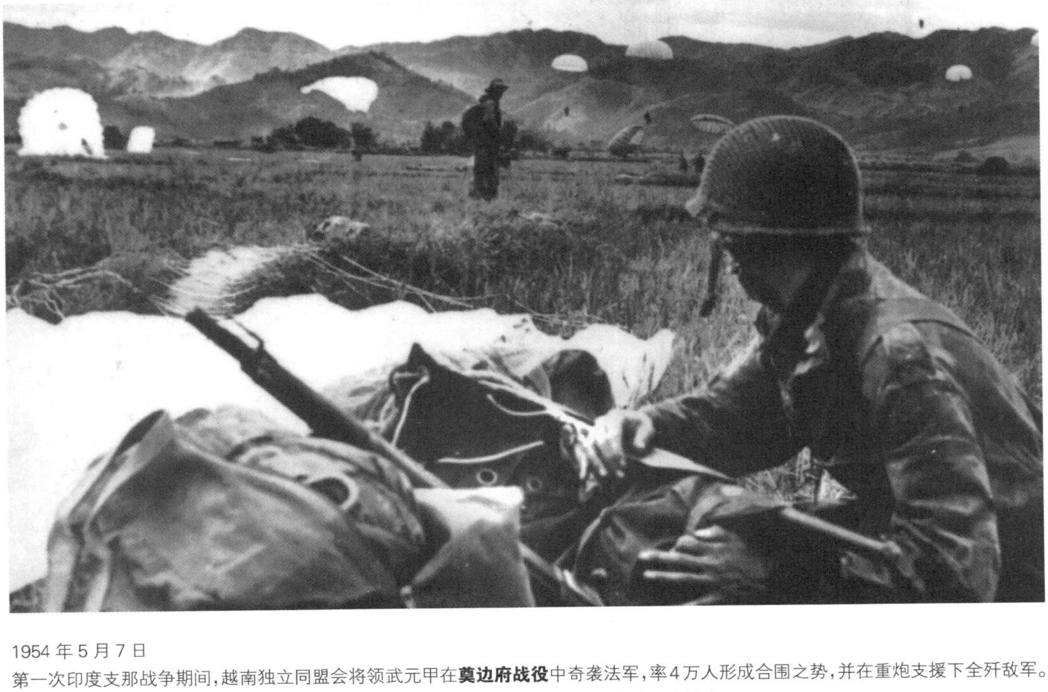

1954 年 5 月 7 日

第一次印度支那战争期间，越南独立同盟会将领武元甲在**奠边府战役**中奇袭法军，率 4 万人形成合围之势，并在重炮支援下全歼敌军。图为在奠边府着陆的法国伞兵，背景中可以看到切断法军空中补给线的越盟大炮所在的山冈。

1954 年 7 月 3 日
随着食品部撤销对肉类和培根的控制，英国在这一天的午夜全面结束**食物配给制**。图中是食物配给期间一家英国肉店摆出的货品：各种肉类都标有购买 1 磅（约 454 克）肉必须支付的配给券数量和最高限价。

1955 年
玛丽安·安德森成为第一位在纽约大都会歌剧院表演的美国黑人艺术家，她演唱威尔第歌剧《假面舞会》中乌莉卡的角色。图为在大都会歌剧院彩排的玛丽安·安德森。

1955 年

迪士尼主题公园在加利福尼亚州阿纳海姆市开放营业。它很快成为世界各地游客趋之若鹜的胜地，巩固了沃尔特·迪士尼在美国流行文化中的中坚地位。图为加州迪士尼乐园里巨大的茶杯椅。

1955 年

雷·克拉克的第一家**麦当劳**快餐店在伊利诺伊州德斯普兰斯开张。截至 1963 年底，公司卖出的汉堡超过 10 亿个。图为雷·克拉克在吃自家店里出售的麦当劳汉堡——这是首次卖出去的 10 亿个汉堡之一。

1954 年 7 月 13 日

墨西哥女画家**弗里达·卡罗**（如图）去世。其作品带有明显的自我困扰情绪。她色彩强烈、明亮的自画像使她和她的丈夫——壁画家迭戈·里维拉同样出名。

1955 年 1 月 1 日

美国援外事务管理署开始向越南、柬埔寨、老挝等**印度支那**国家提供直接经济援助。图为美国国务卿约翰·福斯特·杜勒斯和他的助手们在前往出席东南亚条约组织（SEATO）会议的飞机上。

1955 年 5 月

英国赛车手斯特林·莫斯在意大利传统赛事——**一千英里耐力赛**中获得 1597 公里拉力赛的冠军，一举成名。图中是获胜后兴高采烈的斯特林·莫斯——他风尘仆仆的脸上护目镜的轮廓清晰可见。为了在比赛中保持清醒，他合法地服用了安非他命。

1955 年 3 月 30 日

影片《**码头风云**》获得 1954 年奥斯卡最佳影片奖；马龙·白兰度捧得最佳男演员奖，格蕾丝·凯利则凭借她在阿尔弗雷德·希区柯克的影片《后窗》中的精湛表演获得最佳女演员奖。图为《码头风云》中的马龙·白兰度和爱娃·玛丽·森特。

1955 年

摄影师**爱德华·史泰钦**在纽约现代艺术博物馆主办以人类团结为主题的大型摄影展——“四海一家”，来自世界各地的503幅作品参加了展览。

1955 年

保守党人**安东尼·艾登**爵士接替温斯顿·丘吉尔的英国首相之位。一年后，在他的推波助澜下，英国伙同法国入侵埃及，企图争夺苏伊士运河的控制权。

1955 年

前西德总理阿登纳前往莫斯科，安排最后一万名滞留苏联的德国战俘遣返问题，促成了**“万人还乡”**。图中，康拉德·阿登纳在莫斯科与尼古拉·布尔加宁（左）和尼基塔·赫鲁晓夫握手。

1955年5月31日
由于全国铁路大罢工，英国宣布进入**紧急状态**。这个五人组合重新启用一辆1897年的邓禄普五人赛车，战胜了铁路大罢工。

1955年7月9日
包括伯特兰·罗素和阿尔伯特·爱因斯坦在内的9位著名科学家联名签署了一项呼吁人类**拒绝战争**的宣言。图为伯特兰·罗素在他为了提醒人们警惕核战争的威胁而召开的新闻发布会上。

1955年6月11日
在**勒芒**24小时耐力赛上，皮埃尔·里维夫驾驶的一辆梅赛德斯赛车冲进人群（如图），造成82人丧生。这是赛车史上最为严重的事故。奔驰车队随即退出了比赛。

1955 年 12 月 1 日
在亚拉巴马州蒙哥马利县，**罗莎·帕克斯**（中）拒绝给白人乘客让座，致使她因违反了当地的种族隔离法而被逮捕。这一事件引发了一场黑人联合抵制公共汽车的运动，最终迫使公共汽车取消了种族隔离。

1955 年 8 月 20 日
希腊在联合国要求英属**塞浦路斯**的自主权；塞浦路斯的希腊人口已超过土耳其人口。图为塞浦路斯教会领袖马卡里奥斯大主教向人民发表宣扬消极抵抗的演讲。

1955 年 9 月 30 日
20 世纪 50 年代迷惘困惑、理想主义青年的代言人——美国电影演员**詹姆斯·迪恩**在加州帕索罗布斯发生车祸，不幸去世。图为詹姆斯·迪恩和一辆跑车，或许就是那辆令他殒命的保时捷。

1955 年 12 月 15 日
1955 年的美国赛马冠军得主——**纳舒厄**被以 125.12 万美元的价格卖给竞拍财团。它是第一匹身价超过百万美元的赛马。图为纳舒厄和它的训练员吉姆·菲茨西蒙斯。

《伤心旅馆》

埃尔维斯·普雷斯利首次登上美国排行榜的榜首。

在太阳唱片公司录制了 5 支单曲后，深受布鲁斯影响的流行歌手埃尔维斯·普雷斯利将经纪合约转到乡村音乐经纪人“上校”汤姆·帕克名下。汤姆·帕克曾捧红了埃迪·阿诺德和汉克·斯诺等明星。在帕克的安排下，普雷斯利的曲目和录制合约分别卖给了纽约的大公司——Hill & Range 和 RCA 旗下的胜利唱片公司。太阳唱片公司总共获得 3.5 万美元的转让费；埃尔维斯只得 5000 美元。普雷斯利开始在 RCA 位于田纳西州首府纳什维尔的工作室里录制唱片。他原本的乐队——吉他手斯科蒂·穆尔、贝斯手比尔·布莱克和鼓手 D.J. 方塔纳和数名伴奏音乐师仍然为他伴奏。他张扬的形象引起了全国性轰动。1956 年 1 月录制的《伤心旅馆》连续 8 周在美国公告牌单曲排行榜上高居榜首。这一年，他又凭借《不要对我太残忍》和《温柔地爱我》登上榜首。“猫王”风暴席卷了美国。

1956 年
芬兰裔美国建筑大师埃罗・沙里宁开始设计 **TWA 候机楼**（今纽约肯尼迪国际机场第五候机楼，如图）。候机楼的曲线造型令人联想起一只巨大的鸟。

1956 年
垮掉派诗人艾伦・金斯伯格发表长诗**《嚎叫》**。这首诗是他对美国社会的公开谴责，也是他对沃尔特・惠特曼的《草叶集》做出的回应。图中分别是艾伦・金斯伯格（中）和诺曼・梅勒（左）以及英国作家阿什利・蒙塔古。

1956 年 4 月 19 日
美国女演员格蕾丝・凯利与摩纳哥兰尼埃亲王喜结连理，成为**格蕾丝王妃**。

1956 年
冬季奥运会在意大利城市科尔蒂纳丹佩佐举行；**夏季奥运会**在澳大利亚首都墨尔本举行。图为苏联体操运动员拉瑞萨・拉提尼娜在平衡木上。她在此届奥运会上夺得四枚金牌，并于 1960 年奥运会再夺三金。

1956 年 5 月 24 日
印度举国庆祝**佛教** 2500 周年纪念日。图中，一队身穿红袍的佛教僧侣经过缅甸仰光大金塔。

1956 年
世界上第一家商业核电站——英国科尔德霍尔**核电站**投入运行。乐观人士甚至想象电力很快就会“便宜得不用电表”。它于 2003 年关闭。在 1964 年以前，它主要用于生产武器级钚。

1956 年
约翰·奥斯本抨击顺从、表达挫折感的话剧**《愤怒的回顾》**在伦敦首次公演；“愤怒的青年”文学运动由此开始。图为剧作家约翰·奥斯本（右）和演员肯尼斯·黑格（话剧中吉米·波特的扮演者）。

1956 年
印度律师和政府官员 **B.R. 安培多伽尔**带领 20 万印度贱民皈依佛教，以逃避印度种姓制度的迫害。图中，由于圣庙在甘地生日当天拒绝贱民进入，贱民随后在德里的一座圣庙外面举行抗议。甘地一直呼吁给予贱民同等的权利。

1956 年
密斯·凡·德·罗开始设计纽约西格拉姆大厦。作为一座现代主义摩天大楼，它对材料的运用既拘谨又精到，大厦第一层宁静整齐的承重柱给人一种缓缓浮起的感觉。

1956 年
碧姬·芭铎出演影片《上帝创造女人》之后迅速红遍全球。图为在 1956 年戛纳电影节上的碧姬·芭铎。

1956 年
艾拉·费兹杰拉德开始录制 19 盘歌曲专辑，收录了理查德·罗杰斯、科尔·波特、乔治·格什温、艾灵顿公爵、欧文·柏林和约翰尼·默瑟等人创作的近 250 首名曲。图为在凯利先生夜总会演唱的艾拉·费兹杰拉。

1956 年 7 月 26 日
埃及总统**迦玛尔·阿卜杜尔·纳赛尔**取得苏伊士运河的控制权，实现了运河的国有化。

匈牙利事件

匈牙利人民奋起反抗匈牙利劳动人民党领导人的统治，但他们的反抗迅速遭到苏军的野蛮镇压。

苏联领导人尼基塔·赫鲁晓夫承认其前任约瑟夫·斯大林罪行的决定就像打开了一道水闸，原来被压抑的对匈牙利劳动人民党领导人的批评和怨恨如洪水般倾泻出来。

1956年7月，匈牙利党领导人拉科西·马加什遭到罢黜，格罗取代了他的职位。但格罗无力控制日益高涨的动乱和不满，终于在10月末爆发了积极反抗（上图，匈牙利起义者；右图，抗议者殴打一名令人厌恶的秘密警察上校）。格罗向苏联求援。匈牙利事件的第一阶段以反叛者的获胜而告终：纳吉·伊姆雷担任总理，并应人民的要求，承诺建立多党政府；11月1日，他宣布匈牙利中立并向联合国申诉。11月4日，由于西方强国对纳吉缺乏积极回应，英法忙于对抗埃及，苏联趁机出兵入侵匈牙利，中止了匈牙利事件。

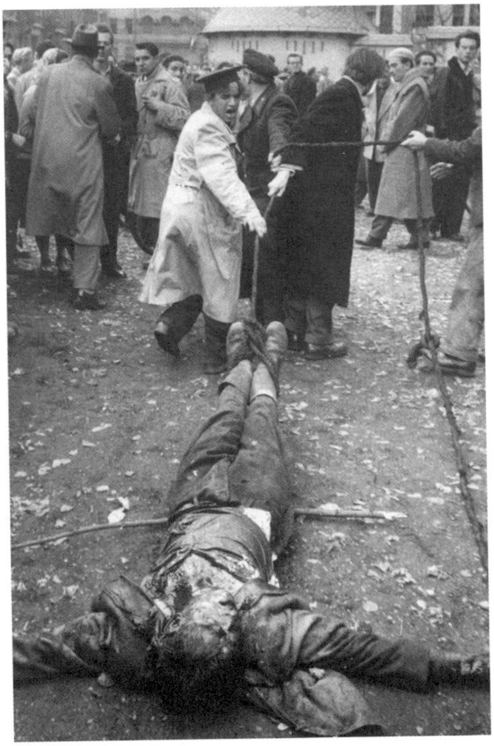

1956 年 10 月 29 日
以色列军队占领加沙地区并袭击**西奈半岛**的埃及人。图为埃及人为了堵住航道而在苏伊士运河河口处弄沉的船只。

1956 年 11 月 5 日
英法与以色列共谋，派遣伞降部队和常规部队入侵埃及的苏伊士运河，但很快因为美国的反对被迫撤离。图为英法联军于 11 月入侵埃及之后，在塞得港巡逻的英军。

1957 年 3 月 25 日
《罗马条约》签署，欧洲经济共同体、欧洲共同市场和欧洲原子能共同体由此成立。图为康拉德·阿登纳（中）代表德国签署《罗马条约》。

1957 年
用作教练船的德国著名帆船**“帕米尔号”**因遭遇飓风“嘉莉”在亚速尔群岛外沉没，船上 86 名乘员中有 80 人不幸遇难。

约 1957 年
随着加利福尼亚人用一种名叫“帆板”的单人小船把帆船和冲浪结合起来，美国产生了**帆板运动**。

1957 年

“垮掉的一代”代表人物、作家杰克·凯鲁亚克出版小说**《在路上》**。它是 20 世纪最有影响力的小说之一。图为“垮掉的一代”代表人物：画家和音乐家拉里·里维斯（左），他身边是杰克·凯鲁亚克；诗人艾伦·金斯伯格（右）和正在剔牙的音乐家大卫·阿姆拉姆。戴着羊毛帽子的是诗人格雷戈里·柯索。

1957 年 5 月 6 日

哥伦比亚大学公布 1956 年普利策奖获奖名单，其中包括已故剧作家**尤金·奥尼尔**的剧本《进入黑夜的漫长旅程》和乔治·凯南的历史专著《俄国退出战争》。

1957 年

加纳成为第一个脱离英国殖民统治获得独立的非洲殖民地。它的第一位领导人是克瓦米·恩克鲁玛总统。图为克瓦米·恩克鲁玛和肯特公爵夫人在阿克拉出席加纳独立庆典。

1957 年
科学家开始监控大气中的二氧化碳含量，并很快发现大气中的**二氧化碳水平**由于化石燃料的燃烧和砍伐森林而不断升高。图为英国约克郡的纺织城镇哈利法克斯，高耸的烟囱喷出阵阵浓烟。

1957 年 10 月 8 日
位于英国西北部**温德斯格尔**的核电站（如图）发生事故，引起的大火燃烧了 16 小时，致使反应堆芯中的 10 吨放射性燃料熔化。

1957 年 10 月 4 日
苏联发射**“史泼尼克 1 号”**小型人造卫星，从此开启太空时代。图为发射前的“史泼尼克”卫星。

方吉奥

阿根廷赛车手第五次赢得世界冠军。

早年的一级方程式赛车是阿根廷车手胡安·方吉奥的天下。他在前 8 年中一人独揽五次总冠军，其中四次连续夺冠（1951，1954，1955，1956 和 1957）。

1957 年德国大奖赛，方吉奥在纽伯林赛道上获得第五个世界冠军。这次获胜令他尤为得意，因为这是他离开法拉利车队、加入玛莎拉蒂之后第一次夺冠。此前一年，他虽然为法拉利获得冠军，却与之爆发了尖锐的争吵。（方吉奥还曾经驾驶阿尔法·罗密欧和梅赛德斯奔驰获得世界冠军。）

在激动人心的决赛中，冠军花落谁家尚未见分晓。暂时领先的方吉奥经过两次停站之后被两名法拉利车手赶超，在仅剩 10 圈时落后 50 秒。但他随后再次打破圈速纪录，在仅剩 2 圈时把差距缩短到 2 秒，终于在倒数第二圈时挤进第二名，最终后来居上，以快 3.6 秒的成绩获得冠军。

这是方吉奥第二十三次在大奖赛上获胜，成全了他四连冠的纪录，也是他第五次夺冠。这次夺冠后，方吉奥于 1958 年退出了赛车场，回到他的祖国阿根廷为梅赛德斯—奔驰效力。

1958 年 1 月 13 日
莱纳斯·鲍林向联合国秘书长达格·哈马舍尔德递交一份由 9235 名科学家签名的请愿书，敦促立即达成停止**核武器试验**的国际协议。图中的莱纳斯·鲍林（中）在呼吁停止核试验。

1958 年 1 月 31 日
美国发射第一颗人造卫星——**“探索者 1 号”**，标志着美国加入太空竞赛。图为美国电视主持人沃尔特·克朗凯特利用模型解释发射“探索者 1 号”火箭涉及的火箭技术。

1958 年 2 月 19 日
中国和朝鲜在平壤宣布，中国志愿军将于 1958 年底全部撤离朝鲜。图为朝鲜人民在中国志愿军撤离朝鲜之前向金日成和中国指挥官们撒幸运米。

1958 年 3 月 2 日
维维安·富克斯和一支英国探险队完成了徒步穿越南极大陆的旅程，行程 3379.6 公里。照片上是维维安·富克斯和他穿越南极之旅所用的一辆履带车。

1958 年 4 月 13 日
在苏联首都莫斯科举行的柴可夫斯基国际钢琴大赛上，来自得克萨斯州的**范·克莱本**获得一等奖。

1958 年
美国人**鲍比·菲舍尔**成为世界上最年轻的国际象棋高段棋手。他后来成为美国第一位国际象棋世界冠军。图为 1957 年鲍比·菲舍尔在曼哈顿国际象棋俱乐部与菲律宾冠军鲁道夫·谭·卡多佐对弈时的情形。

1958 年 4 月 16 日
布鲁塞尔世界博览会在比利时开幕。图为布鲁塞尔世博会的正式开幕典礼，其中展出了世博会的中心展品——原子塔，前景是国王博杜安的护卫队。

1958 年 4 月

英国**核裁军运动**（CND）组织首次复活节游行并推出反核武标志，游行一直到奥尔德玛斯顿核武器研究机构。

图为雨中手持新标志的 CND 成员。

1958 年 5 月 13 日
美国**副总统理查德 · 尼克松**乘坐的汽车在抵达委内瑞拉首都加拉加斯时遭到数百名示威者袭击。艾森豪威尔总统命令伞兵和海军陆战队前往加勒比海基地，以确保尼克松的安全。

1958 年
加利福尼亚州的惠姆奥公司开始生产新玩具——**呼啦圈**。照片上，20 世纪 50 年代最为流行的歌手之一——泰瑞莎 · 布鲁尔展示她玩转两个呼啦圈的技巧。

1958 年
在世界杯决赛上，17 岁的足球名将**贝利**率领巴西队以 5 ：2 战胜瑞典队，夺得冠军。贝利成为巴西的民族英雄，也是世界上最著名的球员之一。

1958 年
因天气恶劣，一架英国飞机起飞时坠毁，造成 23 人丧生，包括曼彻斯特联队的 8 名球员、3 名俱乐部工作人员和 8 名记者，他们刚在贝尔格莱德获胜，正准备荣归故里。这场悲剧被称为**“慕尼黑空难”**。图为飞机坠毁后的引擎之一。

1958 年
沙利度胺作为治疗孕妇晨吐的药物在 40 多个国家上市。医生很快发现，妊娠初期服用过这种药物的产妇容易产下严重畸形的孩子。图为因母亲怀孕期间服用沙利度胺而导致手臂萎缩的小男孩。

1958 年
鲍利斯·帕斯捷尔纳克获得诺贝尔文学奖，但却被迫谢绝领奖。他的史诗巨著**《日瓦戈医生》**在苏联不仅不得出版，而且广受批评，但却被翻译成 18 种语言。图为在莫斯科郊外家中的鲍利斯·帕斯捷尔纳克。

1958 年
美国艺术家**贾斯珀·约翰斯**展出一系列以旗帜为主题的画作，再次把表现主义引入现代艺术，震动了艺术界。

1958 年

美国舞蹈家、舞蹈编导阿尔文·艾利组建**阿尔文·艾利美国舞剧团**。舞剧团的代表作是创作于 1960 年的《启示录》，该作品是一曲直抵美国黑人心灵的福音。图中，阿尔文·艾利正托住一位女舞蹈演员。

1958 年 6 月 11 日

美国科罗拉多和堪萨斯州部分地区受到蝗虫滋扰；两州的州长请求**艾森豪威尔**总统宣布受灾地区进入紧急状态，但总统拒绝了两位州长的请求。照片上，死去的蝗虫堵住了一辆汽车的进风口。

1958 年 8 月 3 日

“鹦鹉螺号”核潜艇（如图）穿过厚厚的北极冰盖，创立了前所未有的功绩。

1958 年 9 月 28 日
马达加斯加表决通过在法兰西联邦内自治。图中，投票通过自治之后，马达加斯加儿童排队等候戴高乐将军抵达。

1958 年 11 月 27 日
日本皇室宣布**明仁**皇太子与平民正田美智子订婚。图为日本明仁皇太子和美智子皇妃大婚后拍摄的正式照片，他们两侧是裕仁天皇和皇后。

卡斯特罗成为古巴政府总理

古巴革命。

1959年1月1日，经过3年游击战，800起义军打败了古巴政府的3万雄师，独裁者富尔亨西奥·巴蒂斯塔逃离古巴。

2月，古巴革命无可争议的领袖——菲德尔·卡斯特罗成为新古巴临时政府的革命武装力量总司令，温和自由主义者曼努埃尔·乌鲁蒂亚担任临时政府总统。图为卡斯特罗对着麦克风讲话的照片。

卡斯特罗初掌权时承诺恢复公民自由，进行适度的改革。但大权在握之后，他开始执行更加彻底的共产主义政策，并公开敌视美国。

1959 年 1 月 3 日
阿拉斯加成为美国第 49 个联邦州；它是第一个不与其他各州接壤的州。作为面积最大的联邦州，它的加入使美国国土面积增加了近 20%。图中可见阿拉斯加州安克雷奇市庆祝阿拉斯加成为联邦州的条幅。

1959 年 2 月 2 日
美国弗吉尼亚州阿灵顿和诺福克市的**黑人儿童**第一次入读以前只接受白人学生的学校。照片上是弗吉尼亚州诺福克市中学里孤单的黑人学生。

1959 年 2 月 3 日
摇滚乐先驱**巴迪·霍利**（如图）因飞机失事而丧生；与他一同罹难的还有音乐人里奇·瓦伦斯和"比波普音乐家"。这一悲剧事件被称为"音乐死亡之日"。

1959 年

芭比娃娃在纽约市玩具展销会上首次亮相。这个由露丝·汉德勒创造的玩具娃娃成为美国战后流行文化最为著名的符号之一。照片上是芭比娃娃系列增加的新成员：芭比有了“小伙伴”——肯，中间是一张录制了他们歌谣的 7 英寸 45 转的黑胶唱片。

1959 年

中锋**比尔·拉塞尔**率领波士顿凯尔特人队获得美国职业篮球联赛八连冠的第一个冠军。图中的比尔·拉塞尔正越过辛辛那提皇家队的后卫起跳上篮。

约 1959 年

此前几乎专用于政府工程的**计算机**开始用于炼油、发电和其他生产行业。图中是美孚石油公司研究实验室使用的计算机。

1959 年

歌曲作家伯瑞·高迪（钢琴前）创立**摩城唱片公司**。公司旗下网罗了一些 20 世纪 60 年代最受欢迎的音乐人，比如黛安娜·罗斯、“至高无上”组合、斯摩奇·罗宾逊（钢琴后）、“奇迹”组合、史提夫·汪达（右二）和马文·盖伊。

纽约古根海姆博物馆

弗兰克·劳埃德·赖特最伟大的作品之一在曼哈顿落成。

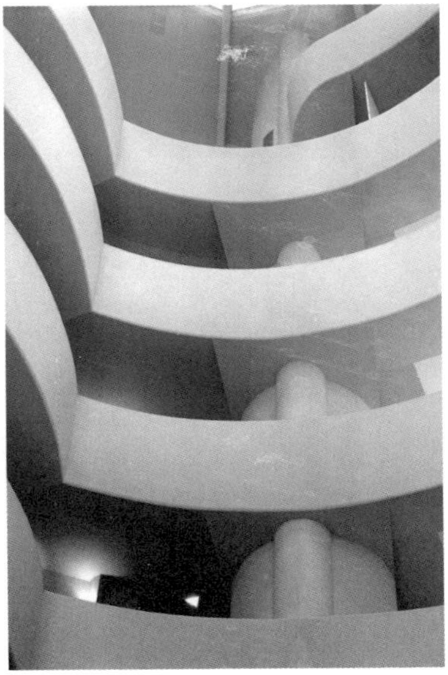

1959 年，古根海姆博物馆——矿业大亨梅尔·古根海姆之子所罗门·R.古根海姆（1861—1949）发起的艺术收藏——在第五大道安家落户。这幢造型新颖的建筑俯瞰中央公园，是建筑大师弗兰克·劳埃德·赖特的杰作。

这座建筑与传统的博物馆设计风格迥然不同。它由巨大的白色混凝土圈构成，造型朴素而流畅，呈螺旋形上升外展之势（上图）。展览空间由 6 层螺旋形匝道组成（右下图），环绕着中间通过玻璃穹顶照明的开放空间。许多画作挂在倾斜外墙的隐藏式金属臂上，看起来就像漂浮在墙上。古根海姆博物馆广泛收藏了 20 世纪的欧洲画作和 20 世纪下半叶的美国画作，还收藏了相当一部分现代雕塑作品。

1959 年 5 月 28 日
美国陆军从佛罗里达州卡纳维拉尔角发射的一枚**中程弹道导弹**顺利回收。这枚导弹的头锥体中搭载了两只猴子，经过 480 多千米高的加勒比海飞行之后，两只猴子安然无恙地返回地面。图为飞上太空的两只松鼠猴之一在返回地面后接受体温测试。

1959 年 7 月 24 日
苏共第一书记尼基塔・赫鲁晓夫和美国副总统理查德・尼克松在莫斯科举行的美国国家展览会上展开了一场意外而激烈的“厨房辩论”。赫鲁晓夫伸出手指强调自己的观点；尼克松的另一边是列昂尼德・勃列日涅夫，他于 1964 年接任了赫鲁晓夫的职位。

1959 年 7 月 25 日
第一艘**气垫船** SRN–1 通过横渡英吉利海峡证明了它的能力。图为由克里斯托弗·科克雷尔发明的 SRN–1 号气垫船的雏形。

1959 年 8 月 12 日
阿肯色州**小石城**的中学重新开放，两所以前只收白人学生的学校合并成一所；警察和消防员镇压了中央中学的一伙暴徒，这曾是 1957 年骚乱的现场。图为在中央中学发生的另一场抗议。

1959 年 8 月 21 日
夏威夷成为美国第 50 个联邦州；它位于美国大陆以西 3218.6 公里以外。图为夏威夷庆祝加入美利坚合众国的场景。

1959 年 9 月 12 日
苏联公布了第一张月球背面的照片，这是**“月球三号”**拍摄的照片之一。图中，一期《时代》杂志以“月球三号”环绕运行的月球为封面。

室内静坐抗议

美国民权运动发起一场反对种族隔离的和平示威。

1960年2月1日，北卡罗来纳州农业技术学院的黑人学生坐在种族隔离的伍尔沃斯快餐厅（上图）等候就餐时，在新成立的学生非暴力协调委员会（SNCC）支持下发起了一场室内静坐运动。这就是发生在北卡罗来纳州格林斯博罗市的室内静坐抗议。

这种抗议形式并不新鲜，它是效法印度民族独立领袖“圣雄”甘地所采用的非暴力不合作运动。民权运动此前已经有过至少3次类似的事件，分别发生在伊利诺伊州芝加哥（1943）、密苏里州圣路易斯（1949）和马里兰州巴尔的摩（1953），但都没引起媒体的关注。然而，这次静坐抗议得到广泛宣传，并引起了一系列连锁反应。类似的抗议活动接踵而至，先是2月13日在田纳西州首府纳什维尔，然后是许多其他城市，最终迫使百货公司、超市、图书馆和电影院废除了种族隔离制度。

1960 年 3 月 21 日

在豪登省**沙佩维尔**举行的一场反对南非《通行证法》的抗议中，约 70 名非洲黑人示威者被警察杀死。图为沙佩维尔大屠杀中的死难者、垂死者和伤者。

1960 年
施乐公司推出一种普通纸**复印机**，掀起了一场办公革命，复写纸时代进入尾声。图为伦敦某火车站为供众人使用而安装的一台复印机，复印 1 张需 10 便士。

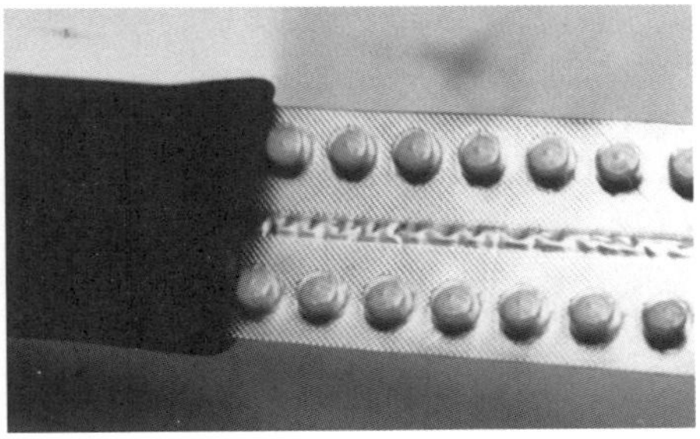

1960 年
美国食品药品监督管理局批准研制以激素为基础的口服避孕药；口服避孕药的问世引发了 20 世纪 60 年代的“性解放”热潮。图中的口服避孕药一天一片，药品包装上的编号能帮服药者核对有没有按时服药。

1960 年
瑞士海洋工程师雅克・皮卡德和美国海军上尉唐・沃尔什乘坐**“的里雅斯特号”**深海潜水艇在太平洋最深海域——马里亚纳海沟创下 10916 米的下潜纪录。

1960 年

哈珀·李出版唯一的小说作品——**《杀死一只知更鸟》**。这部小说问世之后大受欢迎，多年蝉联最受读者欢迎的图书榜首。图为身在家乡亚拉巴马州门罗维尔的哈珀·李。

1960 年

英国电影导演阿尔弗雷德·希区柯克爵士导演大受欢迎的影片——**《惊魂记》**。希区柯克的最大天赋是他极擅运用技术手段制造和保持悬念。

1960 年

美国诗人**安妮·塞克斯顿**出版第一部个人诗集《去精神病院中途而归》。她的许多作品都反映了她的精神问题。图为安妮·塞克斯顿和她的两个女儿，此时的她已经在其长期治疗师的建议下开始写诗。

1960 年

在罗马夏季奥运会上，埃塞俄比亚长跑运动员**阿贝贝·比基拉**光脚参加马拉松比赛并夺得金牌。这是他两枚马拉松奥运金牌中的第一枚。图中，光着脚的阿贝贝·比基拉超过摩洛哥名将阿布德塞拉姆。

1960 年 5 月 10 日

西班牙足球队**皇家马德里队**以 7 ： 3 击败德国法兰克福队，夺得欧洲冠军杯五连冠。皇家马德里队自出道以来一直蝉联冠军。图为庆祝欧洲冠军杯赛胜利的皇家马德里队。

1960 年 5 月 22 日
一场地震袭击了**智利**南部沿海地区。这是历史上最大的地震之一，造成 5700 人丧生；地震引起的巨浪给日本、夏威夷和美国太平洋沿岸地区带来人员伤亡和破坏。图中，智利瓦尔迪维亚街头由于地震裂开了大裂缝。

1960 年 5 月 23 日
以色列总理戴维·本–古里安向议会报告以色列特工抓获纳粹高官、犹太人种族灭绝计划主要执行者**阿道夫·艾希曼**的消息。图为阿道夫·艾希曼在南非被捕后，在以色列监狱中等候审判。

1960 年 7 月 20 日
西丽玛沃 · 班达拉奈克出任锡兰（今斯里兰卡）总理，成为世界上第一位女性国家元首。图为竞选历程中的班达拉奈克夫人。

1960 年 8 月 15 日
刚果共和国［刚果（布）］脱离法国获得独立。图中，在一场庆祝法属刚果独立的庆典上，一位身穿传统服装的刚果人拥抱一位殖民者。

1960年9月26日
美国总统候选人约翰·肯尼迪和副总统理查德·尼克松首次在**电视辩论**中交锋（如图），8500万至1.2亿电视观众收看了他们的历史性辩论。尼克松由于下午新生的满脸胡茬而招致失败。

1960年10月29日
后来更名为穆罕默德·阿里的**卡修斯·克莱**首次在职业拳击赛中获得胜利。图中，卡修斯·克莱转成职业拳手前夕，作为轻量级拳击赛的金牌得主登上罗马奥运会的领奖台。

1961 年 3 月 1 日
美国总统约翰·肯尼迪通过《和平队法案》成立了**和平队**。它由肯尼迪总统的姐夫施莱弗领导。图为和平队的两名成员与哥伦比亚儿童在一起。

1961 年 3 月 9 日
莫斯科广播电台宣布苏联成功发射并回收了一艘 4690 公斤重的宇宙飞船，这艘**宇宙飞船还搭载了一只狗**和其他活的"生物标本"。图中是苏联科学院的狗，它们都是未来的宇航员。

1961 年
苏格兰女作家、文学批评家**缪丽尔·斯帕克**出版名作《布罗迪小姐的青春》。在电影版中，女演员玛吉·史密斯将她笔下打破社会沉闷桎梏的爱丁堡女教员琼·布罗迪演绎得炉火纯青。

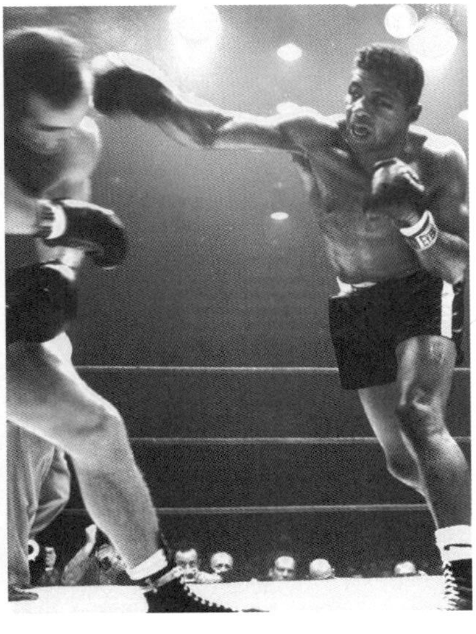

1961 年 3 月 13 日
弗洛伊德·帕特森在佛罗里达州迈阿密海滩与伊格马·约翰森第三度交手，在第 6 个回合击倒对手，蝉联重量级职业冠军。

1961 年 4 月 12 日
苏联宇航员**尤里·加加林**成为太空之旅第一人。他搭乘“东方 1 号”宇宙飞船在太空飞行了 1 小时 29 分钟。这趟太空之旅使他立即名扬四海。图中是出席在伦敦伯爵宫举办的俄罗斯展的尤里·加加林。

1961 年
罗杰·马里斯以单季 61 支全垒打的骄人战绩刷新了贝比·鲁斯在 1927 年创下的单季 60 支全垒打纪录。图中，罗杰·马里斯拿起一件庆祝他 61 支全垒打纪录的衬衫。

1961 年 4 月 15 日
三处**古巴空军基地**遭到轰炸和猛烈炮轰；古巴外交部长劳尔·罗亚指责说，本次袭击是“美国计划大规模入侵古巴的前奏”。图为古巴圣地亚哥机场在美国组织并提供资金的空袭中被炸毁的飞机残骸。这次空袭是猪湾事件的前兆。肯尼迪总统取消了接下来的两次空袭，因为他希望保持“事后推卸责任的可能性”。

1961 年 5 月 1 日

古巴领导人**菲德尔·卡斯特罗**在哈瓦那发表讲话，宣布古巴成为社会主义国家并不再举行选举。图为菲德尔·卡斯特罗（左）出席废除选举的五一庆典，图中右一是埃内斯托·切·格瓦拉。

1961 年 5 月 5 日

尤里·加加林完成飞天之举后不足一月，美国宇航员**小艾伦·B. 谢泼德**在水星计划中乘坐“自由 7 号”太空飞船完成了 15 分钟的亚轨道飞行。图为刚从大西洋被“回收”回来的艾伦·谢泼德和他搭乘的宇宙飞船。

1961 年
1961 年 6 月，芭蕾舞大师**鲁道夫·纽瑞耶夫**和基洛夫芭蕾舞团到巴黎演出时在机场避开苏联安全人员，要求到法国政治避难。图为鲁道夫·纽瑞耶夫投奔西方后为在 BBC 电视上亮相进行排练的情景。

1961 年 6 月 25 日
伊拉克向科威特提出要求，坚称波斯湾是伊拉克“不可分割的一部分”。6 天前，英国承认了科威特的独立。图中是英国航空母舰“人马座号”在前往捍卫科威特独立途中经过苏伊士运河。

柏林墙

古老的德国首都柏林一夜之间筑起了一座高墙。

由于东德人民议院颁布的一项法令，柏林墙初建于 1961 年 8 月 12—13 日夜。最早的柏林墙用铁丝网和空心砖建造，后来换成一系列 15 英尺（5 米）高的混凝土墙，墙顶安装了铁丝网，设置了岗楼、炮位和地雷。到了 20 世纪 80 年代，这道由高墙、电网和防御工事组成的柏林墙在柏林城区内延伸 28 英里（45 公里），把整个城市分成两部分，又围绕西柏林延伸了 75 英里（120 公里），把它和其他的东德地区隔离开来。

1961年8月14日
因参与肯尼亚茅茅运动而于1953年入狱的**乔莫·肯雅塔**获得释放。他所领导的政党在根据新宪法举行的大选中取得明显优势，为肯尼亚独立扫平了道路。图中就是乔莫·肯雅塔（右）在肯尼亚被邻国尼亚萨兰（今马拉维）政治领袖海斯廷斯·班达释放后不久接受群众问候的情景。

1961年9月12日
89岁的哲学家**伯特兰·罗素**因在伦敦反核武示威中煽动公众违反法律而被投入监狱。图为伦敦弓街治安法院庭审休庭期间的伯特兰·罗素。

1961 年 10 月 19 日
哈佛大学的**盖欧尔格・冯・贝凯西**（图左）因为对听觉医学的贡献被授予诺贝尔医学奖。

1961 年 10 月 27 日
第一枚**土星火箭**发射成功；数年后，土星 5 号成为阿波罗登月计划所用的运载火箭。图为 NASA 载人航天主任布雷纳德・D. 霍姆斯和土星 C-5 火箭模型。

1961 年 10 月 26 日
南斯拉夫小说家**伊沃・安德里奇**被授予诺贝尔文学奖。他被誉为克罗地亚文学、塞尔维亚文学和波斯尼亚文学的瑰宝。他最著名的小说是《德里纳河大桥》。

1961 年 11 月 15 日
大都会艺术博物馆以 23 万美元的价格购得伦勃朗的油画——《亚里士多德对荷马的头像做冥想》，创下当时的最高拍卖价。伦勃朗油画拍出的天价引起了《时代》杂志的关注。

古巴导弹危机

古巴拥有苏联导弹引起美国和苏联之间的双雄对峙。

1962 年 10 月 16 日，一架美国 U-2 侦察机在古巴的一处发射站侦测到一枚弹道导弹。这枚导弹是由苏联提供给古巴共产主义政权的，而古巴与美国的邻近又引发了对第三次世界大战的恐惧。美国的回应是在古巴周围设置了一道海上封锁线。照片（上图）显示的是美国警戒纠察舰“维索尔号”在哈瓦那外海拦截运输导弹的苏联货船“波尔祖诺夫号”。

10月 22 日，肯尼迪总统在电视和广播中露面，全世界都在焦急等待美国对这次危机的回应。照片（下图）显示的是一群美国人围拢在电视机前收看总统讲话的情景。一连数天，美国和苏联都处于战争一触即发的状态。不久，美国做出秘密承诺，从土耳其撤走美国导弹并永不侵犯古巴；之后，苏共第一书记尼基塔·赫鲁晓夫最终同意拆除古巴的苏联导弹。

1962 年
南非政治活动家
纳尔逊·曼德拉
被捕入狱并被处 5 年有期徒刑。两年后，他因阴谋破坏、叛国和阴谋暴力颠覆罪而被改判终身监禁。

1962 年
安迪·沃霍尔以女明星玛丽莲·梦露的多幅照片为主题创作的丝网版画——《玛丽莲·梦露》引起人们对流行符号可复制性和商品化的关注。

1962 年

美国宇航员**小约翰·格伦**乘坐“友谊 7 号”宇宙飞船环绕地球轨道 3 次，随后落入巴哈马附近的大西洋海域。

1962 年
根据伊恩·弗莱明侦探小说改编的第一部电影**《诺博士》**票房大卖。肖恩·康纳利出演一面打击国际犯罪一面温文尔雅追求魅力女郎的英国特工 007——詹姆斯·邦德。图为《诺博士》中的剧照：肖恩·康纳利和乌苏拉·安德斯。

1962 年
德国空军装备美国洛克希德**星式战斗机**（如图）。在未来几年中进入德国空军服役的 912 架星式战斗机有 292 架坠毁，116 名德国飞行员因此丧生。

1962 年

约翰·斯坦贝克凭借出色的小说作品获得诺贝尔文学奖。他的很多小说都以加利福尼亚州萨利纳斯山谷为背景。图为约翰·斯坦贝克(留胡须者)在诺贝尔奖颁奖典礼上，他周围都是科学界人士：莫里斯·威尔金斯，共同发现DNA分子结构的弗朗西斯·克里克和詹姆斯·沃森；同一排还有约翰·肯德鲁（右一）和马克斯·佩鲁茨（左二），他们因对球状蛋白质结构的研究获得诺贝尔奖。

1962 年

德国汽车制造商 BMW 停止生产**伊赛塔气泡车**（如图）。该车型一共生产 161728 辆。

1962 年

《明镜》事件：德国政治杂志《明镜》周刊刊登一篇揭露德国国防军状态极差的文章之后，德国国防部部长弗朗茨·约瑟夫·施特劳斯下令搜查该周刊办公室并逮捕杂志社老板。图中，《明镜》周刊发行人鲁道夫·奥格斯坦被抓走，他以叛国罪度过了 103 天的铁窗生涯，之后因大规模公众示威和抗议获释。

1962 年 7 月 3 日
阿尔及利亚摆脱法国的殖民统治，获得独立。图为在阿尔及尔举行独立庆典的情景。

1962 年 8 月 6 日
被英国人统治300年后，**牙买加**成为英联邦内的独立国家。图中，牙买加总理诺曼·曼利正前往金斯顿大教堂庆祝牙买加独立。

1962 年 8 月 17 日
东德青年**彼得 · 费查**在柏林墙下被东德士兵射杀，引发 5000 名愤怒的西柏林人走上街头，游行示威；美国士兵因没有帮助费查而引来不满。图中，一辆满载苏联士兵的巴士在去往西柏林的苏联战争纪念碑路上被投石袭击后，一名抗议彼得 · 费查之死的西德市民被警察带走。

1962 年 9 月 25 日
在芝加哥举行的拳击比赛中，**索尼 · 利斯顿**在第一回合击倒弗洛伊德 · 帕特森，荣登世界重量级拳击冠军宝座。

《爱丽舍条约》

法国和德国在两次世界大战之后重新结盟，成为欧洲大陆最突出的国家。

《爱丽舍条约》是法兰西共和国总统夏尔·戴高乐将军和德意志联邦共和国（西德）总理康拉德·阿登纳于 1963 年 1 月 22 日在巴黎签署的一项双边协议。

它结束了两国之间多年的敌对状态，使两国再次携手。双方承诺“对于一切涉及外交政策的重要问题，特别是涉及双方共同利益的问题，要先磋商，后决定，力求达到类似的立场”。

因此，《爱丽舍条约》为德法两国的经济军事融合和教育交流进入一个新的时代提供了基础，并稳固地确立了法国和前西德在战后新欧洲的中心地位。

这项协议主要源于厌战情绪和两国结束数百年历史恩怨的共同决心。它在一定程度上也是对冷战时期苏联威胁的回应，因为德国奋力争取国家安全、重新融入西欧，法国也想在经历战争时期纳粹占领的创伤之后重新确立自己世界强国的地位。

这项条约并没有受到一致欢迎：德法两国的反对党和英美两国政府纷纷提出批评。签约国在条约前言中呼吁与北约国家密切合作，并提出重新统一德国、结束德国分裂状态的最终目标，力求借此抵挡对《爱丽舍条约》的敌意。

1963 年 10 月 16 日
基督教民主联盟成员**路德维希·威廉·艾哈德**当选西德总理（1963—1966）。他被誉为第二次世界大战后德国经济复苏的首席建筑师，是社会主义市场经济——“有良心的资本主义”的拥护者。

1963 年 6 月 11 日
佛教僧侣**释广德**在西贡闹市街头引火自焚，以此抗议南越政府对佛教徒的宗教迫害，并终于引起了西方国家对其支持下的南越政府腐败和无能的关注。

1963 年
以大幅独立连环漫画著称的**罗伊·利希滕斯坦**在他的画作《Whaam!》中对波普形象进行了风格化的暴力处理。图为罗伊·利希滕斯坦在伦敦泰特美术馆其画作《Whaam!》前。

1963 年
肯尼迪总统访问柏林并发表著名演讲，他在演讲结束时用德语说：“我是一个柏林人！”图中，肯尼迪总统在德国总理阿登纳和柏林市长维利·勃兰特的陪同下乘坐汽车穿过柏林城。

1963 年

日本选手**吉田义胜**在轻量级自由式摔跤比赛中获得个人职业生涯中的第二次世界冠军。奥运会夺冠第二年，他以 300 多次获胜的不败纪录退役。图中是在 1964 年东京奥运会上，裁判宣布吉田义胜战胜苏联选手霍哈什维利，获得冠军。

1963 年

俄国作家**亚历山大·索尔仁尼琴**的小说《伊凡·杰尼索维奇的一天》因为政治原因被取消了列宁奖候选资格。

1963 年

以米克·贾格尔为首的**滚石乐队**开始创作摇滚乐，揭示了 20 世纪 50 年代后反传统文化黑暗面的独特视角。图为滚石乐队成员（左起）：米克·贾格尔、基思·理查兹、布莱恩·琼斯、比尔·怀曼和查理·沃兹。

肯尼迪遇刺

美国总统在达拉斯遇刺身亡。

约翰·肯尼迪总统巡视得克萨斯州有部分原因是为了表示对得州州长小约翰·B.康纳利的支持。1963年11月22日，星期五，肯尼迪总统和第一夫人杰奎琳·肯尼迪在州长的陪同和车队的拱卫下乘坐一辆敞篷豪华轿车慢慢穿过达拉斯城（如图）。中午12点30分，总统被两发步枪子弹击中，一发击中脖颈，另一发击中头部，送到帕克兰纪念医院不久就被宣布身亡。康纳利州长虽然也受到重伤，但终于抢救成功。下午2点38分，副总统林登·约翰逊宣誓就任总统。一名24岁的达拉斯市民李·哈维·奥斯瓦尔德被控刺杀总统。两天后，奥斯瓦尔德在达拉斯警察局的一间地下室里被一位与黑社会有联系的当地夜总会老板杰克·鲁比枪杀。

1963 年 11 月 25 日
约翰·肯尼迪总统以军礼在阿灵顿国家公墓下葬。在葬礼上，总统之子向他的遗体敬礼，他的兄弟一左一右站在总统遗孀身旁。

1963 年 12 月 28 日
德国作曲家**保罗·欣德米特**去世。

披头士热潮

披头士轰动美国。

1964 年 2 月 7 日，披头士抵达纽约，引起群情轰动，奠定了他们世界顶级乐队的地位，也为英国音乐人打开了美国的大门。他们的成功来之不易。虽然他们在英国本土取得了巨大的成功，但却在美国遭到了英国百代唱片公司（EMI）美国分公司——国会唱片公司的拒绝。（他们早期的单曲是由芝加哥的一家小公司——威杰公司发行的。）唱片行业几乎没人相信这股利物浦风潮能够跨越大西洋。

披头士经纪人布莱恩·爱泼斯坦为乐队争取到在“埃德·沙利文秀”（上图）亮相的机会后，国会唱片公司的管理者改变了主意，迅速推出了《我想握住你的手》，这支单曲于 1963 年 12 月 26 日发行，发行不到 10 天就卖出了 100 万张。

披头士乐队乘坐的飞机在肯尼迪机场降落时，3000 名歌迷聚集在机场欢迎他们的偶像，他们大多是十几岁的青少年（下图）。随之而来的狂热，即著名的“披头士热潮”，是一种新生事物。19 世纪的音乐家当然也会引起轰动，比如弗朗茨·李斯特，但那是在大众传媒引发集体狂热的可能性以前。

到 1964 年夏季，当披头士乐队出演反映披头士狂热现象的电影《一夜狂欢》时，乐队在全世界的影响力已经十分明显，无数年轻人争相效仿乐队成员标志性的长发、粗俗轻浮的幽默和放浪不羁、肆无忌惮的纵情。

随着披头士乐队的成功，英国音乐人纷纷进入美国，“搜索者”乐队就是最早的效仿者之一。

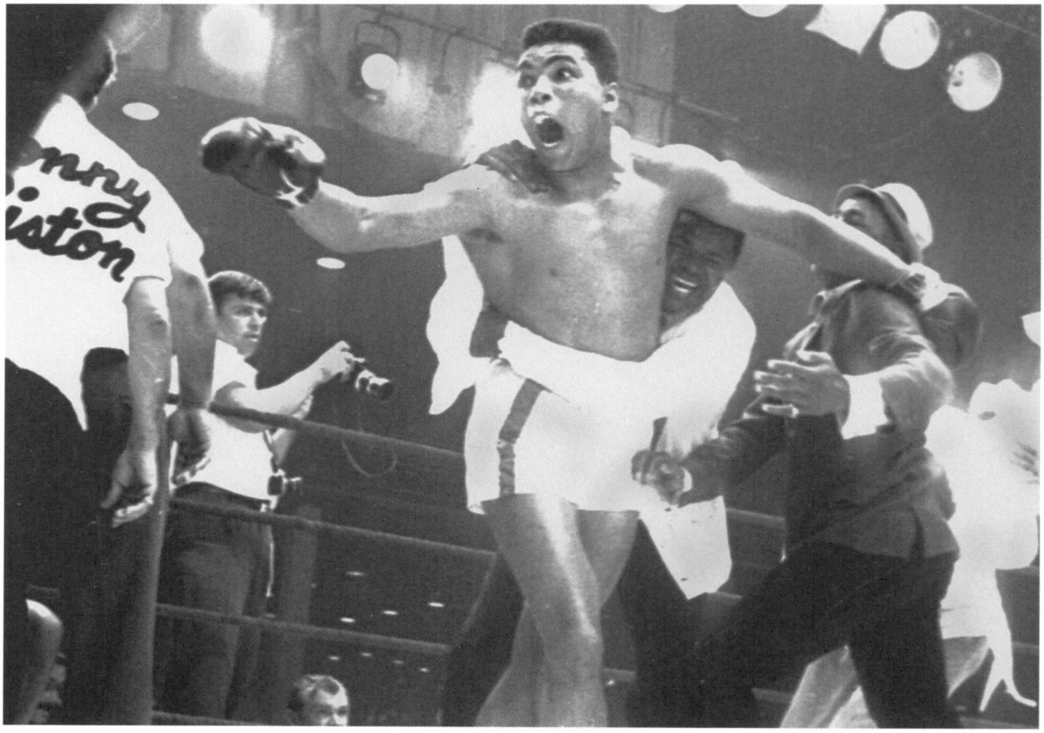

1964 年 2 月 25 日
美国拳击手穆罕默德·阿里（当时名为**卡修斯·克莱**）在 7 个回合的比赛中击倒索尼·利斯顿，成为重量级世界拳击冠军。

1964 年 11 月 21 日
连接布鲁克林和史丹顿岛、跨越纽约港的**韦拉札诺海峡大桥**竣工通车。

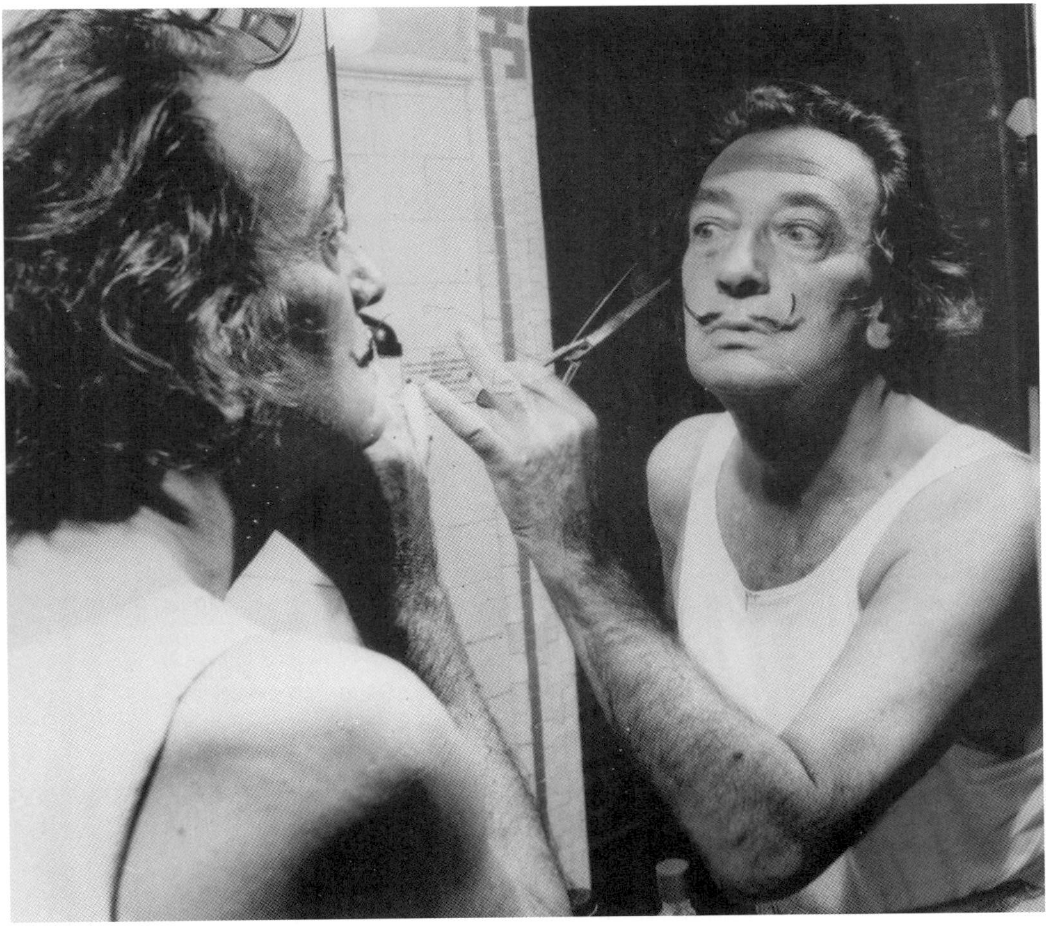

达利

超现实主义画家被授予西班牙公民的最高勋章。

1964 年，萨尔瓦多·达利被授予伊莎贝尔大十字勋章，适时体现了对这位艺术家为西班牙文化和国家声望所做的贡献的公开认可。

虽然人们普遍认为这位艺术家最辉煌的岁月已经过去（他当时 61 岁），但这项荣誉主要是为了表彰他的终身成就。保守的西班牙当局认可达利的另一个原因是他晚期作品中越来越多的宗教内容，基督教意象在很大程度上取代了他年轻时偏爱的超现实主义意象和心理分析。

除此以外，当时的西班牙政府慷慨授予达利这项荣誉还有一个原因：他是西班牙内战后仍然留在西班牙的少数主要艺术家之一，大多数人——包括毕加索——都离开西班牙并发誓只要佛朗哥当权就永不回国。达利则不然。自 1949 年起，他一直待在他的家乡加泰罗尼亚，孜孜不倦地创作，从未停歇。一些批评家断言他同情法西斯主义，但相比之下他与“左翼”的联系更紧：实际上，达利很可能根本不是一个政治艺术家。（如图，1964 年的达利，正在修剪他著名的小胡子。）

1964 年

意大利导演赛尔齐·莱翁内发行第一部意大利式西部片——**《荒野大镖客》**，克林特·伊斯特伍德出演片中的“无名镖客”。这部影片具有浓郁的个人风格，为这类影片注入了新的血液。

1964 年

俄罗斯运动员**利迪娅·斯科布利科娃**在奥地利因斯布鲁克举行的冬季奥运会上包揽了女子速度滑冰的 4 枚金牌，成为第一位在一届冬奥会上一人独得 4 枚金牌的运动员。

1964 年

美国总统林登·约翰逊签署**《民权法案》**，使之成为法律，赋予联邦执法机关阻止就业、选举和公共设施使用等领域种族歧视的权力。图为在《民权法案》签署仪式上的林登·约翰逊和马丁·路德·金。

洛杉矶种族骚乱

公民权利进展缓慢，促使美国黑人走上暴力抗议的道路。

虽然《1965 年选举权法案》获得通过，但许多黑人仍然对种族融合的缓慢进展感到不满。全美大多数大城市都爆发了种族骚乱。其中最严重的几起发生在洛杉矶市华兹区，从 8 月 11 日至 16 日，被长久以来的社会不公激怒的数千名美国黑人发生暴乱，焚烧商店，肆意抢劫。照片中是骚乱期间国民警卫队匆匆赶往起火建筑物的情景。截至社会秩序恢复时，34 人在骚乱中丧生，近 4000 人被逮捕，1000 多人受伤，数百栋建筑物被毁。

1965 年 3 月 21 日
在马丁·路德·金的带领下，美国民权运动积极分子开始从亚拉巴马州**塞尔玛到蒙哥马利县举行抗议游行**，这次游行事先争取并得到了联邦的保护。

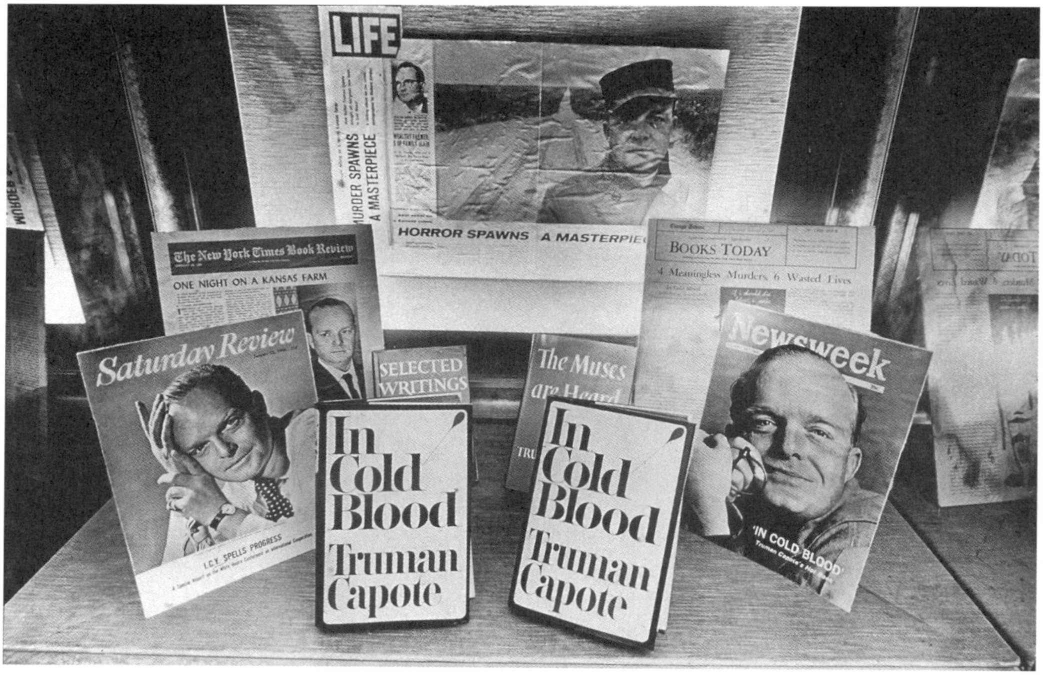

1965 年

美国南方小说家和剧作家**杜鲁门・卡波特**完成新闻“纪实小说”——《冷血》，详细记述了发生在堪萨斯农村的一场灭绝人性的屠杀和杀人者。图为出版社给《冷血》安排的橱窗展示，包括报道杜鲁门・卡波特的杂志封面、文章和评论。

1965 年 2 月 21 日

曾在美国宣扬种族骄傲和黑人民族主义的**马尔科姆・X** 遇刺身亡。他虽然离开了伊斯兰民族组织，却未能逃过被组织成员谋杀的命运。在他身故之后出版的《马尔科姆・X 传》使他成了一位思想英雄。

1965 年

人工草皮问世。由于该产品最早安装在休斯敦阿斯托洛圆顶运动场，它被人们称为**“阿斯特罗草皮”**。图为穿成宇航员模样的球场管理员在照料阿斯托洛圆顶运动场的阿斯特罗草皮。为了消除强光，运动场的窗玻璃都刷了油漆，草皮的生长受到妨碍，因此需要阿斯特罗草皮。

1965年
创作歌手**鲍勃·迪伦**在纽波特民间音乐节上演奏电吉他和摇滚乐，震撼了民间音乐界。

1965年
建筑师理查德·迈耶设计的**史密斯住宅**在康涅狄格州开工。该建筑从战前的现代派作品发展而来，是白色派的著名代表。

1965年6月5日
爱德华·怀特在“双子星4号”轨道飞船进入第三轨道飞行时离开飞船，在太空中漂浮了约20分钟，成为第一个进入太空行走的美国宇航员。图为在太平洋上空190多千米的爱德华·怀特。

1965 年 10 月 28 日
由芬兰裔美国建筑大师埃罗·沙里宁设计的密苏里州圣路易斯**拱门**竣工。这座大拱门是为了纪念圣路易斯“西方之门户”的历史作用而设计建造的。图为接近竣工的圣路易斯拱门。

索菲亚·罗兰与卡洛·庞蒂结成连理

意大利荧屏美人在一片争议声中与离异电影制片人结成连理。

索菲亚·希科洛内初次遇到卡洛·庞蒂是在1950年的一次选美比赛上，当时她是参赛者，他是评委。他们的关系逐渐发展，庞蒂为她指引职业道路；在1953年拍摄的影片《阿伊达》中，她以索菲亚·罗兰为艺名实现了她的明星梦。罗兰在《阿伊达》中扮演女主角阿伊达，还在剧中通过音画同步借用了雷纳塔·泰巴尔迪的演唱。

1957年，庞蒂在墨西哥与前妻朱莉安娜离婚，并与罗兰结婚。1962年，由于意大利禁止离婚，庞蒂和罗兰的婚姻被罗马天主教廷宣布无效，庞蒂被控犯下重婚罪。随后，庞蒂和朱莉安娜、罗兰一起移民到承认离婚合法性的法国，并于1965年结束了和朱莉安娜的婚姻。重获自由身之后，庞蒂和罗兰在塞弗尔举行了婚礼。

1965年11月11日 为了维持少数白人的统治，南罗德西亚总理**伊恩·史密斯**单方面宣布从英国独立。图中的伊恩·史密斯精心地摆好姿势，在维多利亚瀑布前留影。这是他领导的国家单方面发表独立宣言（UDI）之后拍摄的第一张照片。

约1965年 **“绿色革命”**开发的新作物品种和肥料极大地提高了全世界的小麦、稻米和玉米产量，却减少了种植的作物品种。图中，一名匈牙利女孩正展示新品种玉米。

1966 年
汤姆·斯托帕德的剧作**《君臣人子小命呜呼》**在爱丁堡艺术节上演。该剧体现了这位捷克裔英国剧作家在语言方面的杰出才华。图中是在自己家中的汤姆·斯托帕德。

1966 年 1 月
林登·约翰逊总统在他的第三次国情咨文中许诺美国对**越南**的支持将“持续到侵略停止”，并发誓将继续他的“大社会计划”。图为约翰逊总统视察驻越美军。

1966 年
美国作家、电视电影制片人吉恩·罗登贝瑞创作了大受欢迎的科幻电视剧**《星际旅行》**，后来还创作了其他系列的作品。图为《星际旅行》中的人物：柯克船长、医疗官“老骨头”麦科伊和史波克。

1966 年
英迪拉·甘地成为印度国大党领袖和印度首位女总理。图中，英迪拉·甘地正前往白宫会见约翰逊总统。

1966 年
英国在男子足球**世界杯**中以4 ：2战胜西德队。英国队队长博比·穆尔亲吻世界杯奖杯，他旁边是乔治·科恩（左）、吉奥夫·赫斯特和马丁·彼得斯。

1966 年 8 月 27 日

英国探险家**弗朗西斯·奇切斯特**爵士从英国普利茅斯出发，驾驶“吉普赛蛾 4 号”帆船开始单人环球旅行，航行 107 天后到达悉尼，行程约 2.27 万公里。119 天后，他绕过合恩角回到普利茅斯。图为在帆船上的弗朗西斯·奇切斯特。

1966 年 8 月 31 日

“鹞”式垂直起降战斗轰炸机首次投入飞行。图中是一架正垂直起飞的早期“鹞”式垂直起降飞机。

1966 年 11 月

阿诺河泛滥成灾，**佛罗伦萨**遭遇历史上最严重的洪水袭击。许多艺术品和手稿严重受损。从照片上可见，佛罗伦萨的洪水殃及存放米开朗基罗《大卫》雕像的美术馆，在美术馆的地板上留下厚厚一层泥浆。

1967 年 1 月 4 日
曾在 1964 年短暂保持陆地和水上行驶速度纪录的极速运动员**唐纳德·坎贝尔**，在英格兰湖区的康尼斯顿湖尝试打破水面行驶速度世界纪录时与他的“蓝鸟 K7”快艇一起倾覆。他当时保持着每小时 482.8 公里以上的速度，回程时遇到了第一次航行留下的波浪，酿成了船翻人亡的悲剧。

1967 年 3 月 18 日
满载 12 万吨原油的超大型油轮**“托雷·卡尼翁号”**在康沃尔和锡利群岛之间触礁。图为断开的“托雷·卡尼翁号”船体。它泄漏的原油污染了法国和康沃尔海岸数公里的海水，清洁所用的 1 万吨溶剂也造成了严重的污染。这是历史上第一起大型海船漏油事故。

1967 年
国家橄榄球联盟的**绿湾包装工队**在第一届美国橄榄球超级杯大赛中击败了美国橄榄球联盟的堪萨斯城首长队。三年后，这两个联盟合并成国家橄榄球大联盟。图为绿湾包装工队参加第一届超级杯大赛时的状况。

1967 年
在 1967 年的**蒙特利尔世界博览会**上，美国展馆成了众人瞩目的焦点，它是由巴克敏斯特・富勒设计的一个巨大的网格球顶。

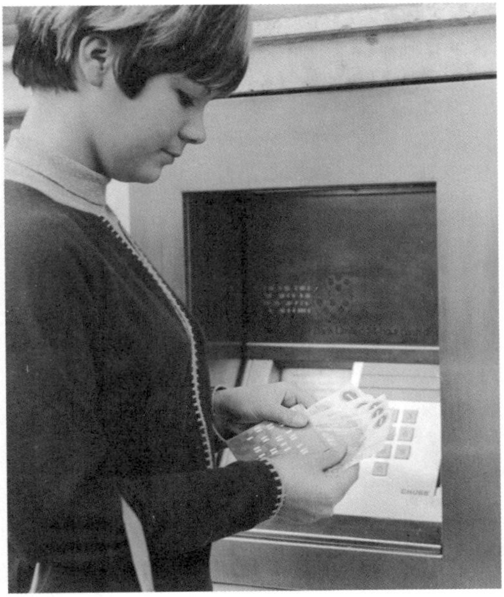

1967 年
第一台**自动取款机**在伦敦郊区的巴克莱银行恩菲尔德支行启用。到 2007 年，全世界投入使用的自动取款机已达到 150 万台。

1967 年
“解构”概念的创造者、法国语言哲学家**雅克・德里达**出版自己最为著名的作品——《论文字学》。

1967 年 4 月 15 日

包括马丁・路德・金在内的 10 多万名**和平示威者**穿过纽约的街道，游行到联合国抗议越南战争。图中是作家本杰明・斯波克、马丁・路德・金、神父弗雷德里克・里德和工会领导人克利夫兰・罗宾逊在游行队伍中。

1967 年 6 月 5—10 日
以色列军队在**“六日战争”**中打败了埃及、约旦和叙利亚所有的军队，取得西奈半岛、约旦河西岸、加沙地带、戈兰高地和整个耶路撒冷的控制权。图上，以色列半履带车满载着兴高采烈的以色列军队正向埃及推进。

1967 年 6 月 15—16 日
蒙特雷流行音乐节是美国首个商业音乐节，吉米·亨德里克斯（如图）、“谁人”乐队、詹妮斯·乔普林、“杰斐逊飞机”乐队、“感恩而死”乐队和“飞鸟”乐队参加表演。

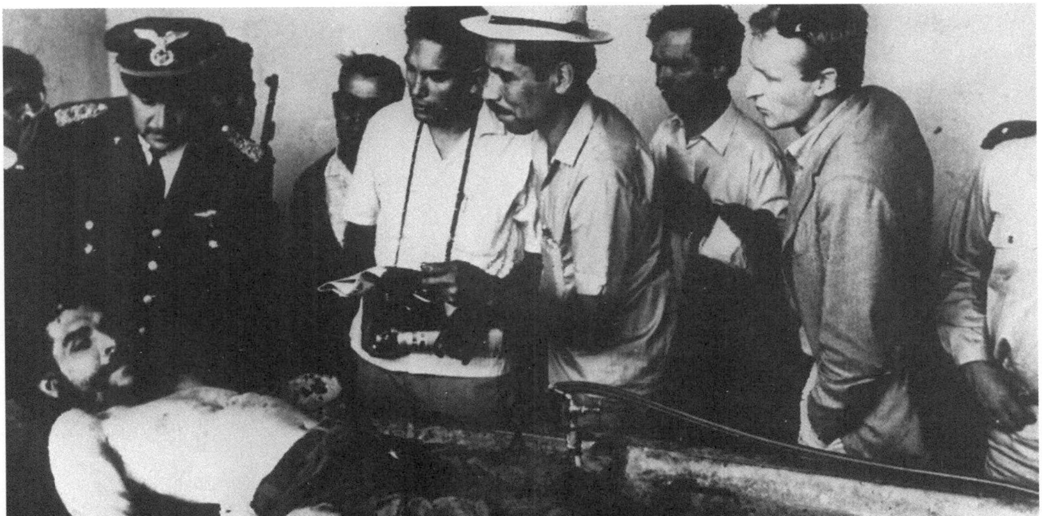

1967 年 10 月 8 日
古巴革命中的共产党要人、南美游击战领袖**切·格瓦拉**在玻利维亚被捕。他后来被玻利维亚军方枪杀。切·格瓦拉被枪杀后第二天，玻利维亚军方向记者展示他的遗体。

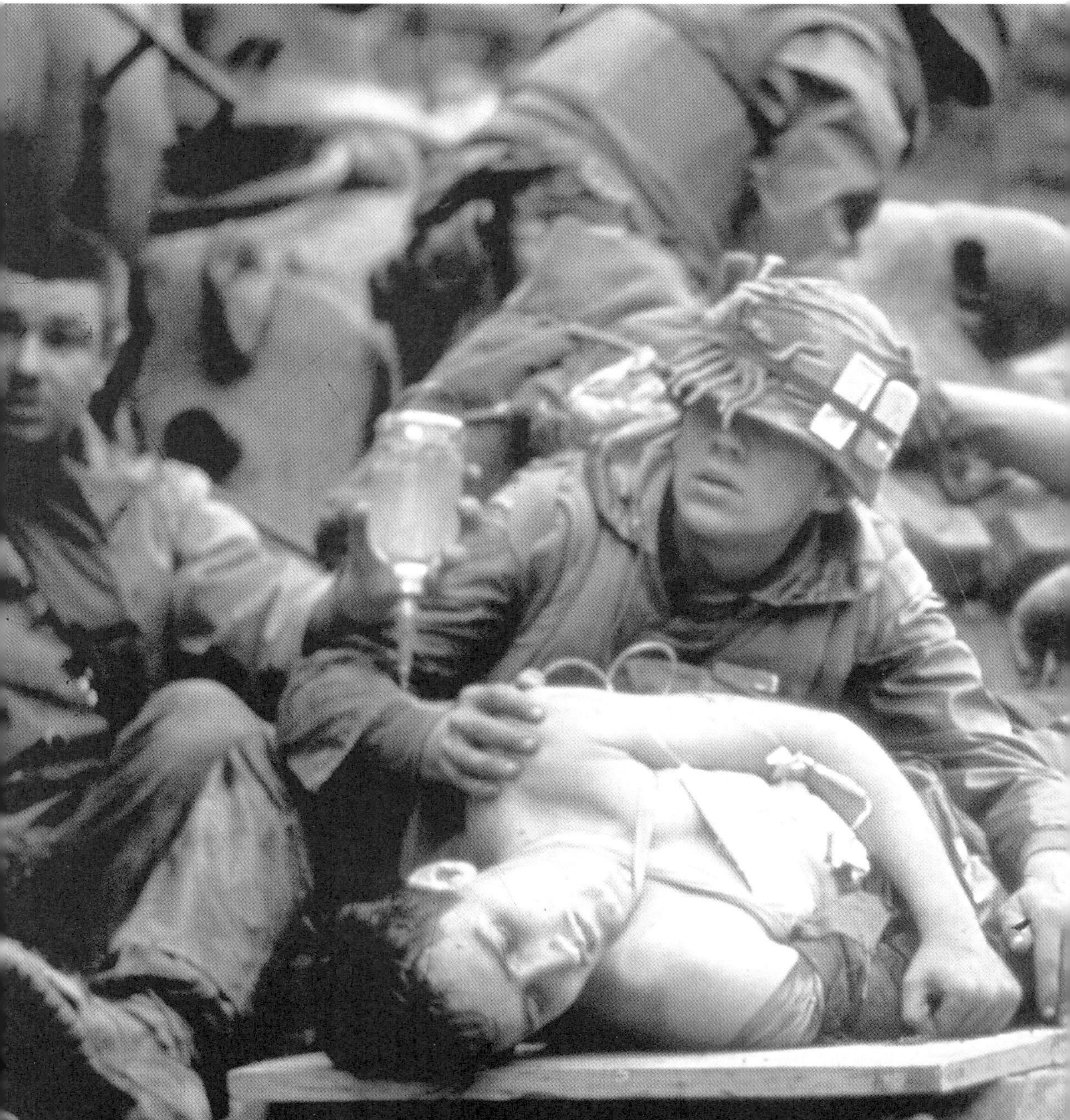

1968 年 1 月 31 日

北越武装发动**“春节攻势”**。这次攻势持续到 10 月，它虽然使北越武装遭到了惨重的军事打击，但也有效地瓦解了美国的决心。图中是“春节攻势”初期在顺化激战中受伤的美国海军陆战队员正在被坦克运走。

1968 年 3 月 16 日
越南战争期间，奉命执行一次搜索歼敌任务的美国士兵在被当作越共据点的**美莱村**屠杀了 500 名手无寸铁的村民。图中，美军正将美莱村的妇女儿童聚拢起来，准备射杀。

1968 年 4 月 4 日
民权运动领袖**马丁・路德・金**在田纳西州孟菲斯市被詹姆斯・厄尔・雷暗杀。在之后的一个星期内，美国有 125 个城市发生了暴乱。照片上，民权运动领袖安德鲁・杨和其他人正指着杀死马丁・路德・金的子弹飞来的方向，金的遗体就躺在他们脚边。

1968 年
美国网球名将**亚瑟·阿什**赢得美国单人业余赛和单人公开赛两项冠军，成为第一位在男单大赛上夺冠的美国黑人选手。图为参加 1968 年温布尔登公开赛的亚瑟·阿什，他于 1975 年成为第一位获得温布尔登公开赛冠军的美国黑人选手。

1968 年
公社成为美国和欧洲反传统文化成员流行的生活方式。这些公社大多在几年后瓦解，但也有少数公社坚持了数十年。图中展示的是公社生活：神秘的长发族——男人们留着长须，戴着念珠，女人们身穿长裙，为摆脱一致而陷入另一种一致。

1968 年
“灵魂音乐教父”**詹姆斯·布朗**用歌曲《大声说：我是黑人我骄傲》来庆祝美国黑人政治权利的提高。舞台上的詹姆斯·布朗（如图）是惊心动魄的表演者，拥有无穷的精力，自称“演艺界最勤奋的人”。

1968 年
美国电影导演斯坦利·库布里克发行经典科幻片《**2001 太空漫游**》。这部影片充满晦涩、混沌的自我意识，也是第一部包含大量特殊效果的影片，影片发行后获得了巨大的成功。

1968 年
“美国印第安人运动”在明尼苏达州明尼阿波利斯市成立。它占领恶魔岛（1969—1971）并接管南达科他州的伤膝谷（1973），以抗议美国政府对印第安人的政策。图中是加州克拉马斯河胡洛克印第安部落酋长蒂姆·威廉姆斯在恶魔岛（背景中）被占领之前面对群众讲话。

1968 年 5 月
持续数周的骚乱和**巴黎工人学生示威游行**使法国陷入基本停顿的状态。图中是五月暴乱期间法国警察和学生在塞纳河左岸的巴黎街头对峙的情形。

1968 年 8 月 23 日
青年国际党成员**“雅皮士”**和他们当作总统候选人的一头猪在芝加哥市政中心被捕。图中是雅皮士领袖杰里·鲁宾在芝加哥民主大会上介绍他们的总统候选人——“不死飞猪皮伽索斯”。

1968 年
尼日利亚内战进入第二年，东南部的**比夫拉**地区在奥朱古上校的领导下脱离了尼日利亚。封锁使人民面临饿死的威胁。照片中是因为饥饿而腹胀如鼓的比夫拉儿童。这样的景象激起了西方国家人民的同情心，纷纷自发送来食品。内战一直持续到 1970 年 1 月。

1968 年 8 月 20 日
《华沙条约》国家（罗马尼亚和阿尔巴尼亚除外）在苏联率领下入侵捷克斯洛伐克，结束了**“布拉格之春”**。图中，捷克斯洛伐克市民试图放火烧毁布拉格街头的一辆苏联坦克，一名市民手持捷克斯洛伐克国旗与它对峙。

1969年1月16日
为了抗议上一年苏联对捷克斯洛伐克政府改革的镇压，捷克斯洛伐克学生**扬·帕拉赫在布拉格**引火自焚。扬于1月19日死去。葬礼的前一天，两个女孩在瓦茨拉夫广场守夜，周围摆满纪念他的花圈和花环。

1969年6月15日
法国政治家、银行董事和教师**乔治·蓬皮杜**当选法国总统。他曾在1962—1968年间担任法兰西第五共和国总理。

1969 年
法塔赫领导人**亚西尔·阿拉法特**当选巴勒斯坦解放组织主席。图中的亚西尔·阿拉法特，手持机枪以显示他的硬汉形象，在安曼举行的巴勒斯坦学生大会上和当时的约旦首相阿卜杜勒·莫奈姆·里法伊在一起。

1969 年
第一集荒诞主义系列短喜剧——**《巨蟒剧团之飞翔的马戏团》**在英国电视播出。多年来，它们获得全世界的狂热追捧。图为“巨蟒剧团” 成员（ 左起）：约翰·克里斯、格雷厄姆·查普曼、迈克尔·帕林、特瑞·琼斯和艾瑞克·爱都。

1969 年
为了制止毒品从墨西哥流入美国，美国在美墨边境展开了**“拦截行动”**。图中是“拦截行动”期间在墨西哥边境地区巡逻的美国官员。

1969 年
民权运动领袖**拉尔夫·D. 阿伯内西**开始领导南卡罗来纳州查尔斯顿市的游行，以支持一个月来非专业医院工作者的罢工。图为拉尔夫·阿伯内西（中）和南方基督教领袖会议（SCLC）的其他积极分子在佐治亚州，他左侧是安德鲁·杨，右侧是杰西·杰克逊。

1969 年
共和党人**理查德・M. 尼克松**当选美国第 37 任总统。他的任期一直持续到 1974 年，他的副手分别是斯皮罗・阿格纽（1969—1973）和杰拉尔德・福特（1973—1974）。图为造访德国时受到群众欢迎的理查德・M. 尼克松总统。

人类登月

美国在与苏联的登月竞赛中获胜。

7月16日，美国宇航员尼尔·阿姆斯特朗、埃德温·“巴兹”·奥尔德林和迈克尔·柯林斯开始人类登月的第一次尝试——“阿波罗11号”任务。飞船进入月球轨道后，柯林斯留在指令舱中，阿姆斯特朗则于美国东部时间7月20日下午4点18分驾驶昵称“鹰”的登月舱降落在一片平坦的熔岩平原——静海。他对任务指挥中心报告：“休斯敦，这里是静海基地。鹰已降落。”6个半小时后，阿姆斯特朗打开登月舱的舱门，迈出了人类踏足另一个天体的第一步。在他迈出脚步的同时，他评论道：“对(一个)人来讲这是一小步，而对于人类却是一个巨大的飞跃。”(他无意识地漏掉了预备讲话中的“一个”。)奥尔德林紧跟在阿姆斯特朗身后踏上了月球。两名宇航员用了2个半小时探索月球和采集岩石样本，之后离开月球与柯林斯会合，飞向返航的旅程。

1969 年
美国小说家**库尔特·冯内古特**完成以战争为题材的幽默讽刺小说《五号屠宰场》。他的小说取材于 1945 年他在德国的战俘经历，他当时亲眼目睹了盟军对德累斯顿的轰炸。

1969 年
果尔达·梅厄成为以色列首位女总理。图为果尔达和她永不离手的香烟。

1969 年
挪威作家、人类学家**托尔·海尔达尔**和他的同事们放弃了他们的“太阳号”草船。那艘船是用一捆捆纸莎草建造的，就像古代埃及人建造的船一样；他们本想驾着这艘草船证明古埃及人能够越过大西洋。

1969 年 7—8 月

北爱尔兰派系斗争开始。战斗持续 30 年并在此过程中见证爱尔兰共和军的出现。8 月 12 日，在伦敦德里的伯格赛罗马天主教会地区发生的“伯格赛战斗”中，北爱尔兰皇家警察部队施放了催泪瓦斯。3 天后，英国军队首次在贝尔法斯特街头展开行动。

1969 年 8 月 15—17 日

为期 3 天的**伍德斯托克**音乐节在纽约附近的伍德斯托克举办。它是 20 世纪 60 年代反传统文化运动的高潮之一。图为一张伍德斯托克音乐节的海报。

1969 年 10 月 21 日

社会民主党领导人**维利 · 勃兰特**成为西德总理。他是“新东方政策”的鼓吹者，通过与东方缔结条约来解决相互之间的摩擦。威利 · 勃兰特 1971 年因他为本国与苏联阵营的和解所做的努力而获得诺贝尔和平奖。

查尔斯·曼森

审判邪教教主及其追随者。

查尔斯·曼森是美国最臭名昭著的罪犯之一。从 9 岁开始，曼森的很多时间都是在少年管教所或监狱中度过，他所犯的罪行有小偷小摸、武装抢劫、入室盗窃和汽车盗窃。1967 年从监狱释放后，曼森搬到旧金山居住，在那里他吸引了一群旧金山的波希米亚文化青年，他们成了他忠实的追随者。1968 年，他已成为邪教组织“大家庭”的领导者，这个组织致力于研究和执行他古怪的宗教教义，“大家庭”的教义来自科幻小说、神秘心理学以及边缘心理学，宣扬世界末日的种族战争的到来。届时战争将摧毁美国，而唯独留下“大家庭”主导世界。

曼森对其追随者的控制明显表现在 1968—1969 年间，“大家庭”按照曼森的命令，制造了数起谋杀案。在其中最著名的一起谋杀案中，电影导演罗曼·波兰斯基的妻子、演员莎朗·塔特遇害，当时她在洛杉矶家中，和她同时遇害的还有三名客人。1970 年对曼森及其追随者进行审判，这次审判引起了全国性的关注（如图，曼森与其公共辩护人弗雷德·舍费尔）。1971 年，曼森被判处死刑，但 1972 年加利福尼亚州废除了死刑，之后曼森的死刑被减为无期徒刑。

1970 年 3 月 18 日

诺罗敦·西哈努克亲王在柬埔寨一场不流血政变中被推翻，在当年晚些时候，高棉共和国宣布成立。图为西哈努克亲王在河内向北越总理范文同祝酒的情景。

1970 年 5 月 4 日

俄亥俄州国民警卫队在**肯特州**立大学射杀四名进行反战抗议的学生，这一举动引起其他一些美国大学发生动乱。图为国民警卫队在肯特州立大学打伤或打死的一名学生。

1970 年
美国布鲁斯和摇滚吉他手**吉米·亨德里克斯**去世，终年27岁，明显死于意外吸食过量巴比妥酸盐。对许多人来说，吉米·亨德里克斯是史上最伟大的电吉他手。

1970 年
尼罗河**阿斯旺大坝**建成。它的竣工有助于埃及抵抗洪水并蓄水抗旱，结束了5000年历史的可持续农业灌溉体系。图中是1967年的阿斯旺大坝，河水首次流过大坝。

1970 年
协和飞机达到2马赫的速度。图中，来自不同航空公司的空姐排队希望加入协和飞机的飞行，协和飞机在1969年进行第一次飞行。

1970 年

在华沙纪念 1943 年在犹太街区起义中被杀的犹太人纪念碑前，西德总理维利・勃兰特屈膝下跪，这一跪被称为**华沙跪拜**。

1970 年
英国**黑色安息日乐队**发行首张专辑，专辑名称也叫《黑色安息日》，这张专辑通常被认为是第一张真正的重金属专辑。

1970 年
“争取妇女平等大罢工”游行示威，纪念在美国妇女享有选举权 50 周年。图中是在纽约举行的一次妇女解放示威游行。

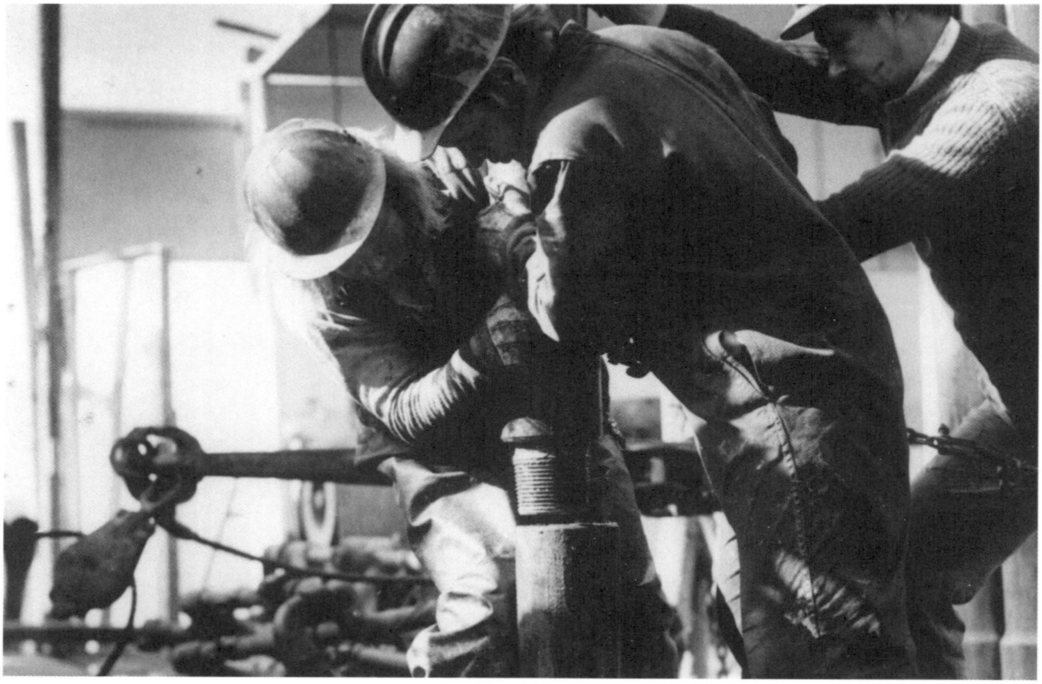

1970 年 6 月

北海发现油田。图中是北海贝里尔油田勘探钻井机上的美孚公司工人。

1970 年 9 月

俄罗斯芭蕾舞演员**娜塔莉娅 · 玛卡洛娃**投奔伦敦，寻求英国庇护。图为在考文特花园皇家歌剧院,《吉赛尔》中的娜塔莉娅·玛卡洛娃。

1970 年

美军地面部队全部撤出**柬埔寨**。图中是驻柬埔寨美军从装甲运兵车中居高临下地看向路边的越共或柬埔寨人尸体。

1970 年 9 月 16 日
巴勒斯坦人民阵线（PELP）在安曼劫持4 架国际航班后，约旦国王侯赛因宣布戒严。以莉拉·哈立德和其他巴勒斯坦恐怖分子的释放换取在约旦首都安曼被劫持的飞机上的 6 名乘客，莉拉·哈立德因此而出名。她曾参加了 1969 年的劫机事件，在安曼劫机事件发生的同一天，她劫持飞往伦敦的以色列航空公司航班，但是失败被捕。

1970 年 10 月 24 日
萨尔瓦多·阿连德当选智利第一个信仰马克思主义的总统。图为在智利人民行动阵线会议上发言的萨尔瓦多·阿连德。

1971年3月8日

在纽约市麦迪逊广场举行的世界重量级拳王赛中，**乔·弗雷泽**击败穆罕默德·阿里。图中，穆罕默德·阿里在闪躲乔·弗雷泽的左拳时满不在乎地垂下防守双手。

1971年4月10日

从1949年以来，美国记者首次被允许进入中国报道中美**乒乓球**赛。图为在中国长城前面的美国乒乓球队。邀请他们来华是中国和美国“乒乓外交”的开始。

1971年5月3日

华盛顿特区的**反战示威**者企图关闭美国政府，但是没有成功，结果政府逮捕了7000多人，这是华盛顿特区历史上拘捕人数最多的一次。图中是脱下军装的美国士兵参加在华盛顿举行的反越战抗议游行。

1971年7月31日“阿波罗15号”宇航员詹姆斯·B.艾尔文和大卫·斯科特第一次使用四轮驱动、电池供电的**月球车**广泛探测月球表面，尤其是海德里亚平宁区。图中，詹姆斯·B.艾尔文在月球上向美国国旗致敬，图的右侧可以看到月球车。

1971年8月6日苏格兰帆船运动员**查伊·布莱思**完成自东向西的环球航行，为期292天。照片中是查伊·布莱思环球之行的开始。

1971年8月9日**北爱尔兰**启动在紧急情况下可以不经审判而进行预防性拘捕的权力，开始逮捕那些被怀疑非法的临时爱尔兰共和军领导人，至少12人在骚乱中死亡。图中，贝尔法斯特的英军士兵在守卫着8月中旬被爱尔兰共和军炸弹点燃后烧毁的房屋。

1971 年

伦佐・皮亚诺和理查德・罗杰斯开始设计巴黎**蓬皮杜中心**。蓬皮杜中心是一个标志性的高科技建筑，包括自动扶梯和管道在内的一切内部服务都被建到了外部，而内部巨大、开放的整洁空间却留作展览之用。建筑师要求该场地的一半空间要作为开放广场，令人吃惊的是，这个要求也得到了满足。蓬皮杜中心在 1977 年竣工。这栋突破传统的建筑起初遭到非难，随后却成为颇受欢迎的旅游景点。

1971 年 12 月

印度军队入侵东巴基斯坦，13 天后东巴基斯坦军队投降，**孟加拉国**成立。图中是印度士兵正在进入东巴基斯坦。

1971 年 10 月 27 日

蒙博托・塞塞・塞科把刚果民主共和国重新命名为**扎伊尔**。图为穿着整齐、戴着豹皮帽、纹章饰链和星星的蒙博托总统。

尼克松访华

美国总统外交突破。

尼克松在外交上最重大的成就可能是让美国和中国在疏远 21 年之后建立直接外交关系。随着 1970 年的一系列低层外交接触以及美国取消贸易限制和旅行限制，中国表示他们欢迎高层次的讨论。于是，尼克松派其国家安全顾问基辛格到中国进行秘密会谈。尼克松在 1972 年 2—3 月访问中国，这是第一位在任职期间访问中国的美国总统（上图，他的右侧为周恩来总理）。尼克松和中国发表了《上海公报》，在《上海公报》中，美国正式承认一个中国原则：只有一个中国，台湾是中国的一部分。美国和中国恢复友好关系部分原因是 20 世纪 60 年代末中苏关系不断加深的裂痕，使尼克松和苏联打交道时有更多的回旋余地。

1972 年 1 月 22 日
英国签署条约加入**欧洲经济共同体（EEC）**。如图，爱德华·希斯与内阁成员亚历克·道格拉斯－霍姆爵士（右）和杰佛瑞·吕本（左）在布鲁塞尔签署条约，加入欧洲经济共同体。

1972 年 1 月 30 日
罗马天主教公民权利的支持者在北爱尔兰伦敦德里进行示威，英国伞兵向示威人群开枪射击，打死 13 人，打伤 14 人（后来 1 名受伤人员死亡），这次事件后来被称为**“血腥星期日”**。图中是当天一名英国伞兵在推搡前面的一名示威者。

1972 年
美国小说家尤多拉·韦尔蒂出版小说《**乐观者的女儿**》。这部小说初时不起眼，后来为她赢得普利策奖。图中是作家埃里卡·琼跟随尤多拉·韦尔蒂学习的情景。

1972 年
在西德城市慕尼黑举办的夏季奥运会中，美国游泳运动员**马克·施皮茨**成为第一个在一届奥运会获得 7 枚金牌的运动员，同时在 7 项比赛中创下世界纪录。

1972 年
在**阿米什人**的一个案件中，阿米什人拒绝让孩子在上到八年级后继续读书。在这起案件中，美国最高法院发现宗教的力量在阿米什人中的影响大于他们对国家普及教育的重视。图中是马车中的一个阿米什人家庭。

1972 年
费米实验室开始运行第一个**粒子加速器**。它是一台质子同步加速器，是一台周长 6.3 千米的环形轨道加速器，可以把质子能量加速到 400 吉电子伏特。图为位于伊利诺伊州巴达维亚的美国能源部费米实验室：加速器建筑群和中心设施大楼。

巴德尔–迈因霍夫

被捕的德国“左翼”军事团体领导人。

红军派，又称巴德尔–迈因霍夫帮，是一个激进的“左翼”团体，成立于1968年，其名称来自两名早期领导人的姓名，安德烈亚斯·巴德尔和乌尔里克·迈因霍夫。在成立初期，该组织成员依靠抢劫银行、爆炸和纵火生存，特别针对西德公司和企业以及在西德的西德及美国的军事设施。他们还绑架和暗杀政界及商界名人。1972年，德国当局逮捕了该组织的数名成员，包括巴德尔和迈因霍夫。

1972 年
美国电影导演弗朗西斯・福特・科波拉推出电影《**教父**》，1974—1990 年间陆续推出续集。嘴里填满棉花来纠正发音和脸部轮廓的马龙・白兰度（如图）出色扮演黑手党家族首领，即教父。

1972 年 5 月 21 日
米开朗基罗的《**圣母怜子像**》（如图）在罗马圣彼得大教堂受到攻击，严重受损。这座雕像描绘的是圣母玛利亚支撑着死去的基督身体。

1972 年 5 月 30 日
巴勒斯坦游击队雇用的 3 名**日本枪手**在以色列卢德国际机场打死 25 人，打伤 76 人。图中，一名以色列安全人员在大屠杀发生之后用手指着卢德机场地面上的血迹。

1972 年 7 月
亨利·方达的女儿、女演员简·方达在越南战争中访问河内，以示抗议。图中的简·方达正在拍摄 B-52 轰炸机袭击北越首都时造成的破坏。

1972 年 8 月 9 日
乌干达独裁者**伊迪·阿明**限令非乌干达公民的南亚裔人员在 90 天内离开乌干达。图中，在乌干达的亚洲人被伊迪·阿明驱逐出境后到达英国。

奥林匹克运动会中的悲剧

巴勒斯坦恐怖分子把以色列运动员劫为人质。

1972年在慕尼黑举行的夏季奥运会发生悲剧。9月5日，“黑九月”组织（BSO）的8名巴勒斯坦恐怖分子侵入奥运村，打死2名以色列队员。其他9名以色列人被恐怖分子劫持（如图，奥运村的1名恐怖分子），恐怖分子把人质作为筹码，要求释放被以色列关押的200名巴勒斯坦人。两架直升机把人质和恐怖分子带到了附近的菲尔滕费尔德布鲁克空军基地，摩萨德、德国警察成员和德国狙击手在此等待恐怖分子。营救失败后，所有人质、5名绑架者和1名西德警察被杀。

悲剧导致比赛暂停，本来应该是难忘的、欢乐的比赛此刻却被阴云笼罩。所有比赛暂停一天，同时在奥林匹克体育场哀悼受害者。

袭击发生后，国际奥委会主席艾弗里·布伦戴奇决定继续进行比赛，这一决定遭到广泛批评。在随后举行的奥运会上，奥运村和比赛场馆运动员的安全保护措施都得到了加强，而且削弱了欢庆气氛，减少了开放程度，但是欢庆、开放却恰恰是奥运会的核心所在。

1973年1月30日
尼克松竞选连任委员会的两名前政府官员——**G. 戈登·利迪**和**詹姆斯·W. 麦科德**因企图刺探华盛顿水门民主党全国委员会总部而获罪。当詹姆斯·麦科德的律师对包括《华盛顿邮报》的卡尔·伯恩斯坦（图右）在内的记者讲话的时候，詹姆斯·麦科德站在一边。伯恩斯坦与鲍勃·伍德沃德的合著《总统班底》是“水门事件”的关键文本。

1973年2月12日
北越释放的第一位**美国战俘**从河内飞往菲律宾克拉克空军基地。图中是美国战俘遣返之前在河内排队向美国代表报到。

1973年3月11日
在阿根廷自1965年以来举行的第一次选举中，庇隆派总统候选人**海克特·J. 坎波拉**（图右）赢得49%的选票。坎波拉于1973年晚些时候辞职，以支持胡安·庇隆（图左）复职。庇隆自1955年以来一直在流亡，但在1973年6月份返回阿根廷。

1973 年
牙买加音乐家鲍勃·马利的专辑《揭竿而起》为其奠定国际知名度，引起了欧美观众对雷鬼音乐的注意。

1973 年
美国发射第一个空间站**“太空实验室”**后，三组宇航员用数月时间，在太空进行科学和医学研究。图为欧文·K. 加里欧特在太空实验室空间站中创纪录的 7 小时太空行走。加里欧特在空间站总共度过了 59 天。

1973 年 9 月 11 日
奥古斯托·皮诺切特将军发动政变，推翻了由萨尔瓦多·阿连德总统领导的智利政府。图中的萨尔瓦多·阿连德和他的保镖正离开总统府，不久在政变中被杀。

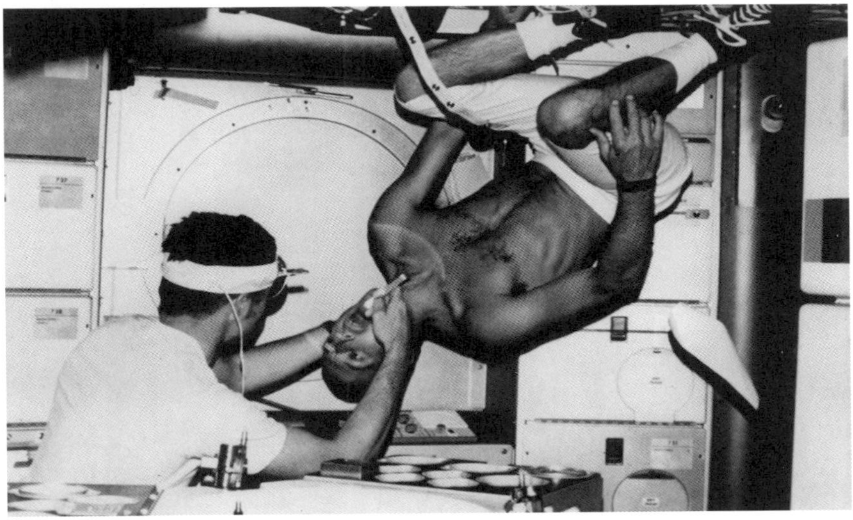

1973 年 6 月 22 日
美国空间站**太空实验室**的 3 名宇航员在太空停留 28 天后安全返回地球。这次停留打破了人类在太空停留的时间纪录。他们在太空停留期间对轨道车进行了两项重要的维修。图为太空实验室中的生活：约瑟夫·P. 科文在检查失重状态下飘浮的指挥官查尔斯·康拉德的口腔。

1973 年
石油输出国组织（欧佩克）实行的石油禁运使世界石油价格发生自 1945 年以来的首次上涨。油价上涨造成短暂的经济混乱，但是刺激了能源保护技术和观念。图中是在欧佩克石油禁运期间加州某加油站的一个标识。

赎罪日战争

埃及和叙利亚军队突袭以色列。

1973 年 10 月 6 日是犹太人的赎罪日，以色列却在该日遭到埃及和叙利亚的突然袭击。埃及和叙利亚军队跨越苏伊士运河和戈兰高地对以色列部队发动突然袭击。和前几次的战争相比，阿拉伯军队的战斗力有所增强，以色列军队伤亡惨重（如图，以色列坦克从受伤的士兵身边经过），但是以色列军队扭转了早期的损失，推进到叙利亚领土，越过苏伊士运河，把军队驻扎到运河西岸，包围了埃及第三军。以色列和埃及在 11 月签署了停火协议，并于 1974 年 1 月 18 日签署和平协议。这些协议规定以色列撤入西奈半岛吉迪隘口及米特拉隘口以西的地方，埃及削减其驻运河东岸的部队。

1973 年
苏联**“月球探测车 2 号”**开始无线电控制的月球探索。图为苏联月球探测车。

1973 年
由丹麦建筑师约恩·乌松设计的**悉尼歌剧院**竣工，它很快成为世界上最知名的建筑之一，其设计以一系列帆状的贝壳为主要特征。在建筑施工过程中，约恩·乌松认为结构工程师和其他一些人执意变更他的设计理念，想把建筑变得切实可行，从而对他造成干扰，所以他在项目竣工前几年退出了。

1973 年 12 月 20 日
巴斯克分离主义分子暗杀了西班牙首相路易斯·卡雷拉·布兰科。图中，西班牙警方在推首相遇难时乘坐的汽车，汽车已经被炸弹损坏

1974 年 2 月 4 日
已故报纸出版商威廉・伦道夫・赫斯特的孙女**帕蒂・赫斯特**被共生解放军绑架。两个月后，帕蒂加入了该组织。帕蒂・赫斯特和其他绑匪手持冲锋枪抢劫一家银行，被银行里的安全摄像头拍到（如图）。

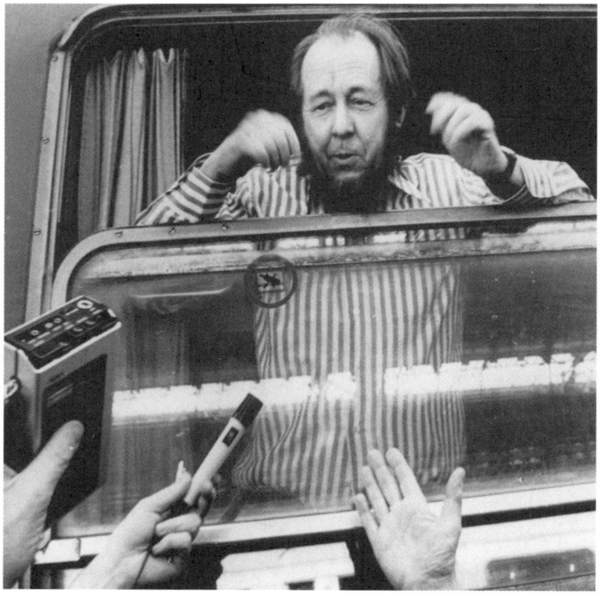

1974 年 2 月 13 日
苏联把异见小说家**亚历山大・索尔仁尼琴**驱逐出境，并剥夺其公民身份。这是自 1929 年斯大林驱逐托洛茨基以来苏联第一次驱逐主要的持不同政见人士。索尔仁尼琴一到达苏黎世就被媒体包围（如图）。

1974 年 4 月 25 日
持不同政见的军队首领通过几乎没有流血的政变控制了葡萄牙政府之后，**安东尼奥・斯皮诺拉将军**领导的由 7 名军人组成的执政团掌权。图中是在斯皮诺拉政变期间出现在街头的葡萄牙军队。

1974 年 5 月 6 日
西德总理勃兰特在其私人助理**冈特·纪尧姆**身为东德间谍的身份败露之后辞职。照片中为维利·勃兰特和冈特·纪尧姆，1974 年 5 月 1 日。

1974 年 5 月 16 日
社民党人**赫尔穆特·施密特**是德国颇具影响力的周刊——《时代周报》的出版人，他于 1974—1982 年成为德意志联邦共和国（西德）总理。他比前任总理维利·勃兰特更加务实和富有远见。

1974 年 6 月 17 日
伦敦**威斯敏斯特议会大厅**遭炸弹袭击，11 人受伤。警方谴责临时派爱尔兰共和军的此次袭击活动。图中，威斯敏斯特宫冒出浓烟和火焰，包括国会大厦和中古世纪的威斯敏斯特议会大厅也出现浓烟和火焰。

1974 年
在男子**足球世界杯**上，西德以2：1击败荷兰。图为德国球员盖德·穆勒踢出赢得世界杯的一球。

1974 年
考古学家开始在距中国西安东北 20 英里（32 公里）处挖掘秦始皇陵，墓中有大约 6000 名以战斗队形排列的兵马俑。这些兵马俑和真人一样大小，面貌刻画细致。一些兵马俑虽然褪色，而且它们的武器也化成尘土，但它们依然具有无可比拟的冲击力和重要影响。

1974 年
芝加哥的**西尔斯大厦**高 1454 英尺（443 米），这座大楼在 20 世纪 90 年代前一直是世界上最高的建筑物，共有 110 层。

1974 年
布达佩斯应用艺术与设计学院讲师艾尔诺·鲁比克发明**魔方**并申请了专利，魔方成为世界上最流行的智力玩具之一。

1974 年
比利时人**艾迪·莫克斯**第五次赢得环法自行车赛，追平了法国人雅克·安克蒂尔创下的纪录。图中是艾迪·莫克斯获胜后与获得第二名、第三名的车手继续骑车绕道行驶的情景。

1974 年 6 月 30 日

芭蕾舞蹈家**米凯亚·巴瑞辛尼科夫**在加拿大进行巡回演出时背叛了苏联。图中是米凯亚·巴瑞辛尼科夫在美国芭蕾舞剧院演出之前活动肌肉，进行放松。

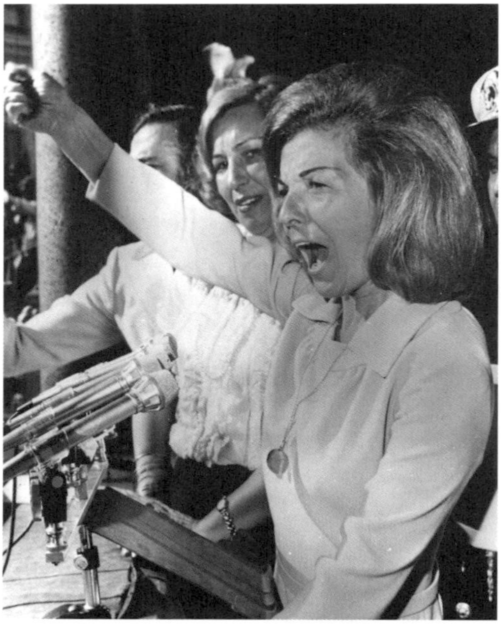

1974 年 7 月 1 日

胡安·庇隆的第 2 任妻子**伊萨贝尔·庇隆**在胡安·庇隆去世后接替其总统职位，成为南美洲的第一位女性国家领导人。

1974 年 8 月 8 日

尼克松总统承认参与掩盖“水门事件”真相。三天后，总统宣布他将于次日辞职。尼克松辞职后离开白宫时双手做出胜利的手势（如图）。

1974 年 10 月 1 日
中国举行建国 25 周年盛大庆典。图中是中国（中小学）女生手持木枪载歌载舞歌颂革命的情景。

1975 年 2 月 11 日
英国保守党选举**玛格丽特·撒切尔**为其领袖。图中是选举获胜后的玛格丽特·撒切尔。

西贡陷落

越南战争结束。

1975 年 3 月初，北越为夺取南越发动了第一阶段进攻，预计进攻将持续两年。南越政府和军队不到两个月就被打垮。成千上万的南越士兵先后从中部高地、顺化和岘港仓皇撤退。4 月 21 日，越南共和国总统阮文绍下台并逃往中国台湾。4 月 30 日，南越政府残余无条件投降，北越的坦克纵队不费吹灰之力便占领了西贡（如图）。残余美军和他们的越南盟友一起从海上和空中仓皇逃离。军事政府成立。1976 年 7 月 2 日，越南正式统一，成立越南社会主义共和国，首都为河内。西贡市改名为胡志明市。越南 30 年解放战争结束。

1975 年 3 月 25 日

沙特阿拉伯国王费萨尔被他的侄子暗杀，其弟哈立德・本・阿卜杜勒 - 阿齐兹亲王继承王位。在图中，费萨尔（左）的身后是王储法赫德，他在其同父异母兄弟哈立德执政期间成为沙特阿拉伯的实际统治者，直到 1982 年接替哈立德。右为沙特国防大臣苏尔坦亲王。

1975 年

“阿波罗 – 联盟对接试验计划”是指两艘宇航船在轨道内实现对接。“阿波罗号”载人飞船指挥官托马斯・斯塔福德和“联盟号”载人飞船指挥官阿列克谢・列昂诺夫实现了“太空握手”。图中是阿列克谢・列昂诺夫（持相机者）和托马斯・斯塔福德穿过连接“阿波罗号”载人飞船和“联盟号”载人飞船的航空通道。

1975 年
美丽的英国女演员兼歌手**简·柏金**和她的第二任丈夫赛日·甘斯布出现在她的首部电影《我爱你，我不再爱你》中。《我爱你，我不再爱你》也是他们 1969 年发行歌曲的名称。图为简·柏金和赛日·甘斯布。

1975 年 9 月
捷克网球选手**玛蒂娜·纳芙拉蒂洛娃**——温布尔登网球公开赛无可争议的冠军，要求在美国寻求政治避难。

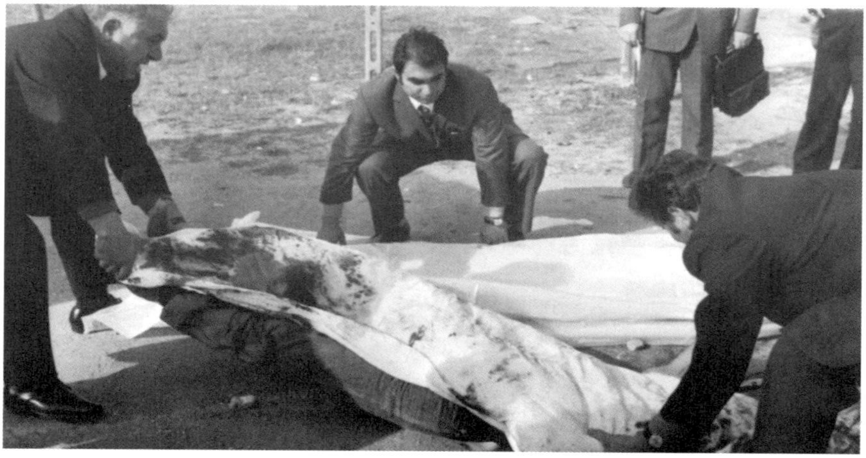

1975 年 11 月 1 日
极具争议的意大利诗人、作家和电影导演**皮埃尔·保罗·帕索里尼**在罗马奥斯蒂亚海岸被 17 岁青年用阿尔法罗密欧轿车来回碾轧致死。这个案件在 2005 年引起人们怀疑，但一直没有再次开庭审理。图为清理帕索里尼尸体的现场。

胡安·卡洛斯

西班牙开启后法国时代。

1975年11月22日，也就是弗朗西斯科·佛朗哥去世两天后，胡安·卡洛斯登上了西班牙王位，自1931年他的祖父阿方索十三世被流放后，王位一直空缺。起初，人们不清楚胡安·卡洛斯是否能取得王位，即使他可以，那么他可以成为什么样的统治者呢？毕竟，在过去20年里，他一直由佛朗哥培养着，并曾在1969年宣誓忠诚于独裁者的国民运动。政治评论员预计新国王可能会把法西斯主义永久化，抑或无权结束法西斯主义。胡安·卡洛斯一世很快提出比大多数人期望的更加自由和民主的原则，并且表示出了把这些原则付诸实践的决心。1976年，他任命改革派首相阿道弗·苏亚雷斯并鼓励复兴政党和赦免政治罪犯。（如图，11月22日宣布就职时发言。）

1975 年

设计师**理查德·迈耶**开始设计印第安纳州的新协和图书馆。它虽然以现代主义原则为基础，却没有严格固守这些原则，而是对其进行了发展。

1975 年 12 月

黎巴嫩总统苏莱亚卡巴兰·弗朗吉亚谴责巴勒斯坦解放组织鼓动内战，从而使贝鲁特陷入混乱。被驱赶出约旦的巴勒斯坦难民正和德鲁兹教派穆斯林一道抵制天主教马龙派。图为贝鲁特的巴勒斯坦难民。

1976 年 2 月 4 日
危地马拉发生强烈**地震**，2.3 万人丧生，7.5 万人受伤。图为地震的后果。

1976 年
《原住民土地权利法案》通过并认可了澳大利亚洲土著居民的土地权，尤其是对具有宗教意义的土地所拥有的权利。图中是澳大利亚北部辛普森沙漠中的一位土著居民，其身边的石头上有些古代留下来的印记。

1976 年 3 月 24 日
自 1974 年 7 月担任阿根廷总统的**伊萨贝尔·庇隆**被阿根廷三军司令罢黜并逮捕。之后，豪尔赫·魏地拉将军（如图）自称总统。魏地拉上台至 1981 年，即将整个国家置于军事管制下，其间共有 3 万人失踪或者可能被谋杀。1983 年，阿根廷恢复民主政权，魏地拉度过了 5 年的监狱生活。

1976 年 4 月
华国锋被提名为中华人民共和国总理。

1976 年
美国作曲家**菲利普·格拉斯**的歌剧《沙滩上的爱因斯坦》首演，以其理性、简约的风格赢得大量追随者。

1976 年
在蒙特利尔举行的夏季奥运会上，罗马尼亚体操运动员**纳迪亚·科马内奇**是第一个在奥运体操项目中赢得 10 分满分的运动员，在体操比赛中，她有 7 个项目都是满分。照片是平衡木上的 14 岁的纳迪亚·科马内奇。

1976 年
瑞典国王卡尔十六世·古斯塔夫迎娶女公爵西尔维娅·索莫拉特为妻。

1976 年
当三名儿童在英国士兵和北爱解放组织的一次战斗中丧生后，亲眼目睹孩子去世的贝蒂·威廉斯（左）和孩子的姑姑梅里德·科里根马奎尔（右）创办了**“和平人民组织”**，这是一个天主教和新教的联合组织。图中是庆祝该组织成立的情景。

1976 年
英国外交大臣**詹姆斯·卡拉汉**在哈罗德·威尔逊卸职后成为第二位工党领袖。

1976 年 6 月
在南非约翰内斯堡附近的索韦托，一场由 1 万名黑人学生组成的游行队伍引发骚动，波及大量黑人镇区和两所大学，造成至少 175 人死亡，1000 多人受伤。图片是索韦托发生暴乱的情景，这次骚乱旨在抗议政府强行规定学习南非荷兰语的教育政策。

1976 年 6—7 月
巴勒斯坦恐怖组织劫持了一架法航飞机并在乌干达的**恩德培**着陆。劫机者释放机组人员和不在以色列着陆的乘客后，以色列突击队开始行动并营救了几乎所有人质。事后，以色列国防部部长西蒙·佩雷斯（左）庆祝以色列伞兵和他们的指挥官丹·舒姆龙上校成功执行袭击任务。

1976 年 7 月 20 日
美国国家航空航天局（NASA）的“海盗 1 号”飞行器在长达一年的飞行后抵达火星，探测到火星的大气环境、土壤等相关信息，并获取岩石表面的彩色图片。图为火星表面的照片，“海盗 1 号”卫星在该位置获取土壤样本。

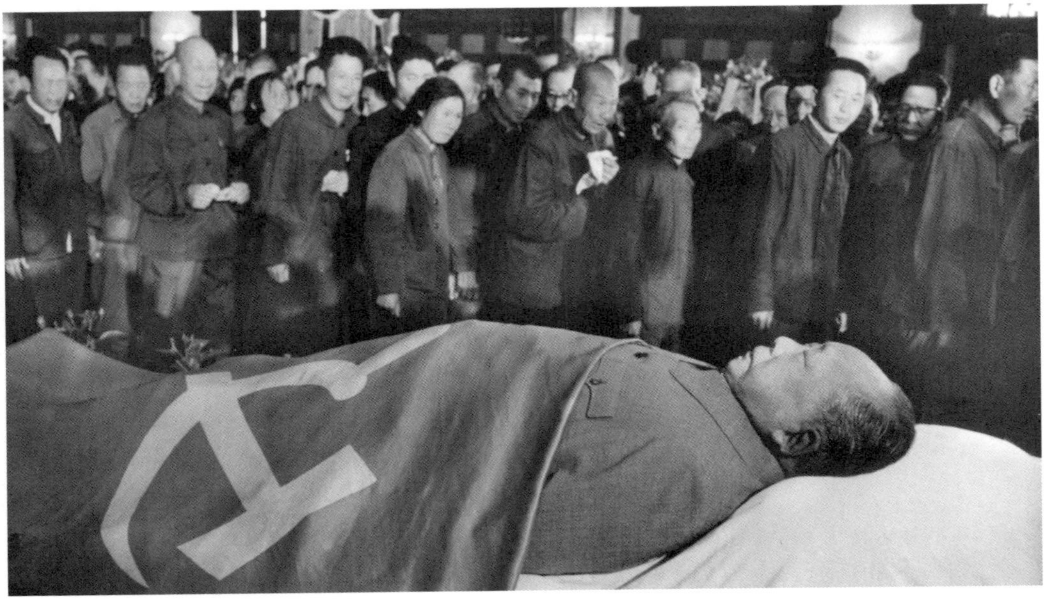

1976 年 9 月 9 日
毛泽东逝世。自长征（1934—1935）时就成为无可争议的中国共产党领袖，并在共产党执政后一直领导中国。图为民众瞻仰毛泽东遗容的情景。

1976 年 10 月 5 日
赫尔穆特・科尔领导的保守党在**西德竞选**中获得了最多的选票，但是赫尔穆特・施密特领导的社会民主党和自由党联合体依然占据 10 个席位的绝对优势。图中，赫尔穆特・施密特与妻子在比较他和维利・勃兰特的相同点。

1976 年 10 月 21 日
美国人赢得五项**诺贝尔奖** 索尔・贝娄的文学奖巴鲁克・布隆伯格和 D. 卡尔顿・盖杜谢克的医学奖；米尔顿・弗里德曼的经济学奖；伯顿・里克特和丁肇中的物理学奖；威廉・N. 科姆的化学奖。图为诺贝尔奖获得者米尔顿・弗里德曼，他提出货币主义理论，该理论在 20 世纪的后几十年影响很大。

1977 年
史蒂夫・保罗・乔布斯和斯蒂夫・G. 沃兹尼亚克克开发出第一台批量生产的家用计算机——**“苹果 2 号”**。IBM 随后于 1981 年推出了笔记本电脑。图中是史蒂夫・保罗・乔布斯和一台“苹果 2 号”电脑，电脑屏幕上是象棋游戏。

1977 年
乔治·卢卡斯推出影片**《星球大战》**，影片充满了色彩斑斓的银河争霸场面、现实的宇宙外场景和一系列惊险的特效。图为剧中部分扮演者（左起）：马克·哈米尔（饰天行者卢克）、凯丽·费雪（饰莱娅公主）和哈里森·福特（饰汉·索罗）。

1977 年 2 月
美国宇航局开始试飞“创业号”航天飞机。图为由 747 搭载的第一架**航天飞机**。

1977 年 3 月 27 日
一架泛美 747 飞机在**加那利群岛**的跑道上和一架荷兰皇家航空的 747 飞机相撞，造成 582 人丧生。图为空难发生后特纳里夫岛圣克鲁斯机场上的残骸。

1977 年
在世界棒球锦标赛中，纽约扬基队的**雷吉·杰克森**在一场比赛中成功进行三次本垒打，在连续三垒中连续三次击球。

1977 年 5 月 22 日
著名的**“东方快车”**在服役 94 年之后，完成了从巴黎到土耳其伊斯坦布尔的 3067.76 公里的行程，这是它的最后一次旅程。

1977 年 7 月 13 日
长达 23 小时的**停电**使纽约陷入黑暗之中，许多人被困在顶层的大厦中。4000 人因抢劫和纵火被捕，破坏造成的损失达 350 万美元。图中是穿过昏暗的街道返家的纽约工人。

1977 年
英国女王**伊丽莎白二世**庆祝在位 25 周年。图中，伊丽莎白女王乘坐加冕车前进，加冕车是 1760 年为国王乔治三世建造的。

1977 年 9 月

黑人活动家**史蒂夫·比科**在其被南非警察拘留期间遇害，1.5 万人参加了他的葬礼，包括许多西方国家的外交官。图中，史蒂夫·比科的尸体停放在内侧衬有镜子的棺材中。

1977 年 11 月 19 日

1973—1974 年的阿以战争后，埃及总统**安瓦尔·萨达特**开始努力实现和平。他在当天对以色列进行历史性访问，并在访问期间向以色列议会提出了一项和平计划。图为在以色列议会上的安瓦尔·萨达特（右）和以色列总统梅纳赫姆·贝京。

琼斯镇

圭亚那邪教成员群体自杀事件。

1977 年，美国极有性格魅力的牧师、异教领袖詹姆斯·沃伦·琼斯和数百名信徒移民到圭亚那，建立了一个叫琼斯镇的农业社区。作为教派的统治者，琼斯没收了护照和几百万美元的钱，用勒索、殴打和死亡威胁信徒。他还谋划了怪异的集体自杀仪式演习。

1978 年 11 月 14 日，加利福尼亚的美国代表利奥·瑞安、一批新闻记者和异教徒的亲属来到圭亚那，对所谓的虐待进行非正式调查。4 天后，瑞安一队人和 14 名异教叛变者准备从琼斯镇附近的小型机场离开，琼斯命令暗杀这些人。当他知道只有瑞安和其他 4 人（包括 3 名新闻记者）被杀，那些逃掉的人也许会带来当局政府，琼斯开始实施他的自杀计划。11 月 18 日，他命令信徒喝下掺入氰化物的潘趣酒，大多数人被动或莫名其妙地遵从了命令。琼斯自己死于头部枪伤，可能是自己打的。圭亚那军队第二天到达琼斯镇，最后确定异教徒的死亡人数是 913 人（包括 276 名孩子）。

1977年12月4日在宣布中非共和国成为帝国仅仅一年后，前任让－贝德尔·博卡萨自封为皇帝，成为陛下**博卡萨一世**。博卡萨皇帝，至今被人记得是因为据称送给法国吉斯卡尔·德斯坦总统钻石，他还声称在冰箱里保存了内阁被谋杀成员的身体部位。

1977年12月25日无声电影喜剧演员、制作人、作家和导演**查理·卓别林**逝世，享年88岁。作为无声电影时代的巨将，他是受人喜爱的人物“小流浪汉”的创作人。图为查理·卓别林的遗孀乌娜和家里其他成员在日内瓦附近他的葬礼上。

1978 年 3 月 16 日
意大利前总理、意大利天主教民主党执行主席、该国最受敬重的政治家之一**阿尔多·莫罗**，在罗马被“左翼”恐怖分子绑架。图中阿尔多·莫罗被绑架者强迫在“红色旅”的旗子前摆好姿势。5 月 9 日，在罗马一辆汽车的行李箱里发现了他被子弹打得满是窟窿的尸体。

1978 年
波兰裔美国小说家**艾萨克·巴什维斯·辛格**记录了在波兰与美国的犹太人的生活，成为了 20 世纪最受欢迎的犹太作家，并赢得了诺贝尔文学奖。

1978 年
苏联运动员**伊琳娜·罗德尼娜**蝉联了十届世界双人花样滑冰冠军之位（她起初的搭档是阿莱克谢·乌兰诺夫，后来的搭档是亚历山大·扎伊采夫）。图中是伊琳娜·罗德尼娜和亚历山大·拉伊采夫在滑冰。

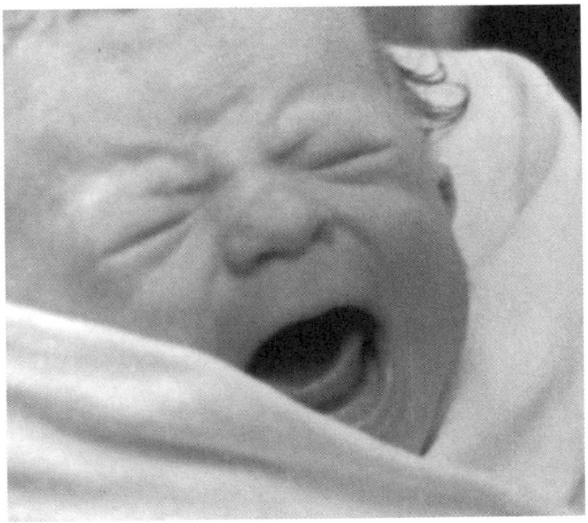

1978 年 7 月 25 日
第一例通过体外受精孕育的孩子**路易丝·乔伊·布朗**，在英国出生。英国医生帕特里克·斯特普托和爱德华兹引领这项技术。

1978 年

美国石油公司的**“阿莫科 · 卡迪兹号”**油轮在大西洋沿岸的法国城市布列塔尼附近倾泻出的原油，污染了将近 290 公里长的海岸线。图中，运载着 23 万吨原油的阿莫科 · 卡迪兹号在布列塔尼触礁，当时船的转向齿轮失灵，而船长没有及时寻求救援。

1978 年

伊安 · 史密斯（图中戴软毡帽者）在**罗德西亚**地区的白人政权进入了最后阶段。在游击队首尾夹击之下，史密斯开始着手将政权归还给黑人领袖。对于图中使用英国军事服饰的情况，伊安 · 史密斯声称这是正常的，正如游行时看到的那样。

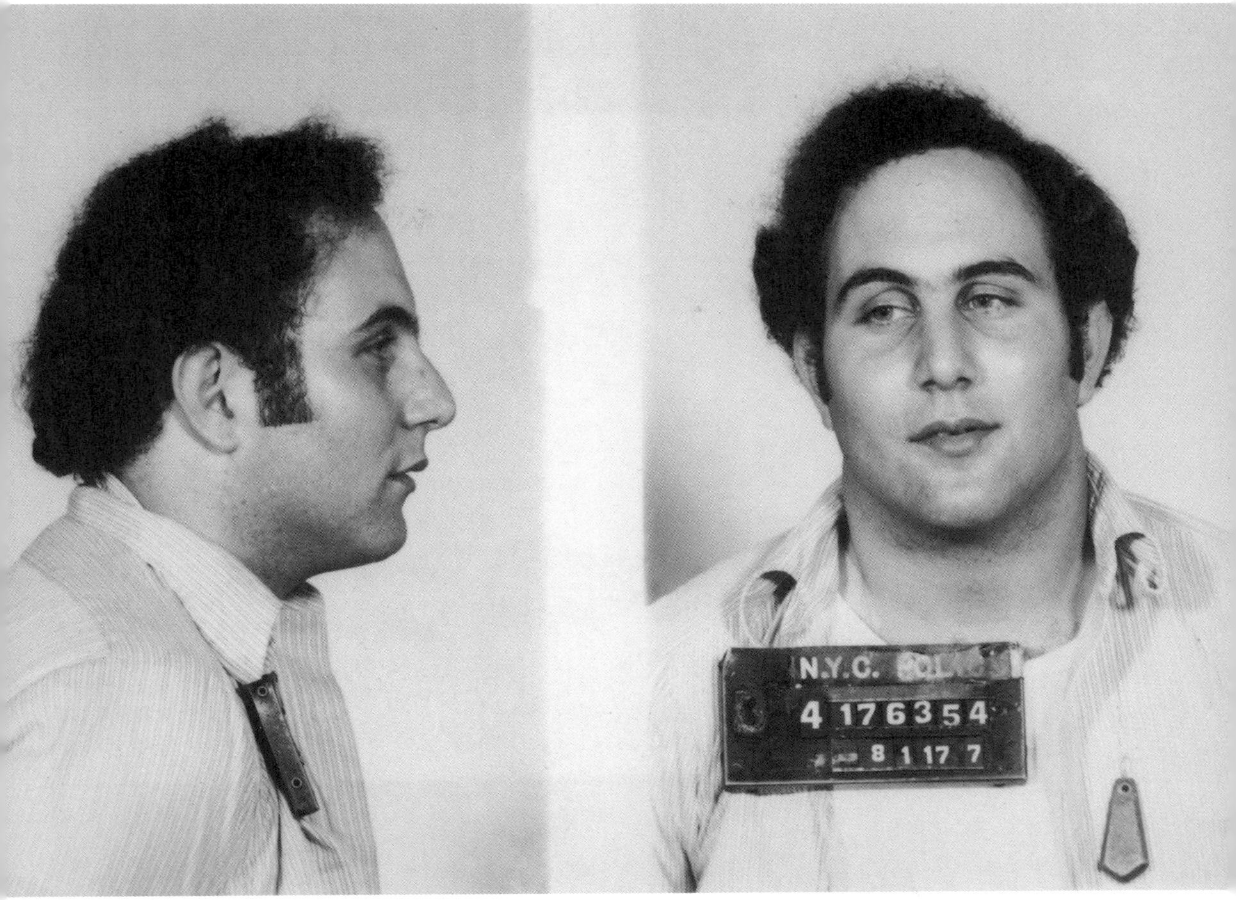

山姆之子

连环杀手被判终身监禁。

1976—1977 年间，大卫·柏克威兹（如图，在警方拘留中）杀害多人，惊动了纽约城，激起了美国历史上最大的追捕。原先是纵火犯—— 他声称在 20 世纪 70 年代中期纵火 1500 起——1975 年 12 月，他第一次试图杀死一名妇女，但该名妇女被捅了几刀后幸存下来。1976 年 7 月，他又谋杀了一名妇女。在其后的一年里，他攻击了几对夫妻，据称超过 5 人成为牺牲品。在他杀人的狂热行动期间，他给纽约报纸寄了信，署名“山姆之子”，他认为是受了居于邻居家的黑色拉布拉多猎犬体内的恶魔的启发。

1977 年 8 月 10 日，他最后一次犯谋杀罪的 11 天后，柏克威兹遭逮捕。他很快认罪，1978 年被定罪，最终被判处 315 年的监禁。

1978 年 8 月 17 日本·阿布鲁佐、马克辛·安德森和拉里·纽曼在**“双鹰二号”**里完成了首次跨越大西洋的气球飞行。图中是在多塞特海岸上空的“双鹰二号”，由皇家空军的猎人战斗机护航。

1978 年 9 月

美国总统吉米·卡特主持了埃及总统安瓦尔·萨达特和以色列首相梅纳赫姆·贝京间的和平对话，促成签订**《戴维营协定》**。图中是吉米·卡特总统笑看埃及安瓦尔·萨达特（左）和以色列梅纳赫姆·贝京在马里兰州戴维营握手。

1979 年
保守党的**玛格丽特·撒切尔**当选英国第一位女首相。玛格丽特·撒切尔和她丈夫丹尼斯共同为选举获胜而庆祝。

1979 年 1 月 1 日
中华人民共和国和美国正式建立全面的**外交关系**。图为邓小平和吉米·卡特 1 月末在白宫的照片。

1979 年 4 月 11 日
乌干达独裁者**伊迪·阿明**被废黜。图中是伊迪·阿明在下台之前和仍忠于他的部队在试验火箭发射器。

1979 年

马其顿传教士**特蕾莎修女**，仁爱传教修女会——一个致力于帮助穷人的罗马天主教的妇女团体——创建者，被授予诺贝尔和平奖。

1979 年 8 月 21 日

尼加拉瓜的**桑地诺民族解放阵线**颁布了临时权利法案，保证基本权利，许诺新的社会项目，尤其是在健康医疗和教育领域。之前，尼加拉瓜由索摩查家庭掌控，直至桑地诺支持者游击队罢黜了索摩查家族，接管了尼加拉瓜。

1979 年 7 月 16 日

萨达姆·侯赛因在艾哈迈德·哈桑·贝克尔因健康原因辞职后， 当选伊拉克总统。

1979 年 12 月 24 日

苏联入侵**阿富汗**，以支持马克思主义政权。图中是典型的阿富汗游击队员，是他们最后迫使俄国人撤出了他们的国家。

伊朗人质危机

美国驻德黑兰大使被革命学生抓走。

1979 年 10 月，美国国务院接到被罢黜的伊朗国王助手的通知，伊朗国王需要到美国接受治疗。美国当局通知伊朗总理迈赫迪·巴扎尔甘，伊朗国王将要去美国。10月 22 日，伊朗国王抵达纽约。伊朗公众最初的反应是温和的，但是 11 月 4 日，美国驻德黑兰大使被一群约 3000 人的暴徒袭击，一些人还配有武器，经过短时的围攻，劫持了 63 名美国人质，有男有女（如图，一名美国人质被伊朗劫持者在媒体前示众）。几天后，美国总统吉米·卡特的代表和其他国家驻德黑兰的外交家试图解救人质，但没成功。由美国前司法部部长拉姆齐·克拉克带领的美国代表团被拒进入伊朗。

人质事件拖延了差不多 15 个月。外交没能解救德黑兰的人质，1980 年 4 月，卡特诉诸军事救援行动，希望可以重复 1976 年辉煌的以色列突然袭击，当时成功解救了乌干达恩德培的 103 名乘客。但这次行动以屈辱的失败告终。直到 1981 年 1 月，卡特连任参选失败后，人质才被释放。

1979 年 8 月 27 日
英国政治家、第二次世界大战的老兵，印度最后一任总督**蒙巴顿勋爵**被临时派爱尔兰共和军暗杀。图片是蒙巴顿勋爵在被暗杀的一个月前和他的侄孙查尔斯王子在温莎皇家公园马球场地上的情景。

1979 年
中国颁布**独生子女政策**，努力减慢人口增长。图为中国的一个宣传独生子女家庭的广告牌。